岩波文庫

38-604-3

精神の生態学へ

（中）

グレゴリー・ベイトソン著
佐藤良明訳

岩波書店

STEPS TO AN ECOLOGY OF MIND
Collected Essays in Anthropology, Psychiatry, Evolution, and Epistemology
by Gregory Bateson

First published 1972 by Chandler Publishing Company, San Francisco.
University of Chicago Press edition 2000.

This Japanese edition published 2023
by Iwanami Shoten, Publishers, Tokyo
by arrangement with Bateson Idea Group
through Brockman, Inc., New York.

目次

第三篇　関係性の形式と病理

上巻目次

下巻目次

本書（全三冊）は一九九〇年に思索社より刊行された『精神の生態学』（全二冊）を底本とし、大幅な改訳を施した。本文および原注内の［　］は訳者による補足である。

精神の生態学へ（中）

第三篇　関係性の形式と病理

社会のプラニングと第二次学習の概念

マーガレット・ミード博士が発表の要旨の最後のところで述べた一点[1]に、わたしの論の焦点を絞り込むことにする。文化の比較研究に携わったことのない方には、博士の提言が奇異なものに聞こえたかと思う。「われわれの目的を達成するには目的を捨てるのが一番だ」と聞こえる彼女の提言は、まるで倫理学や哲学の逆説命題のようだし、キリスト教かタオイズムの教えのようでもある。道徳的なお題目としては耳慣れたものであっても、それが科学者の口から、しかも厳密で分析的なフレーズをまとって出てきたとなると、驚きの反応があって当然だろう。

人類学や社会科学を専門とするみなさんは、より一層の驚きをもって受け止められたかもしれない。科学の捉える生は、そのしくみ全体において、道具性[*1] instrumentality と青写真 blueprint の発想が欠かせない。その基本を踏み破るかのような博士の提言は、無意味なものに聞こえたとしても不思議はない。また政治の世界に関わる人たちにも、彼女の言葉は同じく理解に苦しむところだったかと思う。政治では政策《ポリシー》を作ることと行政における決定とが制度において分離している。要するに学者も役人も(ビジネスマンは言うに及ばず)、みな人間的事象を目的論的に、手段とゴール、生得の欲求とその充足、という思考パターンによって捉えているのである。

それればかりか人間は、この手段と目的の分化を、人間特有のものとして誇りに思う性癖がある。「生きる」と「食う」との関係について、昔から人は何と言ってきただろう。「生きるために食う」のは尊く、「食うために生きる」のは卑しい。しかし、卑しくても、「人間的」ではある。ところが、ただ「食べて生きる」者は――つまり、どちらを手段とするでもなく、単に食べながら生きている者は――動物のカテゴリーに入れられるのがオチだろう。意地の悪い人にかかれば、植物のカテゴリーに入れられるかもしれない。

「ミード発言」の意義は次の点にある。彼女は異文化の研究を通して、自分自身が帰属している文化の思考習慣を振り切ることができるまでにみずからを鍛え、その高みから、一つの重要な問いを突きつけた。「国家の諸問題に社会科学を応用することを急ぐ前に、まず手段と目的に関するわれわれ自身の思考習慣を吟味し、変えていくことが大切ではないか。行動を〝手段〟と〝目的〟とに分け隔てる習慣は、われわれ自身の文化的背景の中で身につけてきたものである。その習慣に無反省に依拠したまま、社会科学を、目的実現のための粗暴な手段として活用し、科学の指示するままに人間を動かしていくことで、本当の民主主義が実現できたりするのだろうか。その行きつく先はむしろ、避けがたく、全体主義的な生のシステムではないのか。」

彼女自身の提示した解決法は、行いの方向性 direction と手段に内在する価値 values を重視することである。青写真に描いたゴール地点に思いを走らせ、そこに行きつくために人々をこのように動かすのが正当であるかないか、ということではない。行為そのものが内包する価値を、思い描いた未来との関連によってではなく、現時点において見出すこと——。彼女の論旨は、手段と目的そのものを直接に批判するものではない。目的が手段を正当化するともしないとも彼女は言っていない。そういう直接的なレベルではなく、われわれが方法と手段一般について考える際の傾向について、そしてわれわれの思考習慣に内在する危険性について語っているのである。

われわれ自身が抱える問題に対して人類学が最高の貢献を果たすことができるのは、実にこのレベルではないだろうか。人類学の課題は、とりもなおさず、人間的事象の多様な広がりを見つめ、その中から最大の共通因子を探り当てること、逆にまた、表面上は類似して見える事象が、本来的には違ったものでないかどうかを見極めることにある。

南太平洋の社会、たとえば［ニューギニア島北東沖の］マヌス島を調査すれば、そこに見られる習俗の一つひとつが西洋のそれとは大きく異なっているのに、根底にある動機のシステムはよく似通っていることが分かる。（彼らは、われわれ同様、他者への警戒と富の蓄積を動機として動くのだ。）逆に、バリ島の宗教を調査すれば、その外観は（ひざまずいて祈り、香を焚き、吟唱の合間に鐘の音をさしはさむなど）われわれのとよく似ているのに、儀式に際しての感情の持ち方は根本から違っていることが見て取れる。キリスト教の教会では、執り行われる儀式の種類に応じた感情をもって臨むことが重要視されるのに対し、バリでは、あらかじめ決まった行為を機械的に、感情を交えず執り行うのがよいとされるのだ。

何に対する場合にも、人類学者の関心は、単なる事象の記述ではなく、それよりいささか高い抽象性と広い一般性を持つものに注がれる。もちろん最初の段階には、現地の生活の観察事例を大量かつ事細かに収拾する作業が要るけれども、その次の段階に来るのは、単なる「データのまとめ」ではない。データを、抽象的な言葉で——すなわち、みずからが属する文化に顕在（および潜在）する語彙と概念を超越し包括するような抽象的言語によって——解釈していかなくてはならない。というのも、現地の土着文化を英語固有の諸概念で書き記したのでは、科学的記述にならないからだ。記述する人間の属する文化も記述される側の文化も共に記述できる、より抽象的な語彙を、人類学者は編み出さなくてはならない。

こうした人類学の学的規律《ディシプリン》に基づいてミード博士は、一つの大きな不整合を指摘した。〝ソーシャル・エンジニアリング〟すなわち青写真に描き出した計画社会の実現のために人間を操作していくことと、民主主義の理想、「個としての人間が至上の価値と道徳的責任を持つ」という考えの間には、基本的かつ本源的なギャップがある、と。どちらのモチーフも、古くからわれわれの文化に含まれてはいた。科学を目的実現の道具と見る考え方は産業革命以前からのものだし、個人の尊厳と責任を重視する思想はさらに昔にさかのぼる。それが最近になって、両者が衝突するという事態を迎えた。一方では民主的なモチーフの意識が高まり、その価値が強調される。他方では操作のモチーフが広がりを見せ、そして今、両者の間で互いの生存をかけての戦いが起こっている。人間関係を秩序づけることにおいて、社会科学はいかなる役割を演じるべきか。現在の大戦は、まさにこの点――社会に関する諸科学の役割――をめぐるイデオロギー戦争だと言っても誇張には当たらないだろう。われわれは研究によって得た方策と人民を操作する権利を、少数の個人――目的に向かって計画を進める、権力に飢えた、科学を道具とすることにもとより魅力を感じている少数の者たち――の特権的専有物にしておいて、よしとするのか。その方策を手にした今、われわれは、平然とした顔で国民全体をモノのように扱っていこうとするのか。それが望みでないとしたら、手にしてしまったテクニックをどうしたらいいのか。

これは喫緊の問題ではあるが、大変な難問である。科学者として、われわれ自身、「道具的」な思考に深く埋もれていることも、困難さに輪を掛けている。科学が単に美しく厳かな抽象物であるならともかく、われわれは科学を生の一部に組み込んでしまっている。ただ、問題の難しさのうち、われわれの科学に対する姿勢が作り出している部分は、その道具的思考習慣自体を科学的分析にかけることで抑えられるのではないだろうか。そしてミード博士の思い描く新しい習慣——設定された目標にではなく、現在関わっている行為そのものの「方向性」と「価値」に目を向ける習慣——に対しても同じ道具を使うことができるのではないか。

これら二つの習慣が、いわば時間的シークエンスを捉える上での習慣だという点は確かである。つまりどちらも、やや古い心理学用語で言えば、行動シークエンスの「統覚」apperception に関わる。最近のゲシュタルト心理学風の言い方をすれば、行動を枠づけるコンテクストを括り取る上での習慣、ということになるだろう。そういう抽象度の高い習慣を変えようとするのなら、まずその習慣がどのようにして学習されるのかを知らなくてはならない。

「学習」といっても、これは、心理学のラボでふつう問われるような単純なタイプのものではない。「イヌは、いかなる条件のもとで、ベルの音に反応してヨダレを垂らす行動を学習するか」とか、「機械的反復学習の成就を統御する変動要因はいかなるものか」というレベルではなく、そこから抽象の階段を一段踏み上がったところに、われわれの問いはある。実際この問いは、シンプルなレベルの学習を研究する実験心理学の領域と、ゲシュタルト心理学が見据えようとしている領域との間に橋を渡すものだといえる。

われわれの問いはこうだ――「そのイヌは、いかなる条件下で、(それ自身の行動も一部に含む)かぎりなく複雑な事象の流れに句読点《パンクチュエーション》を入れて区切り(つまりそれを「統覚」し)、結果的にこの流れを、(別の型ではなく)この型に収まる短いシークエンスとして捉える習慣を身につけていくのか?」イヌを科学者と置き換えれば、こんな問いになるだろうか――「ある科学者が、事象の流れを前にして、すべてはあらかじめ決定されているという結論に達するよう区切って読《パンクチュエート》み、別の科学者が、同じ事象の流れから何らかの規則性を読みとって、制御が可能だと考えるとき、それぞれの見方を決定する条件は何なのか?」さらにもう一つ、今日の中心問題である民主主義の助長ということに根本から関わる問いが、これと同じ抽象レベルで作られる――「この世を〝自由意志〟という慣例的なフレージングによって捉える習性は、どのような状況の下で促進されるのか？　さらに、〝責任〟〝建設性〟〝活力《エネルギー》〟〝受動性〟〝支配〟についてはどうか？」」教育者にとっての商売道具であるこれらの抽象的な性質はどれも、経験の流れを括り取《パンクチュエート》って、あれこれの意味または一貫性を生じせしめる、さまざまな習慣として見ることが可能である。これらの抽象観念を、シンプルな学習実験がカバーする領域と、ゲシュタルト心理学で扱われている領域とを結ぶものとして捉えてみるとき、そこには何かしら操作《オペレーショナル》的な意味が生じてくるのである。

たとえば、キリスト教徒であれ、自身が青写真を描いた社会の実現を画する者であれ、地上の天国を目指す者が、「目的は手段を正当化する」として邁進すると、どういう事態が進行して悲劇と破綻に行きつくのか――その過程を示すのは簡単だ。社会をいじるときの道具がハンマーやネジ回しでなく人間だということが忘れられてしまうのだ。急を要するときにネジ回しをクサビ代わりに用いたとして、ネジ回しに重大な影響は及ばないし、ハンマーは、その柄をテコ代わりに使われたとしても、それでハンマーの性質が歪むわけでもないだろう。しかし社会をいじるときに使われるのは人間であって、人間は経験から学習するものである。社会のプラニングを実践する者が教え込もうとする個々の項目だけでなく、より見えにくく、広く行きわたるレベルで習慣的行動が習得される。為政者が、みずから思い描く理想の実現の妨げになるからという最善の心づもりから、子供たちに両親を見張らせ、その好ましくない行いを報告させたらどうか。子供たちも人間である以上、上手な見張り方を学習するだけでは済むまい。そのように使われた経験が、彼らの人生哲学に組み込まれるだろう。権威に対する彼らの態度も、将来にわたって色づけされることになる。ある種のコンテクストに身を置いたとき、それを過去の見慣れたコンテクストの型に合わせて把握するのは、人の常だ。計画推進者は、子供たちを仕込むことで当初の利を得るかもしれないが、同時に子供たちが身につけていく心的習慣によって、目的達成が阻まれることもあるだろう。（残念ながら、こうした次第によってナチスの目論見が崩れるだろうと期待する根拠はない。思い描かれる青写真も、それを実現するための手段も、同一の好ましくないアティテュードに基づいているというケースも十分ありうるわけである。善良な人間には想像しにくいかもしれないが、地獄への道が、善意ばかりでなく悪意で舗装されることもあるのだ。）

シンプルな学習プロセスに付随してどのような「習慣」が習得されるのかという問題に、われわれは入り込んできたようである。目的的・青写真的な発想をやめて、今とろうとしている行動そのものが内包する価値こそを指針にしようというミード博士の提唱は、とりもなおさず、子供の養育と教育にあっては、われわれが身につけてきたのとは――そして今なお、科学、政治、ジャーナリズム等々との関わりの中で日々強化され続けているのとは――異質の習慣が、学習の場で並行的に獲得されるように図るべきだという主張にほかならない。

　こうした強調点の移行――ゲシュタルトの変革――が、未知の大海への船出だということを、彼女は余すところなく述べた。そのような教育がどのような人類の登場につながるのかは知るよしもないし、一九八〇年が、われわれ旧人類にとって、居心地のよい時代になっているかどうかも保証の限りではない。彼女が保証するのは、あらかじめゴールを規定し、そこに行きつくために社会科学を応用するという、われわれにとって一番楽な道を進んでいくかぎり、座礁は避けられないということだ。彼女は海図に一つの岩を描き込み、その岩を避けて舵を切ることを訴えている。われわれが進むのが未知の大海なのだとしたら、行く手の海図をどのようにして得ることができるのかということを彼女の発表は問うているのだ。

　海図らしきものを、科学から得ることも、実際可能なのだ。先ほどわたしは、〝自由意志〟〝宿命感〟〝責任〟〝建設性〟〝受動性〟〝支配〟などの抽象観念を思いつくまま並べて、それらがすべて統覚的習慣――われわれの行動をその一部として含む出来事の流れを捉える習慣化された方法——を記述するものであることを指摘した。そしてさらにこれらの習慣はすべて、学習プロセスの副産物である可能性を指摘した。海図を作成していくには、次の段階として、手持ちのリストを、ばらばらなままではなく、何らかの形に分類し組織することが必要だろう。われわれが身につけうる習慣は、相互にどのような体系的関係をなしているのか。

個人の自主自律の感覚——先に「自由意志」と呼んだものと何らかの形で関係する心的習慣——が、民主主義の根幹をなすことに異論はないだろう。しかしこの「自律性《オートノミー》」というものを、実験心理学の立場からどう定義したらいいのか。たとえば、「自律性」と意固地な反抗とは、どのような関係にあるのか。夜間外出禁止令に抵抗して、夜の営業を続けるガソリンスタンドは、民主主義の精神を体現しているのか、いないのか。心理学で「ネガティヴィズム」と呼ぶこの種の反抗傾向が、自由意志に基づいた世界観や決定論的世界観と、抽象の次元が同じだということは明らかだ。それらはみな、コンテクストを——自分自身の行動を含めた出来事のシークエンスを——統覚する、それぞれの方法である。しかしそのネガティヴィズムが、「個人の自律」のなかの一つの「亜種」にあたるものなのか、それとも、まったく別の種をなすものなのかは明らかでない。ミード博士が提唱する新しい思考習慣についても、それが他の習慣とどのような関係にあるかは分かっていない。

羅列的なリストではなく、なにかしらの体系的な枠組によって、統覚の習慣を分類し、相互の位置関係を明らかにしなければならない。そうして得られた分類表は、われわれを導く海図に似た役割を果たしてくれるだろう。新しい思考習慣を身につけ、海図なき旅に出ようというのがミード博士の提言だが、この新しい習慣が、他の既知のものと、どのような関係にあるのかが分かれば、行く手にどんな利便や危険が待っているのかも予見できそうに思うのである。ミード博士は、われわれの計画的な行いに内在する〝方向性〟と価値について問うたが、その中には、われわれが得る海図によって答えられるものもありそうである。

もちろん、全統覚習慣の分類表というようなものが、奇術師のハトよろしく、社会科学者の帽子の中からヒョイと出てくると期待されても困るが、それでも最初の一歩はなんとか踏み出せそうだ。最終的な分類の基礎となるようなベーシックなテーマ――海図における東西南北の方位のようなもの――のいくつかを提示することは可能である。

われわれの扱っている習慣が、学習プロセスのいわば副産物として得られる種類のものだということを先に述べた。とすれば、単純な学習の現象に手掛かりを求めていくのが自然だろう。われわれの掲げる問いが、実験心理学が焦点を合わせるところより一段抽象度の高い問いではあっても、その答えはやはり彼らの実験に求めるべきである。

事実、心理学のラボでは、研究者たちの意識が注がれるレベルより、抽象性と一般性の度合が高い現象が日常的に起きている。被験者となる動物や人間が、実験を経ていく中で次第に〝優秀な〟被験者になっていくこともその一つだ。ただ単にしかるべき時点でヨダレを垂らすことを習得したり、無意味な音節を丸暗記したりすることに加えて、いわば「学習することを学習する」(learn to learn)ということが起こっているのである。*2 実験者があてがう問題をそのつど解決する、単純で個別的な学習と並行して、問題を解くということ一般に対して、被験者が次第に熟達していくのである。

擬似ゲシュタルト的というか、少々アンスロポモーフィックな「動物を人間と同じに見立てた」言い方をすれば、これは「被験動物が、一定の諸コンテクストへみずからを導き込むことを学習していく」、あるいは「いま自分がいるのは問題解決のコンテクストなのだと見抜く〝洞察力《インサイト》〟を獲得していく」プロセスだということになる。本論ではこれを、被験者が特定の型のコンテクストあるいはシークエンスを探し求める習慣——事象の流れがある特定の有意味な型に収まるよう、それを区切る習慣——を身につけていくプロセス、として捉えよう。

これまでの議論を通してわれわれは、単純なレベルの学習についての言説と、ゲシュタルトやコンテクスト構造についての言説とが出会う地点に行きつき、次の仮説を得た――「学ぶことを学ぶこと」によって獲得される習性は、本論が関わる類の抽象的な思考習性の獲得と同義的である。〝自由意志〟、道具的思考、支配性、受動性などは「学習の学習」(learning to learn)と同等視しうるプロセスによって獲得される。

今の仮説は、門外漢だけでなく心理学を専門とする方にも耳新しい部分を含むものだろう。[2] ここでしばらく本筋から逸れて、わたしの意味するところを、専門家のみなさんに向けて、より厳密な学術用語で言い直しておきたい。単純な学習と統覚の習得とをつなぐ橋を、実験によって確かめられる形で言い述べることに、わたしの関心があるという点を示すためにも。

この領域には、「学習の転移」transfer of learning や、「般化」generalization などなど、たくさんの用語が流通しているので、それらを巻き込んで再定義を施す面倒を避けるため、二つの新語――「原学習」proto-learning と「第二次学習」deutero-learning――を用意してみた。継続的に進行する学習のすべてには、二種類の勾配が認められる。まず、(反復学習の上達曲線のように)単純な学習の成就を示す変数がある。そのグラフ上の任意の点における勾配が、その点における原学習の速度を表している。しかし、同じ被験者に一連の同様な学習実験を施した場合、その勾配が次第に急になっていく――

すなわち原学習が時とともにより速やかに起こるようになっていく――ことが観察される[図1]。この、原学習の速度が早まっていく変化を、「第二次学習」と呼ぶことにする。

ここを出発点として第二次学習のグラフを求める。これは容易である。一連の原学習実験の、それぞれ同じ試技回数のところでの正答率を調べ、実験の通し番号を横軸に、その正答率を縦軸にとってグラフを描けばよい。③ この曲線の勾配が、第二次学習の速度を示すことになる[図2]。

原学習と第二次学習を定義した言葉のなかに、際立って曖昧な表現があった。「一連の同様な実験」という概念である。何をもって「同様」とするのか。図は、人間の機械的反復学習(無意味な音節の連続を丸暗記させる実験)を例に使って描いたものであり、この場合、手順はそのままで、そのつど違った音節の連続を与えれば、「一連の同様な実験」が得られることは間違いない。この例で、第二次学習の曲線は、その種の丸暗記に被験者が習熟した程度を表し、それが次第に増加していくということは、実験によって確かめることができる。④

しかし、反復学習以外では、事はそれほど単純ではない。二つの学習のコンテクストが〝同様〟だと言うためには、心理学のラボに戻って被験者を二つのコンテクストに置

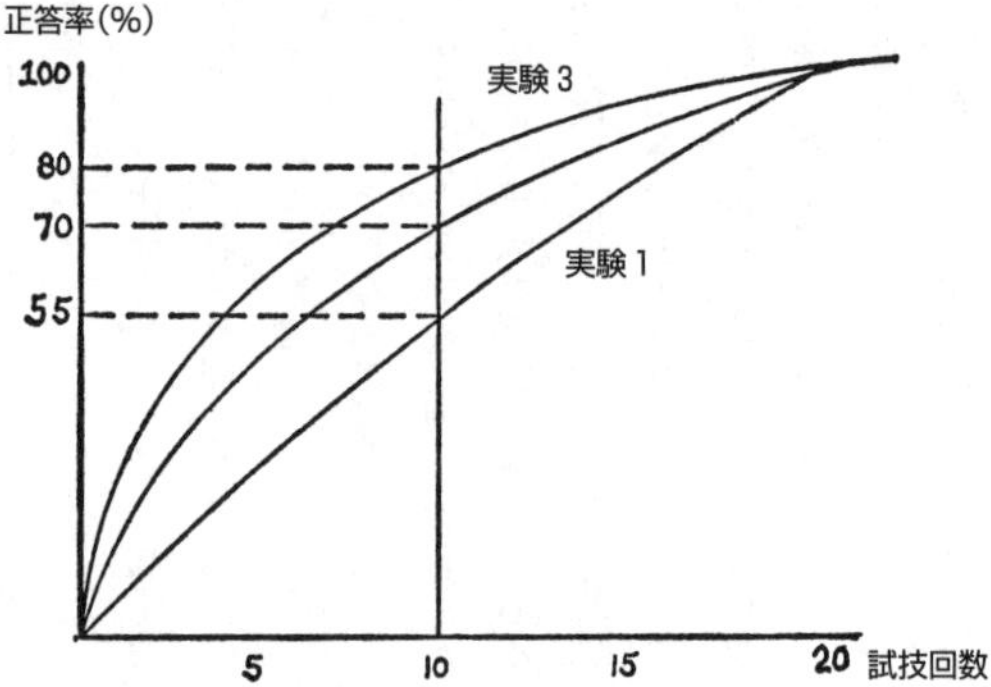

図1　三つの原学習曲線

同一被験者に同様の学習実験を行なっていくと，次第に習得率が上昇する．

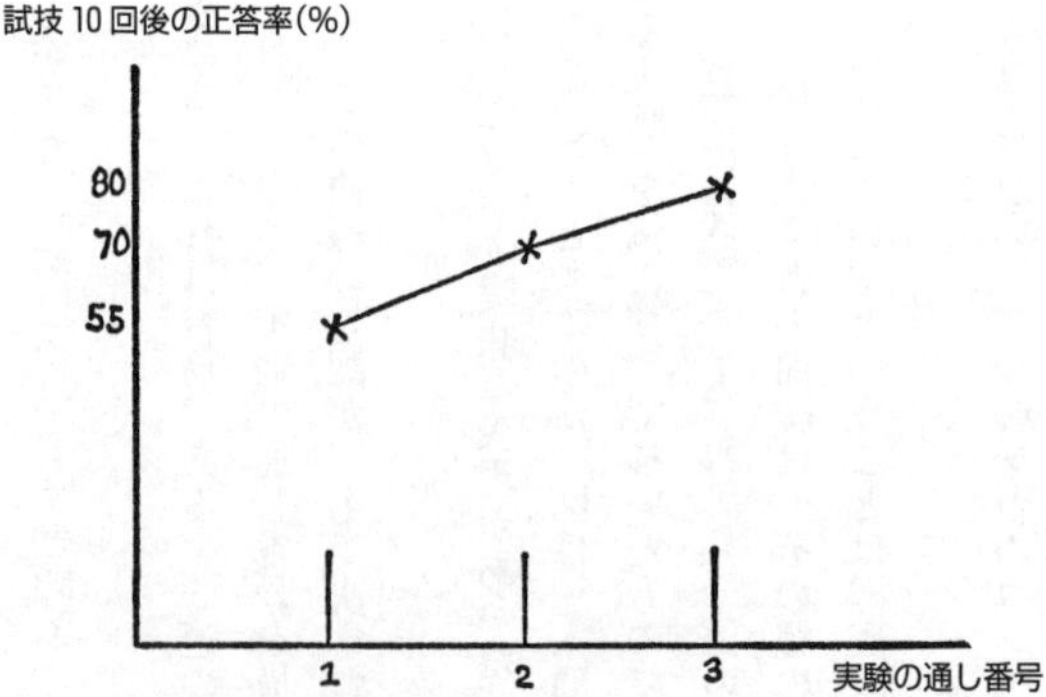

図2　第二次学習曲線

図1の三つの学習実験に基づく．

き、それぞれの中で学習をさせて、コンテクストAにおける学習の経験が、コンテクストBのなかで進む学習の速度を速めた事実を示さなくてはならない。そして、その道のプロである心理学者に、組織立った実験を徹底的に推し進めてもらい、学習のコンテクストにどれだけの種類があるか、その分類表を作成してもらわなくてはならない。ただ、それを心理学者が引き受けてくれたとしても、いまわれわれが考えている問題への直接の答えが得られると期待するのは安易にすぎる。こういった実験は、そもそもが雲をつかむような性格のものなのだ。単純レベルの学習ですら、厳密な制御の下で遂行し続けるのは並大抵のことではないし、第二次学習に至っては、実験を組み立てることすら、まずほとんど不可能だと考えた方がよい。

しかし、問題解決の糸口が、ラボの中にしかないと考えるのはどうだろうか。「学習を学習すること」は統覚習慣を獲得することに等しいと先に述べたが、といって、所定の種類の学習コンテクストを繰り返し通過することだけが、統覚習慣の獲得の方法であるということにはならない。学習実験の場で起こる種類のことだけが、統覚習慣の形成に関与すると決めてかかるのは、ブタを焼く唯一の方法が小屋に火をつけることだと結論するのと大差のないことだ。人間の実生活の中で「学び」が生じる場に目を向ければ、習慣の形成は、言うまでもなく、実に多様な形で起こっている。周囲から切り離された、仮想上の人間が、非人間的な出来事の流れに冷ややかに向き合ったところを想像しても得るところは少ない。現実の個々人は、互いの間に、複雑な感情のネットワークを張り巡らせて生きているわけだ。そうした生身の人間が、ある統覚を身につけたり退けたりするとき、そこには、敵意や愛情のこもった声のトーンをはじめ、非常に複雑な個人間の具体的な絡まりが存在する。習慣というものは、一個のむき出しの人間が事象の流れをまともに被る中で形成されるものではない。「むき出し」の姿で生きている人間など、科学者を含め、この世に一人もいないのだ。事象の流れと、それを経験する人間との間には常に、数々の文化的な装置——言語や、アートや、数々のテクノロジー——の介在がある。それらは、どの地点においても、統覚の習慣が張り巡らされた上に成っているのである。

要するに、これらの習慣についてのわれわれの知識の源泉は、心理学のラボに限られないということだ。異文化を訪ね、そこにあらわな、または秘めやかなかたちで存在している、われわれ自身のものとは異質の習慣に目を向けるという方法もある。地球各地の文化が育んできた対照的な習慣を加えていくことで、習慣という目に見えにくいもののリストを、豊かなものにしていくことができそうである。

一番見込みがありそうなのは、実験心理学の洞察と文化人類学の洞察とを組み合わせる方法だろう。まず、ラボで設定される学習コンテクストのそれぞれについて、それと関係するのがどんな統覚習慣なのかを問い、次にその習慣が一般的に見られる文化を、世界の民族の中に探し求めていくというやり方だ。あるいは逆向きに、〝自由意志〟その他の習慣について、「この習慣を身につけさせるには、学習実験の中にどのようなコンテクストを作ればよいのか」を尋ねていくというのも、それらの言葉の定義をより厳密で実験室向き《オペレーショナル》なものにするのに有効である。つまり「このネズミを(あたかも)自由意志を信じて行動する(ような印象を繰り返し与える)ネズミにしていくには、迷路なり問題箱なりを、どのように工夫すればよいのか」という種類の問いを設定するわけだ。

　実験における学習のコンテクストを分類する作業は、まだまだ不完全ではあるけれども、いくつか決定的な進展も見られている。[5] 現在の段階で、「正の学習」(あることをしないように学習する「負の学習」すなわち禁止の習得は含めない)の主要なコンテクストを、四つに大別することが可能になっている。

1　古典的なパヴロフ型のコンテクスト　条件刺激(たとえばブザーの音)が無条件刺激(たとえば肉粉)に対して常に一定の時間先立つという、確固とした時間的シークエンスを特徴とする。動物が何をしようとも、このシークエンスが揺らぐことはない。これらのコンテクストの下で動物は、それ以前には無条件刺激によってのみ喚起されていた行動(たとえば唾液の分泌)を、条件刺激に対する反応としても示すように学習する。

2　報酬と苦境脱出の道具的コンテクスト　シークエンスの決定が動物の行動にかかってくる点を特徴とする。これらのコンテクストの中で、何が無条件刺激となるかはふつう曖昧であり(「動物が置かれた諸状況の総体」「問題箱」等)、「空腹感」のように、動物自身に内在するという場合もある。この状況に置かれた動物が、自分のレパートリーの中から、以前実験者によって強化された何らかの行為(たとえば〝お手〟)をすれば、そのときただちに報酬が与えられる。

3　苦痛回避の道具的コンテクスト　これらのコンテクストも、条件に依存するシークエンスを特徴とする。条件刺激は一般に状況から明確に浮き立っており(たとえば警告のブザー)、一定時間内に動物が何らかの選ばれた行為(たとえば〝お手〟)をしない場合、不快な経験(たとえば電気ショック)が彼を見舞うことになる。

4　連続と反復のコンテクスト　被験者の行為そのものが、条件刺激の中心をなす点を特徴とする。被験者みずからが条件刺激を発し(無意味な音節A)、それに対して常に同じ条件反応(無意味な音節Bの発声)を返すことが習得されるケースがこれにあたる。

コンテクストの分類として、これはあまりに初歩的なものだけれども、原理を例示するだけなら、これで足りそうだ。そこで次のステップとして、さまざまな文化に属する人間が、それぞれの生のあり方に従ってどのような統覚習慣を身につけているのかを問題にしていきたい。そのうち――われわれには縁遠いという理由で――最も興味深いのが、パヴロフ的なパターンと反復学習的なパターンの例である。(6)

報酬を得ることと苦痛を避けることを動機とする、道具的コンテクストを日常的に生きるわれわれ西洋人には、行動システム全体が、異質の前提の上に築かれうるということ自体驚きであるが、トロブリアンド諸島〔ニューギニア島の東〕の住民は、実際パヴロフ的な色眼鏡を通して出来事を眺め、それに基づいて生の一貫性と意味とを組織していくように思われる。(報酬への期待を彼らが全然持たないとはいえないが、非常に希薄だ。) また、バリ島人の生きる生を理解するには、反復のコンテクストと道具的回避のコンテクストに基づく前提に彼らが立っていると考えることが必要なようである。

純粋にパヴロフ的な人生解釈に立つ者は、宿命論的人生観しか(それもごく限られた種類のものしか)受けつけないだろう。こちらでどう働きかけようと関係なしに、すべては筋書き通りに生起する。自分にできるのは、ただ起こることの予兆を見つけ、ヨダレを垂らすなどして、不可避の出来事を甘受する体勢を整えることだけ――。それほど純粋にパヴロフ的な生をトロブリアンドの島民が生きているわけではないが、マリノフスキー教授の収集した豊富な観察結果を分析したリー博士の示すところによると、彼らの目的観と、現象を因果づけるやり方は、われわれのとは根底から違っている。[7]その魔術からもうかがえるように、彼らは、あたかもそうであるかのようにふるまうことが現実に物事をそうさせる、という思考パターンを繰り返し採るのである。リー博士の分析は、本論の提示する分類に従ったものではないけれども、今の点から、トロブリアンドの島民を、唾液を激しく分泌することが肉粉をもたらす手段になると結論するに至った「準パヴロフ主義者」に喩えることができるかもしれない。たとえば、マリノフスキー教授の報告にドラマチックに描かれているように、当地の黒魔術師は呪文を唱える際、ほとんど生理的な極限と言えるほどに感情を激発させる。[8]呪文の効能を、その強度に求めるこのやり方には、彼らの「準パヴロフ主義」的精神が反映しているとは言えまいか。同じ手続きを正確に反復するところに、魔術の成功がかかっていると考える民族と比較すると、彼らの生きるコンテクストの特質が明瞭に浮き上がってくる。

　バリ島に見られるのは、トロブリアンド諸島とも、われわれ自身のとも際立って異なるパターンだ。[9]バリの子供たちは、生きるということが、充足感を終点とするシークエンスからではなく、それ自体内在的に充足をもたらすシークエンスから成っていることを学習するように仕向けられる。先ほどミード博士が推奨したのも、目的達成型ではなく、行為それ自体のうちに価値を見出す型の生き方だったわけだが、バリ島の生は、ミード博士の述べたものとは、一つ非常に重要な点で違っている。それは、バリのパターンが道具的回避のコンテクストから派生しているという点である。彼らは世界を危険な場として認識し、お定まりの儀式と礼儀慣習のなかを反復的にめぐり続けることで、つねに存在する「陥落」――ステップの踏み違え――の危険から逃れようとしているのだ。彼らの生は、「おそれ」の上に組み上げられている。もっとも、ふつうはその恐さを楽しんでいるかのように、彼らはふるまう。即時的で非目標的な価値が、恐さを楽しむこととどこか通底するところがあるのだろう。ここにあるのは、自分たちの芸の腕前を頼みにスリルを生きる、アクロバット的な生である。

心理学のラボと異文化の世界への、いささか専門的な寄り道が長くなったけれども、最初のミード博士の提言を、より具体的な言葉で検討するところに、どうやら行きついたようである。社会科学を応用しようとするときには「ゴール」を目指す青写真的発想を離れて、われわれのなす行為そのものの「方向性」と「価値」とを探るべきだという のが、彼女の論旨だった。これが、バリ島人のように生きようという誘いでないことを、まず確認しておこう。「時間」との関わり方という点では、たしかにバリ島型のものを推奨してはいても、応用社会科学者としてのわれわれの行為が、恐怖なり先行きの不安なりを基盤にするべきだとか、スリルを楽しむのもいいではないか、という考えには、誰よりもまず彼女自身が異を唱えるはずである。恐怖ではなく希望を行動のベースとすること――希望といっても遠い未来に馳せるのとは違う、しかしやはり何かしら「前向き」の方向性を持ったもの――が彼女の提言だとわたしは理解している。バリ的な構えが「道具的な回避のコンテクスト」に根ざすものだとすれば、彼女が推奨するのは「道具的な報酬のコンテクスト」だといえるかもしれない。

この姿勢をわれわれが身につけるということが、夢物語であるとは思えない。バリにあるのが、漠とした危険を常に身近に感じ続ける、スリルに促された機械的反復のシークエンスだとすれば、漠とした報酬を常に身近に感じ続けるところから生まれる機械的反復の習慣というのも、十分に実現可能だと思うのである。

この習慣の「反復性」の要素から見ていこう。価値を即時的に捉える非目標的な生にあって、行動に機械的な反復が現れるのは必然であり、わたし個人としてはこれを歓迎したい。われわれは現在、細かな目配りによって遺漏なく事を処理していくことに、ほとんど強迫観念的とすらいえる努力を払っているが、お定まりの手順を丸覚えにして同じ結果が得られるのであれば、そちらを取る方が何倍も利口なやり方ではないだろうか。

道路を渡るのに、「左右を忘れずに確認する注意」を習慣づけるのと、注意しなくても機械的に左右確認をすることを習慣づけるのとで、結果は変わらない。慎重な目配りと、行動の自動性とは、同じ機能を持つ取り換え可能《オルターナティヴ》な習慣なのである。わたしであれば後者を取るし、ミード博士の提言が、そうした自動性の増長を是とするものであったとしても、それを遺憾に思う必要は少しもないだろう。現に学校教育の場でも、読み、書き、算術、外国語などは、機械的な反復を重視する方向へ傾いてきているようである。

「報酬」の要素も、獲得可能なものだと思う。バリの人たちが、形なく名状しがたい、時間のなかにも空間のなかにも位置づけられない「おそれ」によって、忙しさと幸せとを保っているのであれば、われわれとしても、多大な成果を期待して、形なく名状しがたい「希望」を抱き続けるという生き方がありうると思う。その成果が何かということは、曖昧なままでいい。それが何かは分からないまま、いつも成果が間近いと確信していること。実際に間近いかどうか、そもそも検証できないことなのだから。喩えていえば、世紀の大発見や、いまだかつて書かれたことのない完璧なソネットが、いまにも自分を訪れるかのような気持ちにひたって仕事に打ち込む科学者や芸術家のように生きる、ということである。あるいは、我が子が将来、偉大さと幸福を兼ねそなえた、限りなく不可能に近い人生を歩むことを、本心から願って手を尽くす母親のように生きる、ということである。

――この論考[原題 "Social Planning and the Concept of Deutero-Learning"]は、[一九四一年にニューヨークで行われたカンファレンスで]マーガレット・ミードが行なった発表「文化の比較研究と民主主義的価値観の目的的助長について」へのコメントとして発表された。「科学と哲学と宗教の学術会議」編 *Science, Philosophy and Religion: Second Symposium* (Harper & Row, 1942) の第四章として出版されており、学術会議と出版社両者の許可を得て転載する。

■――原注

(1) ミード博士の発表論文の、関連部分を再録しておこう。

「文化をその全体において――一つの動的均衡システムとして――捉える研究が、どのような貢献を果たすことができるか、次に列挙してみたい。……(その一からその三まで省略)

その四。この種の研究によって、みずからの属する文化を変革するプランづくりに携わる社会科学者に、次のような自覚が育まれるだろう。すなわち、自分たち自身をも変革の対象に含めることの重要性を認識すること。そして、あらかじめ設定された目的に向かって邁進することが人間の操作と民主主義の否定につながることを理解した上で、プランづくりに携わること。人間の魂の道徳的自律性を失うことなく、文化変容のプロセスを科学的方法によってコントロールしようとするのであれば、科学者は、文化が進んでいくべき方向性を明確にすることだけに価値を限定する立場を貫かなくてはならない。」(傍点強調はミードによる。)

(2) ゲシュタルトと単純学習との関係というこの問題に触れた心理学の論文は、おびただしい数にのぼる。「学習の転移」transfer of learning、「般化」generalization、「パヴロフの言う」「拡延」irradiation、C・L・ハルの言う「反応閾《いき》」reaction threshold、「自己洞察」insight 等々の概念を扱ったものはみな基本的に、その問題を扱うものであるわけだ。歴史的に見ると、この問題を最初に提示した一人がフランク氏である(L. K. Frank, "The Problems of Learning," *Psychological Review*, 1926, 33: 329-351)。なおマイヤー教授は、最近「方向性」direction という概念を導入しているが、これはここで言う「第二次学習」に非常に近いものである。「方向性とは、それ自体一つの記憶とはならずに、諸々の記憶をある特定の方法で結び合わせる、統合の力である」と彼は説明するが、この説明の「力」という語を「習慣」に、「記憶」を「事象の流れの経験」に置き換えてみれば、彼の言う「方向性」はわたしの「第二次学習」とほぼ同義になるはずである(N. R. F. Maier, "The Behavior Mechanisms Concerned with Problem Solving," *Psychological Review*, 1940, 47: 43-58)。

(3) 心理学実験においては、第二次学習を画定する方が、原学習を画定するよりも、必然的に容易だという点に注意していただきたい。実験から得られたいかなる学習曲線も、本当は、純粋な原学習を表すことはない。単一の学習実験の内部でも、多少の第二次学習は起こるとしなくてはならない。その点を加味するなら、すべての学習曲線は、理念的に想定される純粋な原学習のそれより、いくらかなりとも急な勾配を持つことになる。

(4) C. L. Hull, *et. al*, *Mathematico-Deductive Theory of Rote Learning*, New Haven, Yale Univ. Press, 1940.

(5) これまで、実験を明瞭に解釈する必要から、さまざまなコンテクスト分類法が作られてきた。ここで拝借するのは、ヒルガード氏とマーキス氏の手になるものである(E. R. Hilgard and D. G. Marquis, *Conditioning and Learning*, New York, Appleton Century Co., 1940)。この分類法の考案者は、自分たちの作った分類法に鋭い批判的分析を加えている。わたしのこの論の一つの起点となった考えは、彼らの分析に啓発させられたものだ。「どんな学習のコンテクストも、自論に適合するよう、それが持つある面だけを引き伸ばして過度に強調するなら、どんな学習理論にもうまく収まってしまう」ということを彼らは訴えるのだが、彼らの言う「学習理論」を「統覚習慣」で置き換えると、本論の礎石となる考えが出来上がる。すなわち、「どんな統覚習慣であっても、事象のシークエンスを引き伸ばし、ひねりを加え、区切り方を調整することで、ほとんどどんなものでも、そこに取り込むことが可能である」。この種の取り込みができない場合に、神経症生成実験におけるような症状に動物が陥ると考えてよいだろう。(傍点部の記述には、すでにダブルバインド理論の萌芽が見られる。一九七一年、ベイトソン追記。) なお、賞罰のコンテクストをトポロジカルに分析したレヴィンの思索にも示唆を得た(K. Lewin, *A Dynamic Theory of Personality*, New

York, McGraw-Hill Book Co., 1935)。

(6) 心理学実験における学習のコンテクストは、現実世界の諸現象のモデルとするには、あまりに単純化されすぎていて使いものにならないと感じている人が多い。しかし、ここに掲げたものを拡充していくことによって、何百という学習コンテクストと、その中で獲得される統覚習慣とを体系的に把握する手立てが得られるはずだ。そうした拡大の方向のいくつかをここに提示してみよう。

(a)それぞれのタイプの学習が抑制されたり消失したりする、「負」の学習コンテクストを模索する方向。

(b)コンテクストの並存を探っていく方向。(たとえば唾液の分泌が、肉粉に対する生理的な反応として獲得されるとともに、肉粉を得るための手段として道具的に使われるようにもなるケース。)

(c)被験者が、シークエンスの中の二つ以上の要素間に、何らかの(生理的以外の)つながりがあることを察知した場合、状況は新しいコンテクストに移行することになる。これが起こるためには、被験者が、体系的に違っている――たとえば、要素Aのあるタイプの変化に合わせて、要素Bが常に一定のタイプの変化を示すような――複数のコンテクストを経験することが要件となる。どの要素とどの要素が結びついて捉えられるか、その可能性は網の目状にはびこっている。要素の数は、条件刺激、条件反応、報酬または罰の三つに、二種類の時間間隔を加えた五つだが、その各々が他のどれとも結びつきうる上に、どちらがどちらを決定するかも被験者が決めることであるわけだから、四つの基本的コンテクストすべてを考えれば、計算上48のタイプが出来ることになる。

(d)これが実験的に調査されたという話は聞いたことがないが、人間間の相互関係でよく見られることとして、実験者と被験者の役割が逆転するタイプのコンテクストも含めて考えてもよいのではないか。このケースでは、学習する側が、最初と最後の要素［刺激と強化］を提供し、誰か他の存在または状況が、中間項を提供する。つまりブザーと肉粉とを被験者［である実験心理学者］の行動と捉え、「この人は何を学ぶか？」を問うのである。権威的性格や親的行動に関連する統覚習慣の大きな部分は、このようなタイプに属するコンテクストを基盤にしている。

（7） Dorothy Lee, "A Primitive System of Values," *Philosophy of Science*, 1940, 7: 355–378.

（8） パヴロフ主義の原型をなす実験は、唾液の分泌を軸とするが、この準パヴロフ主義者にも、同じように自律的な反応を軸にして事象を括り取る傾向を見てとることができるかもしれない。すなわち、出来事を彼ら特有の言い回しにそって見ていく人間は、自分の意志による制御が不完全にしか効かない種の反応に、外界の出来事を動かす特殊な効果やパワーがあると信じる傾向があるということだ。パヴロフ的宿命観には、一番自分の意のままにならない行動によってのみ、事象の流れをコントロールすることができるとする思いへ人を導く、アイロニカルな論理があるのかもしれない。

（9） ミード博士とわたしが収集したバリ島関係の資料を最終的に整理した本は、まだ出版準備中の段階だが、ここに提示する理論の概要は、"The Frustration-Aggression Hypothesis and Culture"(*Psychological Review*, 1941, 48: 350-355)で、すでに公にしている。〔読者は、この論文の七年後に書かれた、本書上巻所収「バリ――定常型社会の価値体系」を参照されたい。〕

■――訳注

＊1　「道具性」instrumentalityと「道具的」instrumentalという概念は、本論のキー・コンセプトである。むしろ「目的指向性」とか「到達の発想」とか訳した方が分かりやすいのだが、心理学で「道具的条件づけ」という用語が一般化していることもあり、この訳語を踏襲する。

＊2　learn to learnは「学習する能力の向上」とも、「習得しやすさの獲得」とも訳すことができる。英語のlearningの訳語として「学習」より「習得」の方が適しているとは言えるが、慣例を踏襲する。ベイトソンにとっては、メンタルな現象に規則的な変化をもたらすものは、すべて「学習」の所産となる。本稿から二十年以上経てまとめられた「学習とコミュニケーションの論理的カテゴリー」(本巻所収)へと、考察は引き継がれていく。

遊びと空想の理論

以下に報告する研究は、一つの仮説に導かれて計画され、着手されたものである。研究の本体は、観察による関連データ収集の作業と、その過程での、仮説の拡充と修正から成っている。

その仮説がわれわれの思考の中でどのような成長をとげてきたか、順を追って記述することをもって報告としたい。

ホワイトヘッドとラッセル[1]、ウィトゲンシュタイン[2]、カルナップ[3]、ウォーフ[4]らの先駆的で根源的な業績、および彼らの思索に依って精神医学の認識論的基盤を考察した私自身の試み[5]から、一連の一般則が引き出される。

1 人間のコトバによるコミュニケーションは、多くの対照的な抽象レベルで作用しうるものであり、実際つねに作用していること。〝The cat is on the mat〟[ネコはマットの上です]という発言にしても、その一見シンプルな明示的 denotative レベルから二手に抽象の段階が伸びている。一方に、発するコトバについて(暗に明に)言い及ぶ抽象性の変域または集合《セット》がある。これを「メタ言語的」metalinguistic と呼ぶ。(例――「〝cat〟という語の音声は、かくかくしかじかのメンバーが属する集合の任意の個体を指す」「〝cat〟という語は毛を持たず、引っかくこともない」等。)もう一方の抽象段階の変域を、「メタ伝達的」metacommunicative と呼ぶ。(例――「あなたにネコの居場所を教えてあげるのは、友好の気持ちからだ」「これは遊び《プレイ》だよ」等。)メタ伝達的なやりとり(メタコミュニケーション)のテーマは、話者同士の関係である。*1

メタ言語的メッセージもメタ伝達的メッセージも、その広大な部分が暗黙のうちに差し出されるということ。とともに、特に精神科の問診においては、メッセージの友好性・敵対性をめぐるメタ伝達的メッセージがいかに解釈されるべきかについての[さらに高次の]メッセージも生じていることに注意されたい。*2

2　コミュニケーションの進化を考えてみるとき、生物が他者の発する「ムードの徴し」に〝自動的〟に反応するレベルを徐々に抜け出て、その徴《サイン》しを、指示信号《シグナル》として認識できるようになる段階が決定的に重要だということは明らかである。つまり、他の個体（あるいは自分自身）の発するシグナルがただのシグナルにすぎないものであり、信じることも、信じないことも、ウソになることも、否定されることも、強められることも、修正されることも、すべて可能なのだという認識が発生する段階である。

「シグナルはシグナルにすぎない」というこの認識は、しかし、ヒトの場合ですら完全でないことは明らかである。新聞の見出しは、きわめて複雑に動機づけられた生き物の手によって調合され伝達されたシグナルにすぎないのに、それを目にするときのわれわれは、まるで周囲の世界で起こっていることから直接の刺激を受けたかのように、ストレートに反応することがしばしばだ。ヒト以外の哺乳動物は、異性の発する匂いによって自動的に興奮してしまうのが常だが、そうした徴しが「非意図的」に分泌されたもの――すなわち、ここで「ムード」と呼ぶ内的生理現象の一部が外部に知覚されるべく現れ出たもの――である以上、その自動的反応も、理に適っている。ヒトの場合、事態はより複雑に進行する。非意図的な嗅覚信号を、デオドラントが抑制し、その代わりとして化粧品メーカーが用意する香水が、非意図的な徴しではなく、意図的な指示信号として、そしてそのように受け取られるべきものとして使われるのだ。ところが実際問題として、多くの男性が、この、意図的に発散された香りにうっとりしてしまうことが起こる。それればかりか、CMのメッセージを真に受けるなら、この意図的な信号は、それを発する当人にすら、自動的で自己暗示的な効果を発揮するようである。

嗅覚信号について、いささか脱線してお話ししたが、今の例は、コミュニケーションの進化における決定的な一歩をあざやかに示してくれる。知恵の実を口にした生物が、シグナルをシグナルにすぎないものとして認識するに至ったとき、進化のドラマは急展開を見せることになったのである。それは、(人間の言語がそうであるような)恣意的コミュニケーション・システムの道が開けたということだけではない。感情移入empathyや、同一視identificationや、投射projection等、さまざまな要素が発生し、それらが複雑に絡まった多重の抽象レベルでのコミュニケーションの可能性が切り開かれたということである。

3　仮説形成の明確な第一歩として記されるのは、一九五二年一月、サンフランシスコのフライシュハッカー動物園でサルを観察したときのことである。ある動物が、それ自身(または同種の個体)の発するサインをシグナルとして捉えることができるかできないか、それを見分ける基準は何なのか――これが私の問題意識で、そのとき私の頭の中では、理論的にその基準についてのおよその考えはまとまっていた。動物間の相互作用の流れの中に、もしメタ伝達的《コミュニカティヴ》なサイン(あるいはシグナル)が生起するなら、それは、その動物が、メタコミュニケーションの対象としているサインをシグナルとして(意識的か無意識的かはともかく）認知していることの証拠になるはずだ。そうした考えを持って、私は動物園に乗り込んでいったのだった。

もちろん、ヒト以外の動物に、明確に意図された denotative メッセージが見つかるとは期待できない。それは分かっていたが、しかし、現実の動物のコミュニケーションと向かい合うことで、考えが根底から覆ることになるとは思ってもみなかった。私が動物園で目にしたこと、それは、誰にも見慣れた光景だった。子ザルが二匹じゃれて遊んでいた――二匹の間で交わされる個々の行為やシグナルが、闘いの中で交わされるものに似て非なる、そういう相互作用を行なっていた――のである。このシークエンスが全体として闘いでないということは、人間の観察者にも確実に伝わったし、当のサルにとってそれが「闘いならざる」何かだということも、観察者に伝わった。

この「遊び」という現象は、ある程度のメタコミュニケーションをこなすことができる――「これは遊びだ」というメッセージのこもるシグナルを交換できる――動物に限って現れうる現象である。

4 ここで研究は、「これは遊びだ」というメッセージの分析に移行した。そこから、このメッセージは必然的に、ラッセルの分析した「エピメニデスのパラドクス」[*3]を内包するという理解が得られた。すなわち、否定的言明《ステイトメント》が、暗黙の否定的メタ言明を含むのである。「これは遊びだ」を展開すると——「今ボクラが関わっている一連の行為は、それが指す行為を[マジに]やったときに意味することを意味しない」。

ここで「指す」[stand for＝(指示対象の)代わりに立つ]という語は、「意味する」[denote＝明示する]の類義語(ほぼ同義語)になっている。「ネコ」という語が、ある種に属する生き物を「意味する」というとき、われわれはその記号をもって実物を指しているわけだ。そこで右の、遊びを丁寧に定義した文のなかの「指す」を「意味する」で置き換えてみると、結果はこうなる——「今ボクラが関わっている一連の行為は、それが意味する行為をやったときに意味することを意味しない」。「咬みっこ」は「噛みつき」を指しはするが、実際噛みついたときに生じる意味は持たない。

ラッセルの〈論理階型《ロジカル・タイプ》〉の理論によれば、この種のメッセージは、端的に禁止されるべきである。「意味する」denoteという語が同じ意味のまま二つの異なった抽象レベルで使われているからだ。しかしそう批判されても、自然史の研究者はたじろがない。哺乳動物の精神過程やコミュニケーション習慣は、論理学者の理想とする方向へは進化しえなかったと理解すればよいのである。そもそも、人間の思考とコミュニケーションが、いつでも論理学の理想に順応するかたちで整然と行われるとするなら、ラッセルも理想を定式化することなどしなかった——やろうにもできなかった——はずである。

5　コミュニケーションの進化のことで、もう一つ絡んでくるのは、コージプスキーのいう「地図と現地」map/territory の[6]別がどのように発生したかという問題である。メッセージを作る素材は、それが意味するものと違う（「ネコ」なる語には引っかく爪がない）。言葉とそれが表す事物との関係は、むしろ地図とそれが描き表す現地《テリトリー》の関係に近いのだが、その事実はどのように生じたのか。人間レベルで起こっている明示的コミュニケーションは、語や文とモノやコトとの関係づけられ方を規定する複雑にメタ言語的な（とはいえ言語化されない[7]）ルール一式が出来上がってのちに、はじめて可能になったものである。そこでまず、人間以前の、前コトバ的 preverbal レベルに目を向けることで、メタ言語的ないしはメタ伝達的な諸規則の進化の問題を検討しておこう。

「遊び」とは、それを作る行為が、何らかの非＝遊び的行為と意味的な関連を持つ現象であることが、これまで述べたところから言えそうである。そうだとすれば、遊びという現象において、交わされるシグナルが他の出来事を代行するということが起こっている。その点から、遊びという現象の発生は、コミュニケーションの進化における重要な一歩だったという可能性が考えられる。

6　「表しの行為」が「表される行為」と違っているという点では、「威《おど》し」threat も「遊び」と似た現象として括ることができる。「拳を握る」ことは「パンチを放つ」こととは違いながら、今はまだ存在していないパンチがこれからありえることを予示する。そうした警告行為が、ヒト以外の動物に広く見られることには注目すべきだろう。同じ種の動物の間で起こるものは、表面上は闘いに見えるものも、そのほとんどは「威し」として見るべきだという議論も出てきている(ティンバーゲン、⑧ローレンツ⑨)。

7　「演じ」や「だまし」の現象も、地図と現地との分化の原初的な形態をとどめるものである。⑩鳥類の間では、自身の発するムード・サインを真似るコクマルガラスの例(ローレンツ)など、行動の演技化の現象が知られているし、「だまし」の行動を取るホエザルの報告もある(カーペンター⑪)。

8　しかし、「威し」と「遊び」と「演じ」という三つの独立したカテゴリーがあって、それらが「地図」と「現地」の区分の進化にそれぞれに貢献したということなのだろうか。少なくとも哺乳動物のコミュニケーションに関するかぎり、そう考えるのは誤りであるようだ。子供の行動を観察してみよう。まねっこ遊び、から威張り、威しっこ、威すふり、「威し」への茶化し、などなど、そこではいま挙げた三つのカテゴリーがさまざまに結合して、一つの複合的現象の全体を形成している。人間の大人において現れるギャンブル、あるいは「リスクとの戯れ」という現象も、「遊び」と「威し」との複合に根を持つものである。さらに、「威し」に対する「威され」——威しの行為を意味あるものにする相手側の対応——も、同じ行動複合体のカテゴリーに含めなくてはならないだろうし、「演じ」に対する「観賞」も含めるべきかもしれない。「自己憐憫」も、同類に含まれるだろう。

9　さらに一歩踏み込めば、「儀礼」も含めて考えないわけにはいかない。儀礼においてもまた、表す行為と表される行為との間に不完全な線しか引かれない。文化人類学で行われている多大な研究の中から、戦闘終結の儀式の例を一つだけ引いてみよう。

アンダマン諸島では、双方が相手を自由に攻撃する儀式を経たあとで、正式な停戦が訪れる。しかしこの例は、現在の状況を「遊び」または「儀式」として枠づけるフレームのもろさを示す例にもなっている。地図と現地との区分は、いつ欠落するとも知れない。平和のための儀礼的攻撃が、「本気」の攻撃に受け取られ、そこでまたホットな戦闘に逆戻りするというケースがまま見られるのである(ラドクリフ＝ブラウン(12))。

10　しかしこの点から、遊びの、より複雑な形態が浮かび上がってくる。「これは遊びだ」という前提ではなく、「これは遊びか？」という問いをめぐって成立するゲームがそれだ。そしてその、ゲームともゲームでないともつかぬ相互作用には、「しごき」を伴う通過儀礼のケースのように儀礼的形式を持つものがある。

11　「遊び」「空想」「威し」等々のコンテクストの中で取り交わされるシグナルには、

パラドクスが二重に存在する。咬みっこして遊んでいる動物の咬むしぐさは「噛みつき」を指しつつも、「噛みついた」ときの意味を十分に意味しない――というだけで話は終わらない。その「噛みつき」自体が空想の産物なのだ。遊びの中にある動物は、言っていることを半ば意味していない、というだけでなく、存在しないことについてのコミュニケーションを通常的に行なっているのである。人間レベルでは、ここから、遊び play と空想 fantasy と芸術 art の領域における、複雑きわまりない現実と虚構の絡みが展開される。手品師も、だまし絵画家も、見る人がだまされ、かつだまされたと知って喜ぶ、そんな虚構づくりに芸人としての命を賭けているわけだし、ハリウッドの映画監督は、一つの影の迫真性を増すために、何万ドルもの投資を惜しまない。一方には、芸術は現実の再現にうつつを抜かすべきではないと主張する――おそらく芸術の現実によりしっかりと根ざした――芸術家の一派がいるし、また、賭けポーカーのプレイヤーは、チップをそれが表すドルと同一視しつつ、奇妙に耽溺的なリアリズムのゲームにいそしむのだが、それでいて、負けた者に対して、「負け」の事実をゲームの一部として受け入れるよう迫るのだ。

さらに人間は、芸術と魔術と宗教が出会う暗がりにおいて、「そのまま信ずべきメタファー」を進化させている。国旗の布きれを守るために命をも投げ出して戦ったり、パンとワインにただ「われらに与えられし、外的で可視的な表れ《サイン》」[*4]以上の神聖さを感じたりするのはその例だ。ここには地図と現地との区別を無にして、純粋なムード・サインによる絶対無垢のコミュニケーションに回帰する心が見てとれる。

12　これまでのところ、遊びの特異な点が、二つ浮かび上がってきた。――(a)遊びの中で交換されるメッセージないしシグナルは、ある意味で本当《トゥルー》ではない、あるいは意図されていないということ。(b)これらのシグナルは、現実に存在しないものを指し示すということ。ここで注意したいのは、この二点の結合から、先にたどり着いた結論と逆の事態が生じるケースである。第4項でわれわれは、動物の「咬みっこ」は「噛みつき」の意味を示しはするが、噛みつきそのものが意味することを意味しないことを確認した。しかし、たとえば、立体映画のスクリーンから槍が飛び出てきたとか、悪夢の中で、自分の心が作り出した崖から真っさかさまに墜落するとかいうケースでは、この一般則に逆らって、本物の場合にいささかも劣らぬ恐怖をわれわれは味わうようである。その瞬間の恐怖は問答無用に〝リアル〟なのだが、それでも映画館に槍はなく、ベッドに崖はない。それら、槍や崖の像《イメージ》は、それらが表すように見えるものを表したわけではないのに、本物の槍や崖が喚起するのと同じ恐怖を現実に喚起したことになる。この種の自己矛盾的な現象を巧みに利用して、ハリウッドの映画監督は、ピューリタン的な観客の顰蹙《ひんしゅく》を買うことなく、彼らを擬似性愛の空想に誘い込むことに成功しているようだ。『ダビデとバテシバ』[*5]のバテシバを、二人の男性と交わる女として見ることも可能である。『アンデルセン物語』[*6]は、主人公が少年と一緒に登場し、一人の女性を求めて挫折したあと、再びその少年のもとに戻るという筋立てである。もちろんそこで「同性愛」が描写されるわけではない。シンボリックなレベルで、観客の持っている何らかの固定観念——特定のタイプの女性や特定のタイプの男性的権威を前にすると、異性愛の成就は難しくなるもんだ、等——がファンタジーを見ながら連想されるだけのことである。このとき観客の頭の中にある「擬似同性愛」は、現実の同性愛を代行 stand for しはしないが、しかし現実の同性愛に伴う(または同性愛を育む)ような態度をマイルドな形で代行または表現している、とは言える。ここには同性愛を明示する denote シンボルがあるのではない。そうではなく、同性愛をその適切なシンボルとするような観念が表現されているのだ。患者の〝同性愛的傾向〟について語る精神分析医は、この点を熟考すべきではないだろうか。彼らの精神分析学的解釈が、意味論的に見てどこまで妥当かということを、厳密な分析にかける必要があるし、それ以前に、それらの解釈が提示される状況的枠組の性質を明らかにする必要がある。

13　以上、「遊び」について見てきたところを基点として、「フレーム」と「コンテクスト」についての議論に切り込んでいきたい。われわれが行きついたのは、要するに、「これは遊びだ」というメッセージが、エピメニデスのパラドクスに似た、自己矛盾的フレームを設定するという仮説である。そのフレームを図示すれば、このようになるだろうか。

この枠組のなかで言われることは、何一つ正しくない。
I love you.
I hate you.

フレームのなかの第一の言は、それ自身についても言い及ぶ、自己矛盾的な命題である。この命題がもし正しいなら、それ自体も「正しくない」。この命題が正しくないなら、正しい。さらにこの第一の言は、枠内の他のすべての言にかかっているので、もしそれが正しければ、他のすべての言は正しくないことになるし、逆に第一の言が正しくなければ、他のすべての言は正しいことになる。

14 今の最後の発言は論理的厳密さに欠けるところがある。第一の言が正しくないとしても、この枠内の言明の中に正しくないものが部分的に混じりうる可能性は論理的に排除できないだろう。ところが無意識で展開する「一次過程」の思考は、some と all とを、また not all と none とを区別しない。[*7] それらの間が識別されるのは、（健常な精神における）意識的な思考のはたらきによると思われる。一次的段階では「白か黒か」という大まかな思考がなされていて、それが二次的に、より細やかなチェックを受けるということだ。一次過程の思考が絶え間なくはたらいていると見なすのは心理学の正統である。「遊び」を括りとる、論理的には矛盾したフレームが、心理的には妥当と感じられるのは、一次過程のはたらきによるものと考えればよいだろう。

15 all と none との間から some が抜け落ちる理由を説明するには、「一次過程」のはたらきを措定することが必要だが、だからといって「遊び」を単なる一次過程的な現象として括ってしまうことはできない。疑うべくもなく、「遊び」と「遊びでないもの」との区別は、「空想」と「空想でないもの」との区別同様、二次過程、すなわち〝自我〟のはたらきによって、はじめて可能になるものである。夢の中では、これは夢だと意識されていないのがふつうだし、「遊び」の中でも、それが遊びだと言いきかされる必要が生じることが、ときどきある。

同様に、夢と空想のただ中にある人は、「これは現実でない」という思いを抱くことができない。夢と空想とは、ありとあらゆる内容を扱うことができるにもかかわらず、その夢または空想自体に言い及ぶメタステイトメントを、その内側で組み上げることができないのである。目が覚めかけている場合をのぞいて、夢見る人は、自分の見ている夢を「夢」と指す——フレームする——ことができない。

この点から、われわれが一つの説明原理として使っている「遊び」が、一次過程と二次過程との特異な組み合わせの上に成立しているという結論が引き出される。そしてこれは、先に述べた、遊びの成立がコミュニケーションの進化における——具体的には、地図と現地との関係の発見における——決定的な一歩であったという点と関係することである。一次過程では、地図と現地とは相等しく、二次過程では、両者間の区別が可能になる。遊びの中では、地図と現地とは相等しく、同時に別物である。

16 このシステムが通常の論理から外れている点を、もう一つ指摘しておかなくてはならない。「前提とする」という語で結ばれる二つの命題の関係が、ここでは非推移的intransitiveなものになっているのだ。一般に、論理的に非対称な関係はすべて推移的transitiveである。典型的な例として"greater than"で結ばれる関係を挙げると、「AがBより大きく、BがCより大きいとき、AはCより大きい」。つまり、ここには推移的な関係が成り立っている。しかし、人間の心理的現実にあっては、非対称関係が必ずしも推移的にならない。PがQの前提で、QがRの前提で、しかもRがPの前提になっているというような、堂々めぐりの関係がごく普通に観察されるのである。そして、われわれが考察しているシステムにおいては、この円環がさらに締まって、「この枠組のなかで言われることは、何一つ正しくない」というメッセージが、それ自体の真偽を査定する際の前提になるという事態が生じている。（マカロックによる、「好き嫌い《プレフェレンス》の心理」の非推移性の論を参照⑬。なお、ラッセルの「それ自体のメンバーにならないクラスのつくるクラス」は、いま扱っているパラドクス全体の範例となるものである⑭。ラッセルの示したのは、"is a member of" でつながれる個と類の関係が非推移的に扱われるとき、パラドクスが生じるということだった*8。）

　心理の世界では「前提」premise の関係がしばしば非推移的なものになることを踏まえたうえで、以後われわれは、「前提」という語を使っていくことにしよう。つまり本論における「前提」とは、論理学における「命題Pは命題Qの前提である」という言が指し示す二つの命題間の依存関係に類似した、二つの観念間、またはメッセージ間の依存関係を表す語である。

17　しかし「フレーム」とその類縁概念である「コンテクスト」の意味するところが、まだ曖昧なままだ。まず、これらが心理の世界に帰属する点を確認するところから始めよう。これから二種の類比に頼って論を進めていくことにする。(a) 物理的な存在であるる。「額縁《フレーム》」と、(b)より抽象的な、しかし心理的とは言えない、数学的集合の「囲い」である。

数学の集合論では、複数のカテゴリー(〝集合《セット》〟)がオーバーラップする場合の、各メンバーの所属関係を厳密に論理づける公理・公準を発達させている。集合間の関係を図示するときは、まず、大きな宇宙の全メンバーを点で表し、そのなかで、それぞれの集合に属するものを、想像上の線の中に囲い込むという方法がとられる。要するにこれは、分類の論理に対する、一つの位相幾何学的《トポロジカル》なアプローチの図解である。これとの類比において、心理的フレームを定義する第一歩は、そのフレームをメッセージ(ないし意味ある行為)のクラスとして、あるいはメッセージ集合の外枠を画すものとして理解するということだ。ある時点からある時点まで伸びている「遊び《プレイ》」のフレームを、その限られた時間内に二人の間で交わされ、かつ、先に示したパラドクシカルな前提システム[第13項]によって修正されるすべてのメッセージの集合、として定義するわけである。集合理論にならってこれを図示すると、個々のメッセージを表す点々が、囲いの線で括られる「遊び」のメッセージと、外側の「非遊び」的メッセージに分かれるという図が得られることになる。

この数学的モデルは、しかし心理世界の現実を十分に反映することができない。当人の心理に現実の作用を及ぼしている枠組を、想像上の線による囲いで置き換えてしまうことには無理があるのだ。われわれは心理的フレームに何かしらの実在性があると考える。多くのケースで、それらの枠組を意識レベルで認識し、それに対して「遊び」「映画」「面接」「仕事」「言葉」などの言葉にして表現してすらいる。また一方では、そうした明確な言語的表現を欠いていて、当人がそれについてまったく意識していないというフレームもあるだろう。精神分析医であれば、そういう無意識のフレームの観念を説明原理として用いることで自身の思考を簡便化できる。実際にはほとんどの分析医は、それらを単なる説明の道具とするに留まらず、患者の無意識の中に実在するものとして捉えているようであるが。

「集合」との類比が抽象的すぎるのに対して、「額縁」との類比は具象的すぎる。われわれが捉えようとしているのは、物理的な存在でも論理的な存在でもなく、キャンバスの上に絵を描いたとき、それをフレームで囲い込もうとする心理そのものなのだ。絵が額縁で囲われるのは、目にする世界を自分たちの心理的特性に合わせておくことが、精神のスムーズな機能のために望ましいからにほかならない。それはいわば「内的な特性の外的な表れ」だ。それらを取っかかりにして、人間の心理世界におけるフレームのあり方を探っていくことができそうである。

18　数学的および物理的アナロジーの限界を踏まえた上で、心理的フレームの機能と用途について、図示的に書き並べていくことができる。

(a)心理的フレームには、除外のはたらきがある。一部のメッセージ(ないしは有意の行動)が内に囲われることによって、他のメッセージが外に追いやられる。

(b)心理的フレームには、包合のはたらきがある。一部のメッセージが外に追いやられることによって、他のメッセージが内に囲われる。

以上の二項は、集合論においては同義と見なされるものだが、心理学の見地からは、別々のはたらきとして見なくてはならない。絵を囲む額縁を、見る者の知覚を統御するものとして見るとき、そこには「内側にあるものを注視して外側にあるものは無視せよ」というメッセージが読み取れる。ゲシュタルト心理学でいう「図」と「地」とは、集合論における集合の内側と外側というような、対称的な関係にあるセットではない。地の知覚を抑制する機能と、図への感度を高める機能とは、それぞれ独自に、それぞれポジティヴにはたらいているはずである。

(c)心理的フレームは、これまで「前提《プレミス》」と呼んできたものと関わっている。額縁は、絵を見る人に、「この内側の模様を見るときと、外側の壁紙の模様を見るときとで思考を切り換えよ」という暗黙のメッセージを伝えるわけだ。同じことを集合論風にいえば、その線が囲っているのは、「共通の前提ないしは相互の連関を持つ単一のクラスのメンバー」ということになる。いずれにせよ、フレーム自体が、知覚や思考に先立つ前提の一部になっていることに注意したい。その中には、遊びのフレームのように、囲われたメッセージの価値づけに関わるものもあれば、単に、「内側のメッセージは互いに関連させて考えよ、外側のメッセージは無視してよい」と告げることで思考の交通整理を行うだけのものもある。

(d)前項のはたらきをする点で、フレームはメタコミュニケーションのレベルにある。フレームを画すすべてのメッセージは、あからさまなものも暗黙のものも、囲い込むことによって、内側に来るメッセージの解釈のしかたを規定し、あるいはその理解を助ける。

(e)前項dの逆も成り立つ。メタ伝達的、メタ言語的メッセージはすべて、それに包まれて伝えられるメッセージの集合を、明示的・暗示的に規定する。すなわち、メタコミュニケーション・レベルのメッセージはすべて心理的フレームを規定する(あるいはそれ自体心理的フレームになる)と言ってよい。文中の句読点というような、小さなメタコミュニカティヴ・シグナルの場合、これはただちに明らかなところだが、もっとずっと複雑なケースも同様である。たとえばサイコセラピーの現場で、分析医の発する言葉には常時、役割規定のメタコミュニカティヴ・メッセージ(これは治療だ)がついてまわり、そのフレームのなかで、交わされるすべてのメッセージの意味が規定されるのである。*9

(f)心理的フレームと知覚のゲシュタルトとの関係についても考えておく必要があるだろう。ここでは額縁のアナロジーが有効になる。ルオーやウィリアム・ブレイクは、人物も他の物も輪郭で縁どって描いた。「賢人は輪郭を見るがゆえに輪郭を描く」*10というわけだが、その輪郭線が〈図〉と〈地〉を画す線になっており、さらに〈地〉が額縁によって括りとられているという二重の構造が、ここにはできている。集合理論の図を見ても同じで、より小さな集合がその中で括られる、より大きな宇宙全体を括りとる枠が存在している。この二重のフレーミングを、単に枠の中に枠があるというだけのものだとは、われわれは考えない。〈図〉を浮き立たせて知覚させるには〈地〉自体も枠づけられなくてはならないという、心的過程における必要の表れなのだと考える。この必要が満たされないことはよくあるが(例——安古物屋《ジャンクショップ》のウィンドウに彫像が立っている等)、そういう場合、人は落ちつかない気持ちになるようだ。

ここでわれわれが提起するのは、〈地〉も輪郭で括っておこうとする心理的必要が、抽象化のパラドクスを排除しようとする心のはたらきと結びついているという考えだ。

論理的なクラス（あるいは事物の集合）が定まるためには、同時にそこから除外される事物の集合が定まる必要がある。マッチ箱の集合を画定するには、マッチ箱でないものの集合も、きちんと画定しなくてはならない。しかし、この〈地〉の集合に含まれる物事は、〈図〉として浮き立っている集合が含む物事と、抽象の段階が同じでなくてはならない。——つまり同じ「論理階型」に属していなくては——ならない。特に、「マッチ箱のクラス」と「マッチ箱でないもののクラス」の二項は、（両方とも明らかにマッチ箱でないにもかかわらず）「マッチ箱でないもの」の集合のメンバーに入れてはならない。[*11] パラドクスを避けるためには、いかなるクラスもそれ自体のメンバーとなってはならないのだ。こうしてみると、絵画を囲い込む額縁は、〈地〉の知覚を締め出すという理由で、論理階型の異なるものを区切り取る、非常に重要な心理的フレームが外在化したもの、ということになる。[*12] 先に、額縁のはたらきとして、絵画を見るときの前提を画し、外側の壁紙に適用してはならないことを告げると述べたが、それはこの点を頭に入れてのことだったのである。

しかし、正にこの種のフレームが、パラドクスを引き起こすのである。論理学ではパラドクスを避けるために、囲われた境界線の外側に出るものと内側に入るものとは、論理階型が同じでなくてはならないという規則を立てた。しかし今の分析で見た通り、絵画作品を囲うフレームは、ある論理階型のものを別の論理階型のものから括りとる線になっている。さらにいうと、ラッセルの設けた規則自体、当の規則に違反しなくては提示できないものなのではないか。集合を囲い込む線の外側に論理階型の異なるものを含めてはならないと、ラッセルの規則は求めるのだが、これは自ら禁止する排除の線引きを想像の中で行うことに等しいのではないか。

19 ここで動物行動学の領域を訪ねて、フレーミングとそれにまつわるパラドクスの問題全体に、別の角度から光を投げかけてみよう。動物のコミュニケーションに認められる(あるいはそこから演繹される)メッセージは次の三種だ。

(a)本稿で「ムード・サイン」と呼ぶ種類のメッセージ。

(b)ムード・サインを模した(「遊び」「威し」「演じ」等の)メッセージ。

(c)真のムード・サインと、それを模した記号《サイン》との区別を、受信者が行うのを可能にするメッセージ。「これは遊びだ」というメッセージは、この三つめのタイプに属する。そのメッセージによって「この〝咬み〟も、それにまつわる他の有意な行為も、aのタイプのもの「〝マジ〟な状況における同じしぐさ」ではない」ことが相手に伝えられる。

「これは遊びだ」というメッセージは、このように、パラドクスを生じやすいタイプのフレームを設定する。それは、論理階型の異なるカテゴリーの間に線を引いて仕切ろうとするものなのである。

20　遊びと心理的フレームとを絡める議論には、三元から成る全体図（関係性の系《システム》）が成立する。いま第19項で検討したａｂｃはその一例だが、この種のメッセージ間の絡みが動物レベルだけでなく、はるかに複雑な人間のコミュニケーションでも起きていることは明らかだ。空想も神話も、事実を報告するナラティヴを模倣《シミュレート》して語られる。それら、種別の異なるディスコースを区別するのに、人間たちは、フレーム設定のメッセージ等を使うのである。

21　最後に、いままでの理論的アプローチを、サイコセラピーという特定の現象に適用するという、厄介な試みに入ろう。ここでは、以下の問いを提示し、それに部分的に答えていくことで、われわれの思考の道筋の要約としたい。

(a)フレームとパラドクスの扱い方の異常がその特徴であるような種類の精神病理は観察されるか。

(b)サイコセラピーの技術が、フレームとパラドクスの操作に必然的に依存することを示す事柄は観察されるか。

(c)所与のサイコセラピーの過程を、患者の異常なフレームの使い方と、医者によるフレーム操作との相互作用として記述することは可能か。

22 まずaの問いから。統合失調症に見られる「言葉のサラダ」[*13]は、患者が自分の空想の比喩性を識別できないところに起因すると思われる。先の三元の形式に合わせていえば、統合失調症者のコミュニケーションでは、フレームを設定するメッセージ(「これは比喩だ」と明示する"as if"等)が欠落し、比喩または空想が、もっと直接的なメッセージであるかのような発言と行動が見られる。第15項で、夢の中にはメタコミュニケーション・フレームがないことに触れたが、統合失調症者の場合、同じ特徴が覚醒時のコミュニケーションにも現れるのだ。メタコミュニケーション・フレームの設定がままならないということは、基本的で直接的なメッセージをうまく扱えないということでもある。比喩もストレートな発言も、すべて一様に扱われてしまうのだ。(この問題に関しては、本学会でのジェイ・ヘイリーの発表に詳しい。)

23 サイコセラピーが、患者のメタコミュニケーションの性癖を変えようとする試みである以上、その成否は、フレームをどれだけ有効に操作しえたかにかかっている。治療以前の患者の思考と行動が、ある一連のルールによってメッセージを作成し理解するものだったとすると、治療が成功した後、彼は別なルールによって思考し行動する。(この種のルールは、治療以前も以後も、一般に言葉によって把握されない無意識的なものだ。)ということは、セラピーの過程で、これらのルールに対してメタのレベルでのやりとりがあったということにほかならない。すなわち、治療者と患者との間で、ルールの変更についてのコミュニケーションが起こっていた。

しかしこのルール変更についてのやりとりが、患者のメタコミュニカティヴな規則（治療前のものであれ後のものであれ）に沿ったメッセージによって行われたとは考えられない。

遊びの中で論理の転倒《パラドクス》が生じることが、コミュニケーションの進化における大きな一歩だったという考えを先に述べた。ここで、精神療法《サイコセラピー》と呼ばれる変化のプロセスにあっても、同様のパラドクスがその必然的な要素になるのではないかという考えを披露しよう。

サイコセラピーのプロセスと遊びの現象との類似は、実際、非常に奥深い。両者とも、交互のメッセージのやりとりを時間的・空間的に括りとる、心理的フレームの内側で起こる。そして両者とも、そこで交わされるメッセージが、より堅固で基本的な現実と、特別かつ奇妙なかたちで結びついている。遊びにおける「戦闘ごっこ」が本当の戦闘に似て非なるものであるように、「転移」の現象によって医師と患者の間に現れる〝愛〟も〝憎悪〟も、本当の親との間の愛や憎悪に似て非なるものだ。転移された愛憎は、「これは治療だ」と告げるシグナルによって真の愛憎とは区別される。実際のところ、こうした空想《うそっこ》のフレームがあるからこそ、患者は思う存分「転移」を行うことができ、またそれについて治療者と語り合うことができるのである。

セラピーの進行過程の形式的特性を分かりやすく捉えるためのモデルを組み立てていこう。まず、トランプの「カナスタ」を標準的なルールによってプレイしている二人を考える。自分たちを統御するそのルールを二人が当然と受け止めている限り、ゲームの規則は変わらない。つまりそのゲームに治療的な変化は起こらない。（多くのセラピーは実際、この理由によって実らない。）しかしある時点で、二人のプレイヤーがゲームをやめて、ルールについての相談を始めたとする。このやりとりは、ゲーム内のやりとりとは異なった論理階型に属するものだ。話し合いのあと、二人は新しいルールでカナスタを再開する。

右の一連の出来事は、セラピーには論理階型の一致しない言説の組み合わせが必要だという論点を汲んではいるけれども、セラピーにおける相互作用のモデルとしては貧弱なものだ。カナスタのプレイヤーは、ゲームについての議論とゲームそのものとの分離を難なくやってのけるのに対し、セラピーの場ではまさにその分離が不可能なのである。セラピーのプロセスとは、われわれの見る限り、二者間の、枠づけられた、暗黙かつ変更可能な規則を持つ相互作用である。ただし規則を変えるには、その規則に従いつつ、試験的な行為をやってみる以外にない。とはいえ規則について働きかけようとするメッセージも、やはりそれ自体、進行しているゲームのなかの一つの動きとしての位置づけを免れない。このように一つの有意な行為が複数の論理階型に同時に絡むからこそ、セラピーには「カナスタ」のような定型のゲームとは違う、進化する相互作用システムの性格が生じるのである。ネコやカワウソの遊びにも、これと同じ性格がある。

24　患者がフレームを扱う方法と、治療者がフレームを操作する方法との関係について、今の段階で言えることは非常に乏しい。ただ、セラピーという心理的フレームが、統合失調症者にはうまく扱えないフレーム設定のメッセージに類似しているという点は、示唆に富む。セラピーとして括られた心理的フレームの中で、「言葉のサラダ」を発することは、ある意味で病的とはいえない。神経症患者が、セラピーの場で自分の夢を語り、自由連想を述べ立てるとき、彼はまさに「言葉のサラダ」を実演するよう仕向けられているわけである。そうやって、未整理の題材を吐き出しながら、患者と治療者は共にそれを理解しようと努める。解釈の過程で患者は、以前は反発したり抑圧したりしていた一次過程の思考の産物に"as if"［あたかも］のような表現をさしはさんで受け入れることを強いられる。空想の中に現実が含まれることを患者は学ばなくてはならないのだ。

統合失調症者にとって問題はいささか違っている。彼は一次過程の産物をまったく文字通り正しいものとして受け止めている。その隠喩が何を言い換えたものかを探しあて、その発見を通して、それがただの比喩にすぎないことを自覚する必要があるのである。

25 しかしながらサイコセラピーは、われわれが探索を試みている多数の領域のうちの一つにすぎない。われわれのプロジェクトの中心テーマを端的に言えば、抽象化のパラドクスが起こる必然性を探ること、となるだろうか。人間はパラドクスを排し、〈論理階型理論〉に従ったコミュニケーションを遵守すべきだとする考えがあるが、これは人間精神の本性から目をそむけるものだ。論理の階梯が踏み外されるのは、単に無知や不注意によるのではない。そればかりか、われわれの信じるところによれば、単なるムード・シグナルのやりとりより複雑なすべてのコミュニケーションにおいては、抽象化のパラドクスが必然的に姿を現すのである。パラドクスが生じないようなコミュニケーションは、進化の歩みを止めてしまうのだとわれわれは考える。明確に規定されたメッセージが整然と行き交うだけの生には、変化もユーモアも起こりえない。それは厳格な規則に縛りつけられたゲームと変わるところのないものである。

――この試論〔原題“A Theory of Play and Fantasy”〕は、一九五四年三月十一日、メキシコ・シティで開かれたＡＰＡ（アメリカ精神医学会）の支部主催のリサーチ・カンファレンスで（ジェイ・ヘイリーによって）読まれた。A. P. A. *Psychiatric Research Reports*, II (1955) より、許可を得て転載する。

■——原注

（1）A. N. Whitehead and B. Russell, *Principia Mathematica*, 3 vols., 2nd ed., Cambridge, Cambridge Univ. Press, 1910–13.

（2）L. Wittgenstein, *Tractatus Logico-Philosophicus*, London, Harcourt Brace, 1922.［『論理哲学論考』野矢茂樹訳、岩波文庫、二〇〇三］

（3）R. Carnap, *The Logical Syntax of Language*, New York, Harcourt Brace, 1937.［『論理的構文論——哲学する方法』吉田謙二訳、晃洋書房、二〇〇七］

（4）B. L. Whorf, "Science and Linguistics," *Technology Review*, 1940, 42: 229–248.［『言語・思考・現実』池上嘉彦訳、講談社学術文庫、一九九三、一四三—一六四頁］

（5）J. Ruesch and G. Bateson, *Communication: The Social Matrix of Psychiatry*, New York, Norton, 1951.［『コミュニケーション——精神医学の社会的マトリックス』佐藤悦子、R・ボスバーグ訳、思索社、一九八九］

（6）A. Korzybski, *Science and Sanity*, New York, Science Press, 1941.

（7）これらのメタ言語学の諸規則を言葉で把握できるようになったのは、ずっと後のことである。それ以前にまず、言語化されない状態でのメタ・メタ言語レベルにおける進化が必要だった。

(8) N. Tinbergen, *Social Behavior in Animals with Special Reference to Vertebrates*, London, Methuen, 1953. [『動物のことば――動物の社会的行動』渡辺宗孝ほか訳、みすず書房、一九五七]

(9) K. Z. Lorenz, *King Solomon's Ring*, New York, Crowell, 1952. [『ソロモンの指環――動物行動学入門』日高敏隆訳、ハヤカワ文庫NF、一九九八]

(10) 同書。

(11) C. R. Carpenter, "A Field Study of the Behavior and Social Relations of Howling Monkeys," *Comparative Psychology Monographs*, 1934, 10: 1-168.

(12) A. R. Radcliffe-Brown, *The Andaman Islanders*, Cambridge, Cambridge Univ. Press, 1922.

(13) W. S. McCulloch, "A Heterarchy of Values Determined by the Topology of Nervous Nets," *Bulletin of Mathematical Biophysics*, 1945, 7: 89-93.

(14) 原注1参照。

■――訳注

＊1 ラッセルとホワイトヘッドが関わったのは、メタ言語的な――言語と論理の世界内に閉じた――抽象性の階層である。そこにベイトソンは、自然史的現実を持ち込み、生き物のコ

ミュニケーションの階層性を考えた。「「ネコはマットの上だ」というのはウソだ」という文はメタ言語的な階層構造を持つが、「ネコはマットの上だよ」と言いつつ、ウソッコのトーンで「なあんちゃって」のメタメッセージを伝えてくる子は、メタコミュニカティヴなレベルから、非言語的に、自らの発言が受け取られるべき文脈を示している。

＊2　「脅迫」や「冗談」のトーンが言葉のメッセージに対してメタなレベルにあるとすると、それらのトーンが本心からのものか、それとも装われたものかについて伝えるメッセージは「メタ・メタレベル」から発せられていることになる。

＊3　別名「嘘つきのパラドクス」。「「クレタ人は嘘しか言わない」とクレタ人のエピメニデスが言った」という、単純な自己言及性を持つパラドクスの総称。ここで否定のステイトメント「クレタ人は嘘しか言わない」は、メタステイトメントであるところの「エピメニデスが言った」ことの一つ(メンバー)ではあるが、当のエピメニデス自身が(嘘しか言わない)クレタ人である。いわばメンバーがクラスを分類しようとする、そこにパラドクスが生じる。

＊4　サクラメント(聖跡、聖餐)に対して、伝統的に与えられる「内的で霊的な恩寵《グレイス》の、外的で可視的な表れ《サイン》」という定義を指している。本書上巻所収「なぜ白鳥に?」(一〇五―一〇六頁)参照。

＊5　旧訳聖書サムエル記(下)に記された、ダビデ王の姦淫の罪と神による裁きの物語の映画化。ダビデ王をグレゴリー・ペックが、家来の兵士ウリヤの妻バテシバをスーザン・ヘイワードが演じる。ヘンリー・キング監督(一九五一)、邦題『愛欲の十字路』。

＊6　アンデルセンの伝記的事実に沿わない、彼の創作した物語の筋を歌にしてちりばめた、ダニー・ケイ主演のミュージカル映画。チャールズ・ヴィドア監督(一九五二)。

＊7　「そんなことは誰もしません」(No one does that)とか、「みんな持っているよ」(Every-one has it)などと、字句通りには正しくないことを言っても意図が伝わる。そんな、論理から外れるコミュニケーションの「論理」が、ここで語られている。

＊8　非推移的関係がもたらすパラドクスを図解した例としては、M・C・エッシャーの『プリント・ギャラリー』が興味深い。そこでは「私」が見る世界に「絵画」が属し、「絵画」の世界に「町」が属し、「町」の中に「私」が属す。「属す」とは"is a member of"(その構成員である)と同義であるから、ここで私→絵画→町の帰属関係には、推移的であるべきものが非推移的になったゆえのパラドクスが生じている。——ただし、すべての非推移的関係が明らかな矛盾を呈するわけでもない。「AよりBが好き、BよりCが好き、でもCとAを比べるとAの方がいい」という心理はよくありそうだ。「統合失調症のグループ・ダイナミクス」でベイトソンは、フォン・ノイマンのゲームの理論という、整然とした論理体系においても非推移的な無限ループが現れることを示している(本巻一五八—一六二頁)。

＊9　『精神と自然』(岩波文庫、三三六—三三八頁)でベイトソンは、コンテクストを「時に沿って進むパターン」と説明し、フロイト派セラピストの診療室内が、一つの特別なコンテクストとして心理的に括り取られるさまを描いている。

＊10　本書上巻所収のメタローグ「輪郭はなぜあるのか」(九一頁)参照。

＊11　別の例で言えば、「一年三組の生徒でないもの」の集合には、「一年三組」を入れてはならないのはもちろん、「一年三組以外の組」のどれをも入れてはならない。

＊12　額縁の内側と外側で論理階型が異なるというのは、壁に掛かった絵画が一つの世界全体(クラス)を表し、かつ、部屋に属する一個のもの(メンバー)である点から明らかである。

＊13　「サラダ」とはゴタマゼ状態の比喩。ほとんど統語されていない「言葉のサラダ」が、ある種の統合失調症者の言語活動に観察される。

疫学の見地から見た統合失調

精神のありさまを疫学の見地から、すなわち経験的要因が部分的にも関与するものとして見ていくとき、まず第一に必要なのは、その病理状態が、観念体系のどこにどんな欠陥を持つ状態なのかを正確に指差すことでしょう。そして次に、どんな種類の学習コンテクストが、そのような形式的欠陥を生み出すのかを理論づけていく。これが正しい方法だと思います。

よく統合失調者《スキッツォフレニック》は「自我が弱い」といわれますが、この「自我の弱さ」ということをわたしなりに定義すると、「あるメッセージがどんな種類のメッセージなのかを告げるシグナルを見分け、それを解釈することがままならない」となります。つまり、本気か冗談かの違いを伝えるような論理レベルにあるさまざまなシグナルを、彼らはうまく扱うことができない。たとえば、病院の食堂に入った患者に、注文を受ける女性が、

"What can I do for you?"［何をしてあげましょうか？］と声をかけたとすると、これが彼には、どういう種類のメッセージなのか——つまり「手ごめにしてやろうか」という脅しなのか、「一緒にベッドに入ってもいいわよ」という誘いなのか、「コーヒー一杯サービスしましょう」という申し出なのか——分からない。メッセージは耳に入るけれども、それがどういう種類または等級に属するのか見当がつかない。メッセージに付けられた、より抽象的なラベルを、受け取ることができないということです。このラベルをわれわれは日常、慣例的に使いこなして意志の疎通を図っているのですが、しかしそれが何であるのか、つまり、何がわれわれに働きかけて、受け取ったメッセージの種類を告げるのか、きちんと理解してやっているわけではない。言ってみれば、正しい当て推量で動いているようなものです。自分たちが受け取っているメッセージの種類を告げるメッセージが自分に届いているということ自体、意識されてはいません。

統合失調者のなかには、この高次の信号を受け取る際のトラブルが、その症候群の中心をなしているように思える人たちが多数見受けられます。この症状の形式的理解から始めて、それをもとに病因論を展開していくという方法が取れそうです。

こういう発想に立つと、統合失調者の発する言葉の非常に大きな部分が、当人の経験について述べていることに気づかされるでしょう。これは、統合失調症の病因論と伝播論に第二の手掛かりができたということです。第一の手掛かりは症状で、そこから「ある個人が、このレベルの信号を識別する能力を不完全にしか身につけないという事態はどのようにして起こるのか」という疑問が導かれるわけですが、それに答える手掛かりとして、患者の語る言葉に注目することができる。「言葉のサラダ」と形容される一見メチャクチャな言葉が、実はメタコミュニケーションのレベルのもつれに関わるトラウマ的状況を物語っているのです。

わたしが扱った中に、「空間の中で何かが動いた」ために自分はおかしくなったと思い続けている患者さんがいました。彼が「空間」と言う、その言い方にヒントを得て、「その空間というのは、きみのお母さん(your mother)のことではないか」と尋ねたところ、「違う、空間は母なるもの(the mother)だ」という答えでした。[*1] さらに、彼女が何らかの形できみのトラブルの原因になっているということはないだろうかと探ったところ、「母を責めることを自分はしない」と言い、そのあと感情的になった彼の口からこんな言葉が出てきたのです――「母が引き起こしたことが原因で、母の中に動きが生じたと言うことは、われわれ自身を責めることにほかならない」(If we say she had movement in her because of what she caused, we are only condemning ourselves)。何かが空間を動き、そのために彼はおかしくなった。その空間とは母さんではなく「母なるもの」である。ですが、彼が自分では責めたことのないという彼の母親に、ここでは注目してみます。「母が引き起こしたことが原因で、母の中に動きが生じたと言うことは、われわれ自身を責めることにほかならない」と息子が言う母親です。

引用した文の論理構造にじっくり注目してください。これは円環をなしています。意志の疎通が慢性的な行き違いの中にあり、しかもその行き違いを息子が解きほぐそうとしても、その動きが最初から封じられている、そんな具合に固まった相互作用のあり方が、ここから読み取れはしないでしょうか。

この患者さんは、朝の治療をすっぽかしたことがあって、そのときわたしは夕飯時に食堂にまで出かけていき、あしたは必ず来いよと念を押したのですが、彼はわたしの方を見ようとせず、はっきりと顔をそむけるのです。「あす朝九時半」と言っても、返事がない。それから、とても大変そうに、やっとつぶやいたのは、「判事が許さない」という言葉でした。帰りぎわ、わたしは「きみに弁護士をつけなくてはね」と言って、翌朝庭に出ていた彼に「わたしがきみの弁護士だ」と声をかけて、わたしのオフィスに連れていき、こう言ってみたのです。「判事は、きみがわたしと話をするのを許さないだけじゃなく、許さないということをきみがわたしに言うことも許さないいんだろう?」彼は「そうなんです!」と答えました。ここには二つのレベルが関わっています。この

〝判事〟は、彼が陥っている混乱を整理しようとする試みを許さず、同時にその許さないということについて人とコミュニケートすることも許さない。

われわれが模索していくべき病因論は、多重レベルにまたがるトラウマに対応するものでなくてはならないようです。

よろしいでしょうか、わたしはトラウマとなった一連の出来事の内容を問題にしようというのではありません。性的なものだとか、口愛的であるとか、また何歳のときにそれを受けたかとか、父母どちらが関わったかとか、そういうエピソード的なことは切り捨てて、このトラウマが形式的な構造を持っているというその点を、明確にしようとしているわけです。一個の人間の心の中で、複数の論理階型がもつれ合い、衝突し合って、一つの確固とした病理を発生するのだ、と。

ここで、われわれが日常行なっているコミュニケーションに目を向けますと、異なった論理階型間のメッセージを一つに絡める芸当が、実に複雑に、しかも驚くほど容易になされていることが見えてきます。われわれは、ジョークというものさえ作ります。これは、外国人にはなかなか通じない高度のコミュニケーション術で、そのほとんどは——知恵を絞った作品も、即興で出てきたものも——論理レベルの異なるものの撚《よ》り合わせに依拠するものです。人をからかったり、ケムに巻いたりするときも同様で、そこでは、自分のメッセージの解釈のしかたについてのメッセージをわざと曖昧にするテクニックが使われている。どの文化でも、メッセージの種類を正しく振り分けて満足しているところなどありません。みんな、一つのメッセージに二つ以上の種類を巧みに絡ませる驚くべき技術を発達させています。こうした、複数のラベルが同時に貼られたメッセージに出会うとき、われわれは笑い、また自分たちの頭の中で起こっている心理学的な出来事について新しい発見をする。この発見が真のユーモアの報酬であろうかと思います。

しかし一方では、複数のレベルにまたがるメッセージを扱うことが、壊滅的というほどできない人たちがいる。この能力は人によって偏って現れるわけです。この偏りの現象に対して、疫学的な問題設定と、疫学的な用語による答えづくりが可能ではないかとわたしは思うのです。シグナルをうまく解釈し分けていく術を子供が獲得するには、あるいは獲得せずにいるには、何が必要なのか。これがわたしの問いであります。

そういう術を獲得する者が一人でもいるということ自体、奇跡的なことですが、多数の人間がそれを獲得し、しかも一方で、この能力の欠如も、非常に多くの人間において観察されるのです。たとえば、ラジオのメロドラマのヒロインが風邪にやられたからといって、放送局にアスピリンを送ったり、その治療法を教えてきたりする人が本当にいるわけです。風邪を引いたのがメロドラマの中の、架空の人物であるにもかかわらず、そういう行動を取るのですから、その人たちの、ラジオから流れてくる世界とのコミュニケーションの取り方は、いささか歪んでいると言わなくてはなりません。

この種のエラーを、われわれはみな、さまざまな状況において犯しています。多少なりとも統合失調症的な行動のエピソードが一つもない人が、この世にいるかどうか、わたしは怪しく思います。われわれはみな、「あれは夢だったのか現実だったのか」分からなくなるときがある。自分で空想したことが、現実の経験ではなく空想だとどうして分かるのかきちんと述べることは、多くの人にとって簡単なことではない。その出来事が時間軸上に位置づけられるかどうかは重要な手掛かりになるでしょう。感覚器官との照応を確かめるのも効果的な方法です。

この疫学的な問いへの解答を求めて患者の母親と父親を観察すると、幾種類かの答えに出会います。

まず、「増強ファクター」ともいうべきものに関する一連の答え。病気というものはすべて、疲労、寒さ、闘病日数、他の病気の有無等の状況によって悪化したり、かかりやすくなったりする。これらはほぼすべての病理に対して、量的な影響を及ぼすようです。第二に、先に触れたファクター、すなわち遺伝的に継承される形質と能力があります。論理階型に関して混乱するには、どこかおかしいぞと認識するだけの知性と、どこがおかしいのか分からない鈍さ、その両方の資質が必要です。これらの資質はおそらく遺伝的に決定されるのでしょう。

しかし問題の核心は、その特定の病理を引き起こすのに、どんな現実の状況がはたらいたのかを明確にすることではないでしょうか。わたしは細菌性の病気が細菌だけによって引き起こされるのだとは考えておりませんし、精神病理がトラウマ的なコンテクストの連続だけによって引き起こされるのだとも考えておりません。しかし、細菌性の病気を理解するには、そこに関与している細菌を探し当てるのが第一です。精神病の場合も、それらのコンテクストを言い当てることが理解の核心になるように思うのであります。

先ほどお話しした患者さんの母親に会ったことがありました。暮らし向きは豊かな方で、新興住宅地のきれいな家に住んでいました。患者さんと一緒にその家を訪れたとき、家には誰もいなくて、その日の夕刊が芝生の真ん中に投げ入れられていました。それは完璧に手入れされた芝生で、新聞を取ろうとした患者さんは芝生の縁まで行って、そこで震え出しました。

そこは実にモデルハウスのようでした。その家具は生活のためというより、他の家を売りさばくために不動産業者が配置したかのような印象でした。

　別の折、母親についての話の中で、「きみのお母さん、いつも何かに怯えたようすはないか」と質《ただ》したところ、「そうです」と言うので、何のことで怯えているんだろうと尋ねると、返ってきたのは「様相的保全」(appeariential securities)という答えでした。

　部屋の様相は、見事に「保全」の策が行き届いたものでした。マントルピースの棚の、正確に中央の位置に、プラスチックの観葉植物が据えられており、その両脇に陶器製のキジの置物が二つ、まったく左右対称の向きで置かれている。カーペットは床一面に完璧に敷きつめられていました。

　そのうちに母親が帰ってきました。五年ぶりに帰宅した息子との再会ということで、わたしは席を外したい気持ちになり、万事問題なさそうなので母と息子を二人にして、病院に連れ帰るまで一時間ほど通りをぶらつくことにしました。母親と家で会ったこの機会に何ができるだろう、どうやったらうまくコミュニケートできるだろうと考えているうちに思いついたのが、美しくてしかも雑然としたものをプレゼントするというアイディアでした。花がいいな、と思ってわたしは数本のグラジオラスを買い、患者さんを迎えに戻ると、それを母親に差し出しました。「美しくてしかも雑然としているものが、お宅にあるといいかと思いましてね。」すると彼女は、「あら、この花は雑然となんかしてませんわ。枯れてきたら、もぎとっていけばいいんですもの」。

わたしがこの発言に注目するのは、そこに去勢願望が見て取れるからではありません。実際には謝罪などしていないわたしが、謝罪したことにされた点が重要だと思うのです。つまり彼女はメッセージを受け取って、それをわたしが意図したのとは異なるクラスに分類した。メッセージを類別するラベルをすり替えてしまった。これを彼女はいつもやっているのだと思います。相手の言ったことに応えながら、相手の発言のラベルをすり替え、まるでそれが相手の弱さの表現であるかのように――たとえ自分に対する攻撃であっても、その攻撃は相手の弱さに発しているかのように――してしまう。そういうことを際限なく続けてきたのではないかと思われるのです。

相手の側からすると、これは自分の言ったことが曲げて解釈されたということです。この患者さんの場合、子供の頃から今日に至るまで、ずっとこういう状況が続いてきたのでしょう。「ネコはテーブルの上だよ」と言ったときにも、その発言に自分が込めたつもりの意図が否定されるような答えが返ってくる。母の返答によって、自分のメッセージ・アイデンティファイア「メッセージの種類を同定するメタメッセージ」が曖昧化され、歪曲されてしまうのです。そのうえ母親はいつも、自分自身のメッセージ・アイデンティファイアを偽るような発言を続けている。自分でも面白いと思っていないことを言いながら、笑ったりするのです。

この家庭にはたしかに「母親の支配」という、よくある構図が見られますが、だからといって、この構図から必然的にトラウマが生まれる、というわけでもないでしょう。わたしが関心を抱いているのは純粋に、トラウマを生み出す関係配置図《コンステレーション》の形式的特性です。それは、父親がこの役割を占め、母親がこの役割を占めるといったかたちで把握できるものだろうと思っています。

要するに、わたしが主張したいのは、ただ一点。――トラウマが、何らかの形式的な性質を有するという可能性が十分にあるということ。トラウマ自体が、コミュニケーション過程のうちのある要素に作用したがゆえに、患者のなかにある一定の症候群を育んだ、ということです。すなわち、「どんなメッセージかを明らかにするシグナル」がダメージを受ける。それ無しに〝自我〟が事実と空想を区別したり、文字通りの言葉とメタファーとを仕分けることができない、そういうシグナルが、この状況にあっては損なわれてしまうことになりがちなのです。

つまりわたしは、メッセージの種類を同定する能力の欠如に関わる、さまざまな症候群の集合を大きく括りとることを試みたわけです。この集合の一方の端には、破瓜《はか》病的症状を持った人間がいる。どんなメッセージも特定のタイプ［冗談・非難・皮肉等々］に所属しない、のっぺらぼうなコミュニケーション空間に生きる人たちです。もう一方の端には、あらゆるメッセージについて、それがどのようなメッセージなのかを過度の頑固さで同定してしまうという、パラノイア型の人たちがいる。そしてまたこの集合には、コミュニケーションから身を引いてしまう症状を呈する人たちも含まれるはずです。

この種の仮説に立って個体群を見渡し、メッセージの種類の同定になんらかの支障をきたすような関係の形《コンステレーション》がつくられる要因を探っていくことは可能でしょう。この病理は、そうした疫学的研究にふさわしいものであると思うのであります。

——本稿［原題 "Epidemiology of a Schizophrenia"］は一九五五年五月にユタ州ブライトンで開かれた、ユタ大学精神分析・心理学部および退役軍人局病院ソルトレーク市フォート・ダグラス地区支部共催のシンポジウム「精神健康の疫学」において、「患者は周囲の社会をどのように見ているか」("How the Deviant Sees His Society")との題で話した内容をまとめ直したもの。当日の会場ではガリ版刷りのレジュメが配布された。

■——訳注

＊1　"my mother"は一個の具体的な存在だが、"the mother"は、それとは抽象の段階を異に

する。抽象的な類《クラス》と個的存在との混同が、患者の気持ちを、母親への非難から救って楽にさせるからくりになっていると考えられる。

統合失調症の理論化に向けて

統合失調症 schizophrenia は依然として心の病のなかで最も大きな謎の一つであり、その性質も原因も治療法も、ほとんど解明されていない。ここに提示するのは、コミュニケーションの分析——とりわけ〈論理階型理論《ロジカル・タイプ》〉——に基づいた統合失調症の理論である。統合失調者《スキッツォフレニック》の観察と論理階型の理論とからわれわれは、統合失調症と呼ばれる状況についての記述を導き、「ダブルバインド」と名づけた呪縛的な、何をしても〝勝てない〟状況をつくる必要条件を考察した。ダブルバインドに捕らえられた人間の中で統合失調症的症候が育まれる可能性をわれわれの仮説は指摘する。本論は、家族の中でダブルバインド状況がどのように、またどんな理由から生じるのかということを、診療と実験から得たデータをもとに論じるものである。

これまでわれわれは、統合失調症の性質と原因とセラピーについて、それを幅広い体系的な視点から定式化し検証する研究プロジェクトを進めてきた。以下はその報告である。(1) この分野におけるわれわれの研究は、各人がそれぞれの経験に応じて、人類学、コミュニケーション分析、サイコセラピー、精神医学、精神分析のさまざまな資料と観念を持ち寄り、それらを検討することで進められた。現在われわれはコミュニケーション理論から見た統合失調症の発生因とその性質《ネイチャー》の基本的輪郭に関して、共通の理解に達している。以下は、現在も継続中の研究の中間レポートである。

■——コミュニケーション理論の基盤

われわれの考察は、コミュニケーション理論の中でも、ラッセルが〈論理階型理論〉と呼んだものに基づいている。(2) この理論の中心命題は、クラスとそのメンバーの間に連続性がない、ということだ。クラスを表すのに用いられる語は、メンバーを表す語と抽象のレベル、すなわち〈論理階型〉が異なり、そのためにクラスはそれ自体の一メンバーにはなりえないし、いかなるメンバーもそれ自体が属すクラスにはなりえない。形式論理学では、クラスとその構成メンバーとの間のこの不連続性を、終始維持しようとする。しかしコミュニケーションの現場、人間の心理の現実を問題とした場合、両者の不連続は絶えずかつ不可避的に破られる。③この不連続性を破る一定の形式を持ったパターンが、母と子の間に見られる場合、アプリオリに、その当人においてある病理が現れることが予測される。その病理の症状は、極端に進行したときには、統合失調症に分類するのが妥当であるような形式的特性を持つ。

人間のコミュニケーションが、〈論理階型〉のさまざまなレベルにまたがってどのように営まれているか、以下具体例に即して述べていこう。

1　人間のコミュニケーションにおけるさまざまなコミュニケーション・モード

例として、「遊び《プレイ》」「非遊び《ノンプレイ》」「空想《ファンタジー》」「神聖《サクラメント》」「隠喩《メタファー》」等々が挙げられる。人間以外の哺乳動物にも、ある有意味の行動を「遊び」等として意味付けるシグナルが交換されているようすを認めることができる。④それらのシグナルが、それによって類別されるメッセージよりも、高次の論理階型に属していることは明らかだ。人間の場合、メッセージや有意味な動作の枠づけとラベルづけは非常に複雑多岐にわたるものだが、それに対応するだけの細やかな語彙は発達していない。高度に抽象的でこのうえなく重要な「ラベル」の伝達を、人間は姿勢、身振り、顔の表情、声の抑揚、文脈等の非言語的な媒体に大きく依存して行なっているのである。

2 ユーモア　ユーモアとは、思考や関係に内在するテーマを探し当てる一つの方法であるようだ。その際、異なった論理レベル、または異なったコミュニケーション・モードを一つに圧縮したメッセージが用いられる。比喩のはずだったメッセージが突然字句通りの意味においても捉えられるとき、または字句通りの意味のはずだったものに突然比喩としての意味が生じるとき、一つの発見が起こる。このとき——すなわちコミュニケーション様式のラベルづけが解体し、再総合されるとき——がユーモアの沸き上がる瞬間だと言える。笑いを呼ぶ「オチ」の台詞というのは、往々にして、それまでメッセージを特定のモードに帰属させていたシグナル（コレハ字句通リノ言葉ダ、コレハ空想ダ、等）の裏を掻いて、それを別様に解釈することを迫る。つまり笑わせる言葉というのは、それまでモードの分類を行なっていた高次の論理階型のメッセージを、なんらかのモードに帰属させる、という奇妙なはたらきをするのである。

3 いつわりのモード同定シグナル　人間間のコミュニケーションでは、モードを同定するシグナルが「いつわり」のものになりうる。つくり笑いをしてみたり、巧みに親しげなふりをしたり、ペテンにかけたり、冗談でかついだりするというケースがそれだ。哺乳動物の間でも、同様の「裏切り」が記録されている。⑤人間の場合にはさらにそこから進んで、これらのモード同定シグナルを無意識のうちに歪曲しているという奇妙なケースも登場する。これは一個人の内側でも起こりうる。たとえば、相手に対して敵意を抱いているにもかかわらず、その本心を比喩的なプレイに枠づけて偽装してしまうことがある。あるいは、相手の発するモード同定シグナルが歪めて解釈されることもある。たとえば、相手のシャイな気持ちが現れた仕草に、軽蔑が読み取られる場合がある。自分を正しく表現できないケースのほとんどは、この項に収まるだろう。

4 学習 この現象の最もシンプルな例は、メッセージを受けた主体がそれに対応した行為をなすという場合である。「わたしは時計の鳴る音を聞いて昼食の時間だと知った。だから食卓へ向かった」というように。[*1] 学習実験の場で、同様の事象が起こるとき、実験を行うものは、観察される一連の出来事を、慣例的に、高次の類型に属する単一のメッセージとして扱う。ブザーが鳴ってから肉粉が与えられるまでの間にイヌがヨダレを垂らす、という出来事のシークエンスが、「そのイヌは、ブザーが肉粉を意味することを学習した」ということを示すメッセージとして捉えられるのだ。しかし類型のヒエラルキーがここで終わるわけではない。被験者が学習一般に対してもっと習熟するような変化——学習することの学習⑥——も起こりうる。さらに人間の場合には、より一層高い等級の学習現象を想定することも不可能ではない。[*2]

5　多重の学習レベルとシグナルの論理階型《ロジカル・タイピング》づけ

この二者は別々の現象ではない。というのも、シグナルを多重のレベルにおいて扱う能力自体が学習されたスキルであり、多重の学習レベルのはたらきによるものであるからだ。

統合失調者は「自我《エゴ》の機能」が弱いといわれる。この「自我の機能」とは、われわれの仮説によれば、コミュニケーションのモードを識別するプロセスに他ならない。自己の内部においても他者との対話においても、統合失調者は、この機能の三つの面において弱さを見せる。

(a)他人から受け取るメッセージに、適正なコミュニケーション・モードを振り当てることが困難である。

(b)自分が発する非言語的メッセージに、適正なコミュニケーション・モードを振り当てることが困難である。

(c)自分の思考、感覚、知覚に、適正なコミュニケーション・モードを振り当てることが困難である。

ここで、以上の点を、統合失調者の発話の体系的な記述を試みたフォン・ドマルスの考察⑦と比較検討してみよう。フォン・ドマルスは、統合失調者の発するメッセージもその思考も、三段論法の構造から逸脱していると指摘する。彼の立てた説によると、統合失調者は、論理学の授業で教える「バルバラの三段論法」ではなく、述部が同じものを同一視する三段論法によって思考する。例を示そう。

人は死ぬ。
草は死ぬ。
人は草である。

しかしわれわれの見るところ、フォン・ドマルスは、統合失調者の発話が隠喩に富むものだということを、より精巧な、学術的価値のある言い方で定式化したにすぎない。この一般論にわれわれは同意するが、しかし隠喩とは、人間の思考と表現の道具として欠くことのできないものであり、すべての人間のコミュニケーションを特徴づけているばかりか、科学者の思考をも支えているものだ。サイバネティクスの概念モデルにしろ、精神分析学で使っている「心的エネルギー」に基づく概念モデルにしろ、結局のところ、表示《ラベル》のついた隠喩の群れにすぎない。統合失調者の特異性は、隠喩に走る点ではなく、ラベルの欠落した隠喩を使う点にある、と明記すべきだろう。他のシグナルの〈論理階型〉を明確にするクラスに属するシグナルを扱うことに、彼は特別な困難を覚えるのである。

統合失調症の症候に関するわれわれの形式的概括が正しいものであり、また、統合失調症の発生原因が本来的に家族内の相互作用にあるとするなら、その症候がどんな体験の連続から生み出されるものか、純論理的《アプリオリ》に煮詰めていくことが可能なはずだ。学習理論でも確かめられている、一つの明白な事実に注目しよう。それは、人間がコミュニケーション・モードを識別するのにコンテクストの助けを得ている、ということだ。この知識を活かすには、幼年期にトラウマを与えたなんらかの個別的な経験ではなく、一連のコミュニケーションに伴う特徴的パターンを探っていかなくてはならない。われわれが見つけ出そうとしている特性は、抽象的で形式的なレベルにあるのだ。患者が、統合失調症的コミュニケーションを習性として身につけているとしたら、その習性が、どんな形式のコミュニケーション・シークエンスの中で育まれてきたのかを考えるのが適切である。言い換えれば、患者は、その特異なコミュニケーションの習性がある意味で適切であるように出来事が継起する宇宙に生きるしかない、ということだ。われわれの提示する仮説は、患者が経験する外的な出来事の連続が、メッセージの整然とした論理階型《ロジカル・タイピング》づけを阻止する、というものである。そうした解決のない経験をこうむり続ける状況に対し、われわれは「ダブルバインド」という呼称を用いる。

ダブルバインド

ダブルバインド状況を構成する必要要件は、われわれの見るところ、以下の通りである。

1 二人またはそれ以上の人間　この複数の人間のうち一人を「犠牲者」として見ることが、定義上必要である。その犠牲者にダブルバインドを課すのは母親だけとは限らない。母親だけの場合もあるし、母親と他の家族（父親、兄弟姉妹）の組み合わせによってダブルバインドが成立する場合もある。

2 繰り返される経験　われわれは、ダブルバインドが、犠牲者の経験に繰り返し現れるテーマだと見る。われわれの仮説は「トラウマ」的経験を持ち出すものではない。一回の経験が心の深みに傷を与えるというのではなく、繰り返される経験の中で、ダブルバインド構造に対する構えが習慣として形成されるのである。

3 第一次の禁止命令　これは次の二つのうち、どちらかの形式をとることになる。

(a)「これをするな、したらおまえを罰する。」

(b)「これをしないと、おまえを罰する。」

ここでわれわれは、報酬追求ではなく、処罰回避の学習コンテクストを選んだわけだが、それが選択されるべき形式的な理由は、たぶんないのだろう。処罰の形としては、愛情の停止、憎しみや怒りの表示、そして最も酷なケースとして「この子はもうどうしようもない」ということの強度の表現による一種の「捨てられ」の経験、が想定される[8]。

4 より抽象的なレベルで第一次の禁止命令と衝突する第二次の禁止命令　これも第一次の禁止命令と同様、生存への脅威となる処罰またはその示唆《シグナル》を伴う。この二次的な禁止を記述することは、一次的な禁止に比べて難しい。理由は二つある。一つめは、それがふつう、非言語的手段によって伝えられることである。ポーズ、ジェスチャー、声の調子、有意なしぐさ、言葉に隠された含意といったもののすべてが、この抽象的なメッセージの伝達に活用される。理由の二つめは、このレベルから発せられる禁止のメッセージが、第一のレベルのメッセージの、どの要素とも矛盾するという点だ。そのため、第二次の禁止命令を言葉に翻訳しようとすると、実に多様な表現になる。例を示そう――「これを罰と思ってはいけない」「わたしが罰を与えるような人間だと思ってはいけない」「わたしが禁止したからといって、それに素直に従ってはいけない」「何をしてはいけないのか、などと考えるのはやめなさい」「これを禁じるのはあなたを愛しているからこそ。たとえ愛が理由でないとしても、わたしの愛を疑うことは許しません」等々。ダブルバインドが一人ではなく二人によって課せられるときには、さらに多くの例が可能となる。一方の親が発する禁止命令を、もう片方の親がより抽象的なレベルで否定するケースもあるだろう。

5　犠牲者が関係の場から逃れるのを禁ずる第三次の禁止命令　形式的には、この禁止命令を独立した項目として挙げることは不必要かもしれない。他の二つのレベルからの締めつけ自体、生存への脅威となりうるものだし、また、幼児期にダブルバインドに引き入れられた者は、そもそも脱出の可能性を持たない。しかしながら、関係からの脱出を不可能にする仕掛けが、ストレートな禁止ではなく、気紛れな愛の約束などによってなされるというケースもあると思われる。

6　犠牲者がみずからの意味宇宙をダブルバインドのパターンにおいて知覚するようになってしまえば、以上の構成因子が完全に揃う必要は、もはやない。ダブルバインド状況のどこか一部が現れるだけで、パニックや憤激が引き起こされうるからだ。患者の幻聴に現れる声の中に、矛盾した禁止命令のパターンが現れるという場合さえあるだろう。(9)

ダブルバインドの作用

禅の修行において、師は弟子を悟りに導くために、さまざまな策を用いる。そのなかの一つに、こういうのがある。師が弟子の頭上に棒をかざし、厳しい口調でこう言うのだ。「この棒が現実にここにあると言うのなら、これでおまえを打つ。この棒が実在しないと言うのなら、これでおまえを打つ。何も言わなければ、これでおまえを打つ。」統合失調者の人間はたえずこの弟子と同じ状況に身を置いているという感触を、われわれは抱いている。しかし彼は「悟り」とは逆の、「混乱」の方向へと導かれる。禅の修行僧なら、師から棒を奪い取るという策にも出られるだろう。そしてこの対応を、師が「よし」と認めることもあるだろう。しかし統合失調者がそのような選択をとることは不可能だ。相手との関係に対して大胆になることを彼は許されていないし、彼の母親と禅師とでは、その目的も意識も大きく違っている。

ダブルバインド状況に捕らわれた者は誰もみな、〈論理階型〉の識別能力に支障をきたす、というのがわれわれの仮説である。この状況の一般的特徴を明記しておこう。

1　当人が抜き差しならない関係に巻き込まれている。すなわち、行き交うメッセージの類別を正確に行なって適切な応答を行わないと大変なことになるような関係にある。

2　しかし、この関係を結ぶ相手から届くメッセージは、その二つの段階《オーダー》において一方が他方を否定する矛盾をきたしている。

3　しかも、どのオーダーのメッセージに反応したらよいかについて認識を正してくれるはずのメッセージに応対できない。すなわち、メタコミュニケーション・レベルでの伝達が彼にはできない。

この種の状況は、発症以前の患者と母親との間だけでなく、正常な関係にあっても発現する。ダブルバインド状況に捕らえられた人間は、統合失調者に似た形の行動を、自己防衛の方策として示すのだ。相互に矛盾するメッセージを与えられ、それに対してなんらかの答えを返さなければならない、しかもその矛盾について何も言えないというときに、比喩として述べられた発言をリテラルな［字句通りの］ものとして受け取ることは、人間の行動として珍しくない。たとえば、勤務時間中に帰宅したサラリーマンのもとに同僚が電話し、気軽な調子でこう尋ねた。「おい、どうやって家に帰ったんだ？」(How did you get *there?*) するとその男は「いや、車でさ」と答えた。ここで同僚の問いは、「勤務時間に家で何をやっているんだ」という比喩的な意味を担っているのだが、男はそれにリテラルな受け答えをしている。同僚としては、友人の行動を咎める立場にはないので、当たりさわりのない——メッセージが意図するところと発話の文字通りの意味とが食い違う——隠喩表現をとった。そして、自分が当然非難を受ける立場にあることを自覚して張りつめた精神状態にある男は、その語句のレベルに忠実な受け答えに走ったわけである。これは、緊張状態に追いやられた人間には一般的に見られる反応で、証人として法廷に立った人間も、きわめて逐語的な受け答えに終始することが知られている。統合失調症の人間は常態としてこの緊張状態に置かれており、リテラルなレベルへの固執が習慣化している。そのため、たとえば相手が冗談を言ったような場合でも、自己防衛的な受け答えに終始するのである。

ダブルバインドに捕らわれていると感じているときの統合失調者はまた、自分の方からも、リテラルな表現ともメタフォリックな表現ともつかないメッセージを発する。たとえば、セラピストが約束の時間に遅れてきたとする。患者はそれを、セラピストが自分を軽視していることの表れだと感じても、遅延の持つメッセージを正しく階型づけることができない。特にセラピストがこちらの反応を察して自分から遅刻を詫びた場合、「どうして遅れたんですか？　きょうはわたしを診たくないと思ったからですか？」とは聞けなくなる。そう尋ねたのでは、非難になってしまう。そこで彼は隠喩のモードに切り替え、「以前わたしの知り合いが船に乗り遅れて、彼の名前はサムといいましたが、そのとき船はもう少しで沈んでしまうところでした……」とやり始める。このメタフォリカルな物語を、セラピストが遅刻についてのコメントとして取る場合も、そう取らない場合もあるだろう。そこが、まさに隠喩を使うことの利点であるわけだ。隠喩を使うことで、セラピストなり母親なりを非難したのかしなかったのかを、相手の解釈に委ねてしまうことができる。ここでもし相手が、隠喩に込められた非難を受け取れば、そのとき患者は、自分のしたサムの話が隠喩であったと受けとめることができる。逆に相手が、「君のしたサムの話は、どうも本当の話ではないようだね」とか言って、物語に込められた非難をそらしてしまおうとするなら、患者は「サムは実在するんです」と言い張ることができる。このように、隠喩への切り替えは、ダブルバインド状況から身を守る保全の策として捉えることができるのである。しかし同時に、そうすることで、患者は非難の気持ちを確実に伝えることができないという状況に陥る。セラピストが自分の話の隠喩的な意味を読んでくれればいいのだが、そうでない場合、「これは隠喩だ」というメタメッセージを発せられない患者は、隠喩による語りを極端なものにしていく方法しかとれない。つまり、今度はサムがロケットに乗って火星に行くというような話に持っていく。隠喩が使われているということを示す通常のシグナルに代えて、隠喩の中の空想性を強調することによって、それが隠喩だと伝えようとするのである。

隠喩の隠れ蓑に逃れるのは、患者にとって単に安全というばかりではない。状況が本当にどうしようもなくなったときには、誰か別の人間にすり替わってしまったり、あるいは別な誰かに身代わりをさせて自分はどこかに行ってしまう方がいいだろう。そうすれば、ダブルバインドの中でもがいているのは自分ではなくなる。「わたしはわたしではない」「わたしはここにいない」――患者の〝錯乱〟を表すこれらの発言は、苦境に対する自己防衛の言葉として解釈できる。事態が病的なものになるのは、隠喩に逃れていることを犠牲者自身が知らずにいる、あるいはそれを言うことができないときである。自分の発話を隠喩として認識するには、自分が相手に対して防衛的な構えを取っていること、すなわち相手を恐れていることを自覚する必要がある。そう自覚することは、彼にとって、相手を糾弾することに等しい。それに耐えられなければ破綻するしかない。

こんなダブルバインド状況を生きてきた人間は、「発作」を起こすところまで症状が進むと、その後の対人関係は一つの系統だったパターンの中に収まるようになる。第一に、メッセージに付随してその意味するところを確定するシグナルを、ノーマルな人間と共有することをやめる。これはメタコミュニケーション・システムを崩壊させるというのと同じである。あるメッセージがどんな種類のメッセージなのか、彼にはもはや分からない。「きょうは何をしたいの?」と言われても、前後の文脈も、声の調子も、付随するジェスチャーも、その言葉の意味を定めるはたらきをしないために、彼にはそれが、昨日自分がやったことを非難する言葉なのか、性的な誘いの言葉なのか、それともただ言葉通りの質問なのか、判断ができないのである。このように相手の発話の実際の意味がつかめず、それでいて相手の真意を過度に気に病む人間は、いくつかの選択肢のなかから自己を防衛する方法を選び取るようになるだろう。たとえば、あらゆる言葉の裏に、自分を脅かす隠された意味があると思い込むようになるかもしれない。この場合、彼は隠された意味に過度のこだわりを示し、もう今までのようにだまされはしないという決然とした態度をとるようになる。この選択肢を選んだ者は、他人の発言の裏の意味や、自分の周囲に起こる偶発的な出来事の背後に潜む意味を絶えず探し求め、その結果、猜疑心が強く、他人を寄せつけない人間になっていく。

あるいは、人が自分に言うことを、みな字句通り受け取るようになるかもしれない。そこに、言葉とは裏腹な口調やジェスチャーやコンテクストがあったとしても、言葉の方に固執して、メタコミュニケーションのシグナルはまったく意に介さない。それが彼のコミュニケーションのパターンになっていく。ここではメッセージを階層に分化する努力は放棄され、すべてのメッセージが重要でないもの、あるいは笑いとばすべきものとして扱われる。

メタレベルのメッセージに対して過敏になるのでも無頓着になるのでもない第三の道は、それに対して耳をふさぐという方法である。まわりで何が起ころうとも、それを見ようとも聞こうともせず、固く身を閉ざして、周囲の反応を刺激することも懸命に避けようとする。自分の関心を外部の世界から引き離し、自分の心の動きだけに集中する結果、彼はひとり殻にこもった、しゃべることのできない印象を与える人間になっていく。

言い換えれば、交わされるメッセージの種類が識別できない人間は、妄想型、破瓜型、緊張型、と呼ばれている対応の仕方で、自己防衛をはかるということだ。この三つが選択肢のすべてではないが、重要なのは、人の発言の正しい意味を見出す助けとなるような選択肢を選ぶことができないということだ。まわりの人間がよほどの手助けをしなくては、他人からのメッセージについての応対ができない。その能力を失った人間は、ちょうどガバナーを失った自動制御装置のようにふるまうようになる。つねにシステマティックではあっても、次第に大きなスパイラルを描いて、安定した作動から外れていってしまうのだ。

■——家庭状況の記述

ダブルバインド状況に対する理論的な展望を得たわれわれは、統合失調症の人間および彼の家族状況の中に、その種のコミュニケーション・シークエンスの実例をたずねていった。資料としては、入手可能なあらゆるものを活用した。集中的なセラピーで患者と接した治療医の論文と口頭報告を調べ、自分たちが行なったセラピーはもちろん、他の医師のセラピーにおける患者との会話も録音して、それらを検討した。そして患者の両親とも面接し、二人の母親と一人の父親には集中的なサイコセラピーを行い、また患者と親が同席する面接も行なって、それらすべてをテープに収めて検討した。

そうやって収集したデータから、統合失調の症状を呈する人間がつくられる家庭状況についての一つの仮説を、われわれは導き出した。この仮説はまだ統計的な検証を経ていない。それは、家族という途方もなく複雑な関係の束を包括的に記述することを目指したものではなく、そのなかから単純な相互作用の一セットを取り出して強調したものになっている。

われわれが導き出したのは、統合失調症を育む家庭状況には、次のような一般的特徴が見られるという仮説だ。

1　そこには、母からの愛を感じて近寄っていくと母が不安から身を引いてしまう、そういう母親を持つ子がいる。つまり、子の存在そのものが特別の意味を持ち、子との親密な場に引き入れられそうになると、母親の中に不安と敵意が起こるという状況がある。

2 そこには、我が子に対して不安や敵意を持っていると認めることができない母親がいる。彼女はそうした感情を否定するために、子供を愛していることを強調する行動を子供の前でとる。そして子供から返ってくる反応が、自分を愛情に満ちた母親として見るものでないと、身を引いてしまう。ここで「愛を強調する行動」とは、必ずしも「優しさを示す行動」を意味しない。子供を「いい子にしつける」ための「適切な」行動も、そのなかに含まれる。

3 そこには、母子関係の間に割り込み、矛盾のしがらみに捉えられた子供の支えになるような存在——洞察力のある強い父親など——がいない。

以上は一つの形式的記述であって、その母親が子供に対してなぜそうした心理を抱くのかという点には触れていないが、理由を考えるとすれば、いろいろ挙がるだろう。単に子供を持ったことで、自分自身に、また自分と家族の関係に、不安が生じるケース。その子が男だとか女だとかの理由で不安をつのらせるケース。またその子の誕生日が誰か身内の命日と重なっていることに特別な意味づけをする母親もいるだろう。⑩ さらに、ある その子のきょうだいの中での位置が自分と同じということも理由になるだろうし、あるいは彼女自身の感情的な問題が理由で、特別視されるケースもあるだろう。

右の三つの特徴を具えた家庭状況において、統合失調者の母親は、少なくとも二つの等級《オーダー》のメッセージを発し続けている、という仮説にわれわれは立つ。（議論を簡単にするため、本論考では等級を二つだけに限定した。）その二つとは、大まかに言って、次の性格を持つ。――(a)子供が彼女に近づくたびに生じる反感的な、あるいは子供から身を遠ざけるような行動。(b)彼女の反感的で遮蔽的な行動を子供が真に受けてしまったとき、自分が子供から引いていることを否定するためにとられる、愛の装い、あるいは子供への接近行動。

ここで彼女の問題は、自分の不安を、子供との距離の調節によって制御しているという点にある。言い換えればこういうことだ。子供に愛情のこもった親密な気持ちを抱き始めた瞬間、母親は危険を感じ、その子から身を引かなければならなくなる。ところが彼女はそうした〝敵対的〟な行動を受け入れることができず、それを否定するために、子供に対して愛情あふれる親密さを装うことになる。重要なのは、そのときの母親の子供に対する優しいそぶりが、敵対的な行動の埋め合わせをするという点で、後者に対するコメントになっており、それゆえ嫌悪の表現とはメッセージの等級を異にするというところだ。それは一連のメッセージについて言及するメッセージである。でありながら、言及の対象であるメッセージ——身を引くほどの嫌悪——の存在を否定しようとするのである。

母親は子供の反応を用いて、自分の行動が愛によるものであることを確証しようとする。しかしその〝愛〟は装われたものであるから、子供は母親との関係を維持するために、彼女のコミュニケーションの真実を見破ってはならないという状況にはまりこむ。母の本当の気持ちはこうであり、優しさを表すメッセージの方は、母の心をそのまま示すのではなく、それとは別レベルの論理階型に属するということを受け入れてしまったら、母子の関係がもたない。結果的に、子供はメタなレベルのシグナルについての自分の理解を体系的に歪める必要に迫られる。例を考えよう。母親が子供のことをうとましく思い(いとおしく思っても同じだが)、子供から身を引かずにはいられない気持ちに襲われたとき、彼女は、「もうおやすみなさい。疲れたでしょう。ママはあなたにゆっくり休んでほしいの」とでも言うだろう。言葉になって明確に発せられたこの〝愛〟のメッセージには、「おまえにはうんざりだ、わたしの目に入らないところに消えておしまい」とも言語化されうる感情を否定する意図が含まれている。ここでもし子供が彼女のメタコミュニケーションのシグナルを正確に識別すれば、母が自分をうとましく感じ、しかも優しいそぶりでだまそうとしている事実に直面しなくてはならない。メッセージの等級を正しく区別する学習をすることで、「罰」を受けるのだ。子供は、母に嫌われていることを受け入れるより、自分が疲れていることを認めてしまう方に傾くだろう。これは、身体から得られるメッセージに関して自身を欺き、母親の欺きに加担するということだ。母親との生活を守るために、子供は他者からのメッセージばかりか、自分の身体が発するメッセージについても誤った識別を行うように駆り立てられるのである。

子供の体感的メッセージを、母親が本人になり代わり、「思いやりにあふれた」言葉で言い定めてしまうことで、子供にとっての問題はさらに深まる。彼女は子供の「疲れ」について、あからさまな母親らしい気遣いを表明しているのだ。言い換えれば母親は、子供が自分のメッセージを同定するのを制御し、かつ、母親に対する返答も制御する。（批判的言動に対しては「それ、本気じゃないわよね」などと言う。）そして、ママは自身のことではなくアナタのことだけを気遣っているのだとして譲らない。そんなふうに封印された子供にとって最も楽な選択は、母親の擬装された優しい態度を本物として受け入れることだろう。こうして子供は、状況の実の姿を捉えようとする欲求を突き崩されていく。それが崩れた後もなお、母親が自分から身を引き、しかもその「逃亡」を愛の関係の正しいあり方として決めつける現実は、消えずに残るのだ。

母親のいつわりの優しさを本物として受け入れたとしても、問題は一向に解消しない。

子供がそこで「ママはやさしい」と誤認した場合、子は母に近寄っていこうとするだろう。しかし、この親密さへの移行こそ、母親の恐怖と絶望感をかき立てるものなのだ。そこで彼女は子供を遠のけようとする。ところがそのとき、子供が素直に彼女から遠ざかると、そのそぶりから、我が子が自分を愛情深い母親ではないと言っていると解釈し、そのことで子供を罰するか、子供を引き寄せようと自分から近づいていくかするだろう。しかしそこでまた近密になれば、ふたたび子供を遠のけずにはいられない。子供は母親の気持ちの表れを正確に認識したことで罰せられ、不正確に認識したことで罰せられる。まさにダブルバインドの状況である。

　ダブルバインドを逃れるために、子供はさまざまな方策に頼ろうとするかもしれない。母親への依存を弱めて、父親なり他の家族なりに頼ることができれば、一応の解決にはなるだろう。しかし、はじめに明記しておいたように、統合失調症が生じる家庭の父親というのは、子供の支えになるにはあまりに影の薄い存在であるのがつねなのだ。彼もまた子供と同様、困難な立場に追いやられている。子供の訴えに、「そうなんだ、ママはおまえを欺いている」と同意するなら、彼自身と妻との関係を直視せずには済まない。それを認識してしまえば、いままで自分をだましながら保ってきた彼女との関係が危険にさらされる。

教師など周囲の人間からの支えも得られにくい。母親は、子供が自分を求めて愛することを切実に必要としているために、子供が自分以外のものに愛着を抱くと脅威に感じて、それを断ち切り、子供を身近に引き戻そうとするのだ。それが、子供を自分にはりつけ、自分を不安に突き落とすことにしかならないにもかかわらず。

子供が真にこの状況から逃れる方法はただ一つ、母親によって放り込まれた矛盾状況について発言できるようになることだ。しかしそうしたところで、その発言を、自分の愛の欠如に対する非難として受け止める母親は、おまえは事態を曲解していると言い立てて子に苦痛を与えるだろう。状況について語るのが阻止されることで、メタコミュニカティヴなレベルの言動が抑え込まれる。つまり、コミュニケーション行動の意図を確証するための伝達が封じられてしまう。相互のやりとりについてやりとりすること、自身や他者の有意な行動について言い及ぶことは、社会的な交わりの基本となるものだ。正常な会話では、「それ、どういう意味？」「なんでそんなことをしたの？」「マジかよ？」に類するメタメッセージが常時取り交わされている。人の真意を正しく識別するには、直接間接に相手の表現についてコメントできなくてはならない。こうしたメタコミュニカティヴなレベルでのやりとりが、統合失調者にはうまくできないようなのだ。[11]
右に述べた母親の特性からして、その理由は明らかだろう。彼女が否定のメッセージを発しているとき、それについて言及されることは何であれ彼女にとって脅威となるがゆえに、禁じなくてはいられないのだ。そのために、子供はコミュニケーションについてコミュニケートする能力を身につけていくことができず、結果、相手の真の意図をくみ、自分の真の思いを表現するという、正常な関係にとって基本的な能力に欠けた人間に育っていくのである。

以上をまとめよう。われわれが提唱するのは、統合失調者の家族状況におけるダブルバインド的性格が、子を次のような位置にはめ込む結果になるということだ。すなわち、母の装われた愛に反応すれば、彼女の不安をかき立て、その近密さから身を守ろうとする母から咎めを受け（または自分［子］の示した愛情表現が装われたものとされて、自身の発したメッセージの意図について混乱してしまい）、かくして母との親密で安定したつながりは阻止される。かといって、愛のしぐさを示さずにいると、母は愛情豊かな母親でない自分に対する不安を煽られ、寄りつかなくなった子を咎めるか、愛情表現を要求して自分の方から寄り添っていく。ここで子が愛を示せば、母は再び不安に駆られるだけでなく、我が子に愛を強いた自分に憤りを覚えることになるかもしれない。いずれにせよ、一生のうちで一番大事な、他のすべての関係づくりのひな形となる母子の関係において、愛を示せばそれによって罰せられ、愛を示さなければそれによって罰せられ、しかも母親以外の人間に支えを求める逃げ道も遮断されるという状況に、その子供は束縛されてしまう。なお以上は、母子関係に生じるダブルバインドの基本的な性格を述べたものに過ぎず、「母」を重要な一部とする「家族」全体の、より複雑なしがらみの全体図を記述したものではないことを強調しておきたい(12)。

■——臨床データからの例証

ダブルバインド状況を浮彫りにする出来事が、統合失調症患者とその母親との間で観察されている。統合失調症の強度の発作からかなり回復した若者のところへ、母親が見舞いに来た。喜んだ若者が衝動的に母の肩を抱くと、母親は身体をこわばらせた。彼が手を引っ込めると、彼女は「もうわたしを愛していないの？」と尋ね、息子が顔を赤らめるのを見て「そんなにまごついちゃいけないわ。自分の気持ちを恐れることなんかないのよ」と言いきかせた。患者はその後ほんの数分しか母親と一緒にいることができず、彼女が帰ったあと看護助手に襲いかかり、ショック療法の部屋へ連れていかれた。

もしこの青年が「ぼくが腕を回すと決まって落ちつかなくなるんだから。お母さんはぼくからの愛情表現を受け入れられないいんだ」というふうに言えたとしたら、破滅的な結果は避けられたに違いない。しかし統合失調症の患者にとって、そのような可能性は開かれていない。彼は強度の束縛の中で、母親のコミュニケーション行動について論評することが不可能な人間に育ってしまっているのだ。その一方で、母は息子の行動に論評を加え続け、自分の解釈を息子が受け入れ、その錯綜したやりとりの連続と息子が折り合いをつけていくことを強要する。この患者が陥った錯綜を解きほぐしていこう。

1　母親は息子の愛情表現を拒みながら、腕を引っ込めた息子の行動をあげつらうことで自らの拒絶を隠蔽する。息子は母からの非難を受け入れ、自らの状況理解を否定する。

2「もうわたしを愛していないの?」という言葉からは、以下の意味が汲み取れる。

(a)「わたしは愛するに値する。」

(b)「おまえはわたしを愛すべきだ。わたしを愛せないのはおまえが悪い、それは間違っている。」

(c)「もう」の一言が、「以前はわたしを愛していたのに、今は愛していない」という含みを添える。それによってメッセージの主眼は、彼が愛情を表現するかしないかではなく、彼が愛情を抱くことができるかできないかに移行する。息子は母親を憎んだこともあるのだから、この葛藤において母親の優位は揺るがない。息子は罪の意識をあらわにするだろう。そこを母親が攻撃する。

(d)「おまえが今示したのは愛情ではなかった。」患者がこれを認めるとき、愛情とはどのように示すものか、母と世間から学んだことが否定される。過去に母または他人に対して同じ行為を示し、それを相手が愛の表現として受け入れたように思えたときのことまでも不安になってくる。ここで彼が経験するのは「支えの喪失」の現象だ。過去の経験が、それに寄りかかることのできない、疑わしい存在になるのである。

3「そんなにまごついちゃいけないわ。自分の気持ちを恐れることなんかないのよ」という言葉は、以下の意味を担っている。

(a)「わたしたちはみな自分の感情を表現するのに、おまえはそうしない。だからおまえはわたしと似ていないし、他のきちんとした、正常な人たちとも違う。」

(b)「おまえの表す感情自体に問題はない。問題はおまえがその感情を容認できないところだ。」——しかし母に触れたときの母の身のこわばりが、そのとき自分に現れた感情を母が容認しないことを示している以上、息子はここでまた過去との衝突に追いやられる。もし彼が(母親の言葉がそう勧めているように)自分の気持ちに恐れを抱かずにいるのなら、母への愛の気持ちもそのままストレートに出て当然である。しかしそうしてしまえば、恐れているのは母の方だという事実に気づかずには済まない。しかしそれに気づいてはならない。なぜなら母が自分に「優しく」近づいてくるのは、何よりも子供との愛に恐れを抱くという自分の欠点を隠蔽するのがねらいなのだから。母との絆を保つためには、彼女に愛を示してはならない。しかし愛を示さなければ母を失う。――これが患者を捕らえた解決不能のジレンマである。

統合失調者の母親は、なぜこのような特別のやり方で子供を制御し支配せずにはいられないのか。ある若い女性の統合失調者が、最初のセラピーでまず口にした次の言葉は、その問いにかなり決定的なヒントを与えているように思われる。――「母は結婚しなくてはならなかった。そしていまわたしはここにいる。」この発言は、治療医にとって次の意味を持った。

1　この患者は法で容認されていない妊娠の結果、生まれた。

2　その事実が、(患者の意見では)現在の彼女の精神病と関係している。

3　彼女の発言の「ここに」という言葉は、「治療室」と「この世」との両方を指している。患者は、自分を産むために罪を犯し苦しんだ母親に対して、永遠に償われることのない精神的負債を感じている。

4「結婚しなくてはならなかった」という言葉は、母親の結婚が望まれない妊娠によるものであること、そして周囲の圧力によって結婚を強いられた母親が、それに対する怒りの気持ちを娘にぶつけたことを示している。

これらの推測は後に事実と合致することが判明した。母親を交えたセラピー（中途で打ち切られた）でも、この事実は確認された。母親が患者に対するときの態度には、いつも無言の気配《フレイバー》が漂っていた。言葉にすると「わたしは愛し愛されることができる、充実した人間です。おまえもわたしのようにして、わたしが言う通りにふるまっていれば愛されるはずよ」といったところか。同時に、言葉と行動とで、こうも仄めかしていた。「おまえは身体も頭も弱く、わたしとは違っている（「正常ではない」）。ハンディを負ったおまえにはわたしが、わたしだけが必要。だからおまえの面倒を見てあげよう、愛してあげよう。」こうして、母親と暗黙のうちにつながれた患者の人生は、自立の経験に向かおうとしてはつまずき、また母との暮らしに引きこもるという、ゼロからの出発を繰り返す形になったのである。

患者と母親とが同席したセラピーでは、母親の自己尊厳にとって重要な領域が、娘にことさら葛藤を強いるものであることが認められた。たとえばこの母親は、自分が家族と親密な関係にあり、彼女自身の母親との関係も深い愛情に満ちたものだという虚構を必要としていた。自分と母［娘の祖母］との関係が原型になって、それに娘と自分との関係が類比づけられていた。娘が七歳か八歳のころ、祖母が激怒のあまりナイフを投げつけた事件があった。それはあやうく幼い娘に当たるところだった。そのとき、母は祖母には何も言わず、娘を急いで部屋から出しながら「おばあちゃんは本当はおまえのことを愛しているのよ」と叫んだのである。ここで、祖母が孫娘のことを「自制のきかない子」として見ており、「おまえが甘やかすから」と言って自分の娘をいつもたしなめていたという点は意味深い。この祖母は一度、患者が発作を起こしたときに、家に同居していた。そのとき少女は母と祖母とにいろいろなものを投げつけ、二人を恐怖で縮みあがらせては大喜びしたという。

　患者の母親は少女の頃の自分を大変魅力的だったと感じており、また娘のことを自分にかなり似ていると思っていた。もっとも、娘を持ち上げるときも、その誉め言葉はそっけなく、昔の自分と比べれば見劣りすると考えているのは明白だった。統合失調症の錯乱が始まってすぐのことだが、娘は自分の髪をつかみ、母親に向かって「こんな髪、切ってやる」と宣告した。そして「やめて」とせがむ母を振り切って髪をバッサリ切ってしまった。その後、母親は少女時代の自分の写真を会う人によく見せては、娘も髪がこれだけ美しければ、ちょうどこんなふうに見えるはず、と言っていた。

母親は、娘の病気を、学校の成績があまりよくないことと同一視し、その原因がある種の器質性脳障害にあると考えていた。そして自分の成績は素晴らしいものだったことをたえず引き合いに出していた(それを口にすることがどんな意味を持つか、意に介するようすもなく)。娘に接する態度はいつも、娘をかばい、なだめるというもので、しかもそれは取りつくろいにすぎなかった。治療医の前で、もうこれ以上ショック療法は受けさせないからねと娘に約束しておきながら、娘が診療室を出ていくなり、あの子は入院して電気ショック療法を受けさせた方がよくはないかと尋ねたこともあった。母親へのセラピーのなかで、この欺瞞的な行動を説明する一つの手掛かりが得られている。わたしたちのもとに来るまで、娘は三度の入院を経験していたが、母親はそれまで一度も自分自身に入院の過去があると明かしたことはなかった。娘時代、妊娠を知った後に精神発作を起こしたことがあって、そのときは近くの町の療養所へ連れていかれ――本人の言葉によれば――六週間もベッドにくくりつけられていた。この間、家族は誰ひとり見舞いにくることもなく、両親と妹の他は彼女の入院を知る者もなかった。

この母親が面接中、激しい感情をあらわにしたことが二度あった。一度は彼女自身の精神発作の過去を語ったときだが、二度目は最後の見舞いに訪れたときで、このとき彼女は治療医に向かって、「娘を選ぶか夫を選ぶか、どちらかを選べだなんて、気が狂ってしまいそう」という非難の言葉を吐いた。そして専門家の忠告にも耳を貸さず、治療の続行を拒否して娘を連れ帰ったのである。

父親も母親に劣らず、家族の恒常性《ファミリー・ホメオスタシス》「家族間の相互関係の（この場合歪んだ）バランス」に捕らえられていた。あるとき彼は、娘がまともな精神治療を受けられるところに引っ越すために、自分は法律専門家としての要職を辞めたのだと漏らした。後になって、患者がよく「ナーバス・ネッド」という人物に言及するのにヒントを得た治療医が、その点から探りを入れて父親自身から聞き出したことだが、実はこの父親は長年にわたり自分の職を気に入っておらず、「下働きからの脱出」を計っていたのである。しかし娘の方では、父親が自分のためを思って職場を変えたと思い込まされていた。

得られた臨床データに基づいた分析を進めるなかで、われわれが印象づけられた点を何点か挙げておこう。

1 ダブルバインド状況に捕らわれた患者の心に起こる無力感、恐怖、憤慨、激怒。それらに対して母親が何の感情も抱かず、冷淡な無理解をもってそれらを見過ごしていること。この状況に対して父親が、新たなダブルバインドを生み出すような、あるいは母親が生み出したダブルバインドを拡大し強化するような、反応をしていることも観察された。またこの父親が受動的で、憤慨しながらも無力であり、患者同様、動きがとれなくなっているようすが窺われた。

2　患者の症状《サイコシス》は、部分的に、ダブルバインド状況に縛られ制御されることへの対処法であるように思われる。精神病《サイコティック》患者がときどき口にする、含蓄のある、鋭い、多分に隠喩的な言葉は、自分を縛りつけている諸力について、当人がただならぬ洞察を持っていることを示している。逆に患者が、自分の方からダブルバインドをしかける達人になっていくこともある。

3　われわれの仮説によれば、前述のコミュニケーション状況は、母親の心の保全にとってきわめて重要なものである。ということはすなわち、家族関係の恒常性《ホメオスタシス》にとっても必須のものと考えられる。そうだとすれば、治療が次第に効果を発揮し、子供が母親の制御を振り切って次第に独り立ちしていくにつれて、子供を制御することに依存していた母親が心のバランスを失していくことが観察されるだろう。自分と子供との関係のダイナミクスを医師から説明されるというだけでも、母親は大きな不安を喚起されるはずである。われわれがセラピーのなかで得た感触は、この考えと合致する。治療中の患者が家族と持続的な接触を持つ場合(特に家から通院する場合)、母親に——時として母親、父親、兄弟姉妹の全員に――しばしば激しい動揺と混乱のようすが認められた⑬。

■――現在の位置と将来の展望

統合失調症はこれまで、人間のとる思考と行動の形式のなかで、きわめて特異な、その他のどれとも著しく異なったものとして扱われることが多かった。たしかにそれは一個の独立した形式として見ることのできるものである。しかし「正常」との違いをあまりに強調することは――患者の身柄を強制的に隔離しようとする態度に似て――問題を理解する助けになるとは思えない。われわれは、統合失調症を、すべてのコミュニケーション現象に等しく重要な一般原理に関連する問題として見る。したがって「正常な」コミュニケーション状況のなかからも、統合失調症の理解に役立つ類似の現象を多く見出しうるという前提に立つ。

われわれが特に関心を持ってきたのは、感情の伝達を伴うとともに、メッセージの等級が識別される必要のある、多様な種類のコミュニケーションである。そのなかには、遊び《プレイ》もユーモアも儀式も、詩や物語の伝達も含まれる。「遊び」――特に動物同士の間で起こる遊び――については、かなり詳細な研究を行なった⑭。動物の場合、メタメッセ

ージの生起はくっきりとした形で観察できる。というのも、それを正しく識別すること
が個体同士の協働を成り立たせているからだ。つまり、［コレハ遊ビダという］メタメッセ
ージの識別を誤れば、本気の闘争へとすぐにも発展しかねない。「遊び」とかなり密接
な関係にあるのが「ユーモア」で、その研究は現在も続いている。ユーモアの伝達では、
〈論理階型〉が一瞬にしてシフトすることと、そのシフトが認識されることが必須だ。
「儀礼」においては〈論理階型〉の指定が――ちょうど統合失調者が自分たちの幻想を
〝現実〟と言い張るような頑固さで――リアルかつリテラルに遂行される。「詩」とは、
「これは隠喩だ」と示すさまざまな標識を伴った隠喩によるコミュニケーションである。
何の表示もない統合失調者の隠喩がコミュニケーションを成り立たせないのと対照的に、
「詩」であることが了解されているときの隠喩は、突飛なものであっても、深いコミュ
ニケーションを可能にする。しかし、統合失調症の研究に一番深く絡むのは、創話的《フィクショナル》
コミュニケーションの全領域である。ここで「フィクション」というのは、現実と一定
の関連を有する一連の出来事の語りないし描出のことである。語られる内容の解釈は
――口愛性欲や破壊本能に関する主題の分析が統合失調症の研究学徒を啓発することは
あるにしても――われわれの主要な関心事ではない。われわれが注目するのは、〝現実〟
のフィクショナルな表象に際して多重のメッセージ・レベルが同時共存するという物語

の形式的な問題である。この点に関して特に演劇《ドラマ》が関心をひく。ドラマにあっては役者も観客も、創話の内側からと外側からのメッセージに対して同時に反応している。

　われわれの関心は催眠の現象にも及んでいる。催眠によって、ノーマルな人間にも一時的に、統合失調症の症候に数えられている広範囲の現象——幻覚、妄想、人格の取り替え、記憶喪失等々——が起こる。これらの反応はしかし、必ずしも、特定《スペシフィック》の現象とはいえず、設定されたコミュニケーション・シークエンスから「おのずと《スポンティニアス》」生じる反応として考えることもできる。たとえば、M・H・エリクソン⑮は、こんなやり方で被験者に幻覚を起こすそうだ。まず被験者の手に強硬症を生じさせ、次に「あなたの手はもう絶対に動かない。でもわたしが合図すると、あなたの手は動かずにいられない」と言いきかせる。そして合図を送ると、被験者は手が動いたという幻覚、あるいは自分自身がどこか別の場所に移動した（結果手が動いた）という幻覚を得るのだそうである。矛盾した命令が来て、それを言語化できないときに、幻覚によって解消が図られるという実験結果は、〈論理階型〉のすり替えによってダブルバインド状況を解くやり方があることを示しているようにわれわれには思える。さらに、被催眠者においては、耳にした言葉が提案なのか事実の言明なのかといったタイプの入れ替えがよく起こる。「ここにコップ一杯の水があります」と言われても、「あなたは疲れています」と言われても、それを「「どうぞお飲み（お休み）下さい」という意味にとらずに」外的・内的な現実を文字通り表す言葉として受け取るし、比喩に対しても、統合失調者と同様のリテラルな反応を示すのだ。今後、催眠への誘導、催眠中の現象、催眠からの覚醒についての研究が進むなかで、統合失調症の諸現象に類似した現象を生み出すコミュニケーション・シークエンスについて、より明確な知見の獲得が期待されよう。

エリクソンはまた、催眠法を用いずに、ダブルバインド状況に類似したコミュニケーション・シークエンスを作り出す実験も行なっている。大学のゼミで彼は、残りの学生全員と組んで、一人のチェーン・スモーカーの学生を次のような状況にはめた。作戦はこうである。まず、この学生のタバコを切らしておく。そしてゼミ室で教授の隣につかせる。授業中、エリクソンはときどき、この学生にタバコを勧めようとする。しかしその度に、誰かがタイミングよく質問する。教授は差し出しかけたタバコを「うっかり」引っ込める。これを何度か繰り返したのち、別の学生が、「エリクソン先生からタバコをもらった？」と尋ねる。するとこの学生は「え、タバコ？」と答え、明らかに事の次第をまったく忘れてしまっていた。そればかりかこの学生は、別の学生が差し出したタバコも断わり、ゼミの討議が面白くてタバコどころではないと言ったという。この実験のなかで彼は、統合失調者と母親とがつくるダブルバインドに似た状況に身を置いたとわれわれには思われる。ここには、(1)「指導教授との」重要な関係があり、(2)相矛盾するメッセージ(「与える」と「取り上げる」)があり、かつまた、(3)それについての論評が阻害される状況(ゼミが進行中であり、タバコの引っ込めも事態の流れのなかで自然に起こった)がある。そして結果も類似している。この学生は、ダブルバインド状況下で起こったことの記憶を喪失した。そして彼の思いのなかで「タバコをもらえない」が「タバコがほしくない」にすり替わった。

このように、われわれは近接領域にも目を配ってはきたが、主な観察領域は統合失調症そのものだった。われわれは全員が患者のセラピーに直接関わり、その場の会話のほとんどを、後の分析のためテープに録音した。患者と家族が同席する面接の録音は、現在も継続して行なっている。さらに母親と、統合失調症の初期段階にあると思われる混乱した子供とを、サウンドつきの映画フィルムで撮り続けている。統合失調症に陥る人間の家庭は、その子を幼年期から絶えることなくダブルバインド状況のなかに捕らえているというのがわれわれの仮説だが、これらの記録作業によって、ダブルバインド状況が継続的・反復的に現れるようすが誰の目にも明らかになることを、われわれは期待している。この基本的な家庭状況と、統合失調症的コミュニケーションの表立った特徴に、本論は焦点を限定した。だが、ここに示した概念と一部のデータは、統合失調症の他の問題点——他のさまざまな症候、統合失調症が顕在化する前の「適応状態」の性格、「発作」の性質とそれが起こる状況——についての研究を将来進めていく際にも役立つものと思われる。

■——仮説の持つ治療的意味合い

サイコセラピーはそれ自体が、多レベルにまたがるコミュニケーションのコンテクストである。そこでは、字句通りの意味と比喩的な意味、現実と空想との間の曖昧な境界が探索される。実際セラピーの場では、「遊び」も「演じ」も「催眠」もさまざまに巻き込んだやりとりが続いていく。このセラピーのプロセスにわれわれは照準を定めた。自分たちの行なったものばかりでなく、他の診療医の行なったセラピーも、テープ録音や(言葉通りの)書き取りによって記録し分析した。医師の個人的な談話に頼った場合もあるが、記録はなまの方が断然好ましい。統合失調者の語りは、微妙にではあっても、相手の話しぶりに左右されて変化する部分が非常に大きい。したがって、医師の書いたセラピーの記録のみから——特にそれがすでに理論的な用語を使って書いてある場合には——患者と医師との間で実際なにが起こったのかを推しはかるのは、大変困難になる。

しかしながら、現在の段階で、ダブルバインドとサイコセラピーの関係について論評する用意はほとんどできておらず、われわれに言えるのは、何点かのごく一般的で思弁的な事柄に限られる。

1 サイコセラピーの場でも、病院内の環境でも、ダブルバインド状況は生み出されるということ。われわれの仮説からすると、病院側の患者に対する〝善意〟が、はたして患者のためになるものかどうか疑問視せざるをえない。病院は患者のために存在するのと同様に――同程度に、あるいはそれ以上に――病院のスタッフのためにも存在するのだから、そこで「患者のため」という名目で、職員の居心地を一層良くすることを目的とする活動が続けられるときには、矛盾も生じるだろう。病院側の目的に沿うように組織された制度を、「患者のため」と宣告することは、患者にとっての統合失調症的状況を永続化していくことにほかならないとわれわれは考える。この種の欺瞞に対して患者は、ダブルバインド状況に対するときの反応を返すだろう。そしてそれは「統合失調症的な反応」になるだろう。というのも、患者は自分がだまされたと感じている事実を直接口にしたり、態度で表したりすることができないからである。一つユーモラスな実例を紹介しよう。ある病棟で、献身的で〝思いやり〟のある医師が、自室のドアに「ドクター室――ノックしてください」と書いた札をかけておいた。すると一人の従順な患者が、ドアの前を通るたびに必ずノックしていった。この医師は仕事が手につかなくなり、とうとう降参して札を外したということである。

2　ダブルバインドとそのコミュニケーションの側面についての理解から、新しい治療法を編み出しうるということ。それがどんなものになるかを言い当てることは難しい。ただ、これまでの実地調査によってわれわれは、サイコセラピーの場で、ダブルバインド状況が継続的に生じているという理解に至っている。時には治療医が、それとは気づかずに、患者を家庭で体験してきたのと同じようなダブルバインド状況を押し当ててしまうというケースもある。患者の方で、治療医をダブルバインドに引き入れるというケースもある。さらに、治療医が、戦略的または直感的に、患者に対してこれまでとは違った反応を強いるような、治療的ダブルバインドに誘い込んでいると思われるケースもある。

一人のすぐれたサイコセラピストの治療現場で起きたことを紹介しよう。これは、ダブルバインド的なコミュニケーション・シークエンス[16]が、直感的に、治療の中で活用された好例である。フリーダ・フロム＝ライヒマン博士の担当した患者は、強度の統合失調症をきたした若い女性で、七歳のときから、たくさんの恐るべき神々が世界に住みついて自分を支配するという、複雑な宗教を作り出していた。治療を始めようにも、「神Rが、あなたと話をしてはいけないと言います」と言って拒否される。フロム＝ライヒマン博士はこう答えた。「やりとりを記録していきましょう。わたしにとって神Rは存在しないし、あなたの考えている世界も一切存在しない。でもあなたにとっては存在するわけで、それをあなたから取ってしまおうとは思わない。そもそもあなたの世界のことはまるで見当もつかないのです。だからあなたの世界に合わせて話をしようと思うのだけど、一つ条件があって、それはわたしには神Rが存在しないということ。それをあなたが了解してくれてはじめて、あなたの話につき合うのだということ。さあ神Rのところへ行って、わたしたちは話し合わなくてはならないと言ってらっしゃい。そうすれば許しがもらえるはずです。わたしが医者だと言いなさい。それから、あなたは七歳から十六歳まで九年間も彼の王国にいたけれど、助けてはもらえなかったともね。そうしたら神Rは必ず、おまえたち二人にそんなことができると思うならやってみろと、許しをくれるに違いない。わたしは医者で、それをやりたがっているんだって話してらっしゃい。」

ここでセラピストが患者を「治療的ダブルバインド」に追いやったという点を確認しておきたい。この患者がもし、自分の神の存在に疑いを抱くようになれば、それはすでに博士の言うことを聞き入れて治療に同意したことと等しい。逆に彼女の神の実在を言い張れば、その神のところに行って、彼より強力だと主張する医者のことを告げなくてはならない。どのみち、博士と関係することを認める結果となる。

治療的ダブルバインドと、もともとのダブルバインド状況の違いの一つに、医者自身は自己存在を賭けたぎりぎりの闘争に関わっていないという点がある。その余裕ゆえに医者は、患者にとって苦痛の少ないダブルバインドを仕掛け、そこから患者が徐々に抜け出してくることを手助けしていくことができる。現在のところ治療に役立っているユニークなやり方の数々は、それぞれの診療医が直感的に導き出したものであろう。それら各人の才能のひらめきを体系化し、いつでも誰でも使えるよう理解することが求められている。われわれの目指すところもそこにあるのだ。

――グレゴリー・ベイトソン、ドン・D・ジャクソン、ジェイ・ヘイリー、ジョン・H・ウィークランドの共著によるこの論文［原題"Toward a Theory of Schizophrenia"］は、*Behavioral Science* (Vol. 1, No. 4, 1956) に発表された。同誌の許可を得て再録。

■——原注

（1）　本論文の基礎をなす諸仮説が最初に展開されたのは、一九五二年から五四年にかけてロックフェラー財団の援助を得て進められた、スタンフォード大学の社会学・人類学科の管轄下における、グレゴリー・ベイトソンをディレクターとする研究プロジェクトである。一九五四年から同プロジェクトは、ジョザイア・メイシー・ジュニア財団の支援を受けて続行された。統合失調症の諸症状が〈論理階型〉を識別する能力の欠如と結びついているという指摘はジェイ・ヘイリーによるもので、これをベイトソンが敷衍し、その症状と病因がダブルバインドの仮説によって形式的に記述されるという考えをまとめ上げた。それを受けて、ドン・D・ジャクソンが、持論のファミリー・ホメオスタシス［家族システムの恒常性］の考えと合致することを確認した。催眠状態と統合失調症との形式的類似性の研究は、ジョン・H・ウィークランドとジェイ・ヘイリーによるものである。

（2）　A. N. Whitehead and B. Russell, *Principia Mathematica*, Cambridge, Cambridge Univ. Press, 1910.

（3）　G・ベイトソン「遊びと空想の理論」［本巻所収］。

（4）　プロジェクトの一環として制作された、カワウソの遊びを収めたフィルムが入手可能である。"The Nature of Play: Part 1, River Otters." ［コマの静止画像が *Grey Room* (2017, 66: 110–114) に掲載された。］

（5）　C. R. Carpenter, "A Field Study of the Behavior and Social Relations of Howling Monkeys," *Comparative Psychology Monographs*, 1934, 10: 1–168 および K. Z. Lorenz, *King Solomon's Ring*, New York, Crowell, 1952.［『ソロモンの指環』(前掲)］

(6)　G・ベイトソン「社会のプラニングと第二次学習の概念」［本巻所収］、H. F. Harlow, "The Formation of Learning Sets," *Psychological Review*, 1949, 56: 51–65 および C. L. Hull, *et al.*, *Mathematico-deductive Theory of Rote Learning*, New Haven, Yale Univ. Press, 1940.

(7)　E. von Domarus, "The Specific Laws of Logic in Schizophrenia," *Language and Thought in Schizophrenia*, J. S. Kasanin, ed., Berkeley, Univ. of California Press, 1944.

(8)　罰に関するわれわれの考えについては目下、その精緻化を試みている。それは「トラウマ」という概念ではカバーしきれない知覚体験を伴うものであるように思われる。

(9)　J. Perceval, *A Narrative of the Treatment Experienced by a Gentleman, During a State of Mental Derangement: Designed to Explain the Causes and the Nature of Insanity, etc.*, London, Effingham Wilson, 1836 and 1840.［G. Bateson, ed., *Perceval's Narrative: A Patient's Account of His Psychosis, 1830–1832*, Stanford, Stanford Univ. Press, 1961］

(10)　J. R. Hilgard, "Anniversary Reactions in Parents Precipitated by Children," *Psychiatry*, 1953, 16: 73–80.

(11)　G・ベイトソン「遊びと空想の理論」［本巻所収］。

(12)　D. D. Jackson, "The Question of Family Homeostasis"（一九五四年五月七日、セント・ルイスで行われたアメリカ精神医学会の会合で口頭発表）、および Jackson, "Some Factors

Influencing the Oedipus Complex," *Psychoanalytic Quarterly*, 1954, 23: 566–581.

(13) D. D. Jackson, "An Episode of Sleepwalking," *Journal of the American Psychoanalytic Association*, 1954, 2: 503–508 および Jackson, "Some Factors Influencing the Oedipus Complex"(前掲)。

(14) G・ベイトソン「遊びと空想の理論」[本巻所収]。

(15) M・H・エリクソン、私信、一九五五年。

(16) F・フロム＝ライヒマン、私信、一九五六年。

■——訳注

＊1 このようなシンプルな情報受信も英語では、I *learned* from the sound of the clock that it was lunch time というふうに、learn という動詞を使って表現される。

＊2 このパラグラフで、学習の四つの論理レベルが示された。(1)情報から個別の事態を「学び知る」レベル。(2)「同じ」刺激に対して、常に「同じ」反応を返すようになる学習。(3)学習一般に対するコツをつかむ(本巻の最初の論文で「第二次学習」と名づけられた)レベル。(4)第二次学習よりさらに一層高い等級。これら四つの段階にそれぞれどのような変化が生じ、各段階間は論理学的にいかなる関係をなしているのか——。この問題は、最終的に、本巻所収の「学習とコミュニケーションの論理的カテゴリー」で詳述される。

その他の文献

J. Haley, "Paradoxes in Play, Fantasy, and Psychotherapy," *Psychiatric Research Reports*, 1955, 2: 52-58.

J. Ruesch and G. Bateson, *Communication: The Social Matrix of Psychiatry*, New York, Norton, 1951.〔『コミュニケーション――精神医学の社会的マトリックス』(前掲)〕

統合失調症のグループ・ダイナミクス

標題の「グループ・ダイナミクス」という言葉には、きわめて明解な意味が込められております。ここでいう「グループ」とは、そのメンバー間に切っても切れないつながり relatedness が存在するものに限定される。パターン化したコミュニケーションの習慣や慣例的な役割分担を持つもの。それを持たない、その場で試験的に形成される大学院生の集まりのようなものは含まれません。というわけで、もっぱら取り上げるのは「家族」――中でも、両親は特に異常視されずに世間に適応しているのに、その子供(たち)が常軌を逸した行動を、はなはだしい程度と頻度で示す、そんな家族――において起こる現象になります。そのほか、医師とスタッフと患者のつくる「精神病棟」を、これと似たグループとして見ていこうと思います。これもまた、そのメンバーに統合失調症的《スキッツォフレニック》または類統合失調症的《スキッツォフレノイド》な行動を育む組織であります。

「ダイナミクス」という言葉は、人間同士の相互作用の研究を一般的に指す言葉として——ことに対象とする人間の変化(学習)が強調されるときに——よく使われるものです。わたしの用法も、その慣例に従うものですが、これはしかし明らかに言葉の誤用であります。人間関係において起こることを語るのに、物理現象を想起させるような言葉を持ち出すのは適切でありません。

そもそも「力学《ダイナミクス》」とは、物理学者や数学者が、彼らの分野での出来事を理解するために編み出した言語であります。この厳密な意味での力学が扱うのは、一つのビリヤード球が別のビリヤード球に衝撃を与えるというような現象であり、このとき、ビリヤード球が「行動する」behave と言ったらおかしい。言葉の誤用になります。ここは、熱力学の第一法則(エネルギー保存の法則)が一切をとりしきっている世界です。エネルギー保存則に照らし合わせることで、記述の正否がチェックできるような種類の出来事を扱うのが、厳密な意味での「ダイナミクス」なのであります。ビリヤード球Aがビリヤード球Bに当たったとき、Bは、Aからの衝撃《インパクト》によって得たエネルギーによって動く。こうしたエネルギーの移行を中心的に扱うのがダイナミクスですが、われわれが扱う出来事のシークエンスは、この特性を持っていません。石を蹴った場合、飛んで行く石の運動エネルギーは、わたしの「蹴り」によって与えられますが、イヌを蹴ったときはそうではない。たしかにイヌの動きは、部分的に、エネルギー保存の法則に従ったものになるでしょう。蹴りが十分に強烈であれば、ニュートン的放物線にそって飛んでいくはずです。しかしわれわれにとって重要なのは、イヌが自らの新陳代謝から引き出されたエネルギーによって行動するというところです。蹴られたイヌが、こちらに向き直って蹴った足を噛む――そういった現象の〝ダイナミクス〟を、われわれは探っていきましょう。

ここは実に魔術的な領域であります。なにしろ「観念《アイディア》」が出来事を左右する。われわれが扱おうとしている現象領域には、必ず「観念」が出来事の決定に関与してくるのです。「観念が作用する」などと言えば、物理学者は、そんな魔術的な仮説が信じられるかと拒否するに決まっています。これはその成否を、エネルギー保存の法則を基にして調べることができない種類の仮説なのであります。

以上のことは、ベルタランフィが、より厳密で的確な表現によって述べているところであります。彼はコミュニケーションが起こる現象の領域を、純然たる物理領域と分け隔てました。本論は、そのコミュニケーションの世界を探索していくものであります。物理的な力学の話をしているのではないことを心に刻んでください。そのうえでなら、「ダイナミクス」という慣例的な語を使っても支障はないでしょう。

われわれの探っていこうとする世界の魔術性を如実に表す言葉が、R・L・スティーヴンソンの寓話「みすぼらしいもの」"The Poor Thing" に出てきます。——「わたしの思考のなかでは、この世のものは一つ残らず同じ価値を持つ。一個の馬の蹄鉄で十分だ。」[*1] 要するに、「イエス」という言葉も、上演された『ハムレット』の芝居の全体も、脳皮の適切な場所へのアドレナリンの注射も、コミュニケーションの世界では相互に交換可能であって、どれも、その場で成立しているコミュニケーションの約束事次第で、あらゆる質問に対する「イエス」の答えにもなれば、「ノウ」の答えにもなる。「一つなら陸路、二つなら海路」という有名なメッセージがあります。[*2] そこで実際に使われたのはランプでしたが、コミュニケーション理論の視点からすれば、何だってかまわない。AからZまで、aardvark［ツチブタ］から zygomatic arch［頬骨弓］までの、すべてのものが同じ役を果たすのです。

その場のコミュニケーションの約束事に従いさえすれば、あらゆるものがあらゆるものを表す［stand for＝代わりになる］ことができる——それだけでも十分に頭を混乱させることですが、この世界の魔術は、それに留まりはしない。馬の蹄鉄は、単に約束事に従って他のあらゆる物事の代わりを務めるというだけでなく、それと同時に、約束事自体を変えるシグナルにもなりうるのです。いまわたしがこうしゃべりながら、背中で指をクロスしていたとしたら「「これはウソだ」のサイン」、話のトーンも含意するところもまったく違ったものになるでしょう。わたしの診た患者さんに、統合失調症にはよく見られるケースですが、一人称の代名詞をうまく使えない人がおりました。特に自分の名前をサインするのを嫌う人で、偽名をたくさん持っていて、自己の側面のそれぞれに違った名前をあてていました。彼を収容していた病院では、きちんとサインをしないと外出許可証を出さないのが決まりで、そのため一週間か二週間のあいだ、彼は週末の外出ができずにいた。ところが、あるとき彼がわたしに、今度の週末は外に行ってくると言うので、「そうか、サインしたのか」と訊いたところ、彼はニタッと笑って「まあね」と言います。彼の名前は、そう、エドワード・W・ジョーンズとでもしておきましょう。その彼が、W・エドワード・ジョーンズとサインした。病院の管理者側の人間は、違いに気づかなかった。彼らはこの頑固な異常者との闘いに勝利して、やっと正常な行動をとらせることができたと思ったわけです。しかし患者さんにとって、その行動が持つメッセージは「彼（本当のわたし）はサインしなかった」ということで、勝ったのは自分の方だった。これはちょうど、指を背中でクロスしながら、ものを言ったのと同じであります。

メッセージ伝達には次の性質があります——そこに別種のメッセージが随伴すること

で、伝達内容が魔法のように変化してしまう。当学術会議でも、患者さんとの関わり方のあれこれを議論し、われわれの側の動きを記述し、その戦術がわれわれにとってどう見えるものかも記述してきました。われわれの行動が患者の側からどう見えるかという点を論じるとしたら、より困難なことになります。患者にとって、それを受け取る経験が治療上の価値を持つようにするには、われわれが発するコミュニケーションの質をどのように調整したらいいのか？

たとえばアップルビー氏は、彼の病棟で行なっている一連の処置を報告してくれましたが、もしわたしが統合失調者としてそれを聞いたなら、まるで作業療法みたいですね、と言いたい気持ちに駆られたことでしょう。治療プログラムが成功していることを具体的な数字を挙げて語った彼の報告は説得力に富むもので、それがウソ偽りのないものだということとは疑うべくもないのですが、事実成功したプログラムであるとすれば、彼の記述は、必然的に、不完全だったのではないか。そのプログラムによって患者が経験したことは、報告に盛られた骨子よりは多少なりとも生き生きとした、生々しいものだったのではないかと思うのです。彼のセラピーには終始、たとえば熱意とかユーモアとか、その質を変えるものが存在したことでしょう。これらがはたらいて、経験の〝符号〟をプラスからマイナスへ、マイナスからプラスへ変える。アップルビー氏は単に馬の蹄鉄の記述をしただけで、その蹄鉄が何を表すのかを決定すべく群がる「生の現実」については何一つ語ってくれませんでした。

たとえて言えば、彼はある音楽的コミュニケーションを記述するのに、「これはハ長調の伝達である」と述べたにすぎない。そう言われてみても、その曲がなぜ聴く人のムードを特定の方向に導いたのか、十分な説明にはなりません。途方もなく複雑な楽音の「しらべ」の変化、コミュニケーションの変奏についての記述がスッポリ抜け落ちている。この変奏の総体こそが「音楽」なのではありませんか。

類比の対象を音楽から広大な生命世界にシフトして、コミュニケーションの魔術的性質をさらに探っていきましょう。すべての有機体は、部分的に、遺伝的レベルから——主に染色体によって運ばれるメッセージの複雑な配列によって——決定づけられている。われわれはコミュニケーション・プロセスの結果として在り、環境からの衝撃によってあれこれと補正・変容を加えられる存在です。ということは、カニとエビ、長いエンドウマメと短いエンドウマメといった近接種の違いは、常に、メッセージ配列の変化・変奏によって生み出される種類の違いだ、ということになります。メッセージ系の変化が、比較的具体的で限定的なこともあるでしょう——体部構造のかなり表面的な細部に関する問いの答えを「イエス」から「ノウ」に変更するようなケースがそうです。網版の版面上のわずか一点を違えただけで、動物の見え方が変わってしまうケースもあるでしょうし、さらには、遺伝的メッセージの全システムに及ぶところが修正ないし転調を蒙《こうむ》り、結果として系内の全メッセージが異なった様相を帯びつつ、メッセージ相互の関係性は変化前と同じままということもあります。システム中のある部分が一変するほどの衝撃を受けても、メッセージ間の関係は安定したまま留まる。この安定性を、フランス人は「変われば変わるほど同じままだ」*3という諺で表現するようです。ある類人猿の頭蓋骨の側面図を直交座標上に描くと、それとはかなり形の異なったさまざまな類人猿の頭蓋骨が、はじめの座標を単純な規則にそって歪めるだけで得られるということが確認されています。このことは、部分の変化が各部分間の関係を変えるものでないこと、そして一つの種から別の種への移行がシステマティックに起こることを証明するものであります。*4

遺伝学者だったわたしの父は、「すべて波動の問題だ」①というのが口癖でありました。父がいつも引き合いに出したのは、縞の数が半分しかないグレヴィのシマウマのことで、このシマウマの縞模様はふつうのシマウマより「一オクターブ低い」のだと父は言っておりました。たしかにこの場合、「フリークエンシー」〔頻度＝周波数〕が半分であるとは言えますが、それが事実、波の振動の問題として説明できることだとは、わたしは考えません。父自身は、この問題を波動の概念によって説明しようと躍起になっていましたが、彼が「波動」という言葉で言い表そうとしていたことは、パターンの「しらべ」の変化と言うべきものだとわたしは考えます。つまり、シマウマの縞模様も、粗野な意味での物理学によって決定されているのではなく、メッセージによって、そして一連のメッセージ群の全体的〝転調〟によって決定されている。そういうシステムにおいては、パターンの転調のようすを見ていかなくてはならない。これが父の言いたかったポイントなのだと、わたしは思うわけです。

　ついでに言いますと、生命体の形が人間の目に美しいものとして映り、生きた世界を体系的に見る生物学者が類縁関係にある生命体の形態の違いに心を打たれる理由も、同じ観点から説明できるのではないでしょうか。よく似た二つの生物の違いとは、コミュニケーションの変奏によってもたらされるものです。そしてわれわれ自身もコミュニケーションを行い、遺伝的メッセージの配列によって形態を決定されている存在なのです。しかし今は、美学理論を書き改める場ではありません。[*5] これはむしろ、群論《グループ・セオリー》を専門にする数学者に任せるべき問題であるようです。

　メッセージ(とその部分)が、数式のなかの括弧に括られた部分と似ていることに注意して下さい。そこにはいつも、マイナスの符号がついたり、倍数・乗数がついたりして、フレーズの持つ全体的トーンを変化させている。しかもこうした符号や数字は、いつでも「後づけ」が可能なものです。時には何年もたってから後づけられる場合もある。言葉や行為に生きた意味を与える状況的要素は、その言葉や行為に先立って存在している必要はないのです。そうでなかったら、サイコセラピーというものが成り立たないでしょう。患者が医者にこう言えてしまうわけですから――「母がわたしの横づらをこのようにして叩き、わたしは倒れた。それによって受けた心の傷がわたしの病の原因であり、それは過去の出来事だから今から変えることはできない。したがって、誰もわたしを治すことはできない」と。いや、そう言うしかなくなってしまいます。コミュニケーションの世界では、過去の出来事がつくるのは〝馬蹄〟の連鎖だけで、その連鎖の意味はいつも変えることができ、またつねに変えられつつある。今日存在するものは記憶と呼ばれる、過去についてのメッセージであり、これらのメッセージはその時々で新しく枠づけられ、変奏され続けていくのです。

　ここまでお話ししてきたコミュニケーションの世界は、どんどん複雑で変わりやすく、とても分析など利かなそうに思えるでしょう。しかしそこに、グループの観念を導入して多くの人間を一度に考察すると突然にして、この捕まえようにも捕まえられない混沌とした意味の世界が整然化されるのです。形の不規則な石をたくさん袋に入れてガシャガシャ揺すったり、あるいは波打ち際に置いてほぼランダムな波にさらすと、そういう素朴で物理的なレベルでも、全体のシステムが単純化して、石はみな互いに似通った形になっていくことを考えて下さい。これを十分に長い間続ければ、どの石もみな球形になるでしょう。この素朴な物理的レベルでも、多数のぶつかり合いから、一種の均質化が起こるわけですが、ぶつかり合うものが、複雑な学習とコミュニケーションが可能な生物である場合、システムの単純化はもっとずっと迅速に進み、各メンバーが均質な特性を帯びるか、あるいは体系的に差異化したグループに分化するかの、どちらかの状態が現れてきます。こうやって単純さを増したシステムが「組織」と呼ばれるものです。

違ったもの同士が接触するとき、その違いは、消失する方向に動くこともあれば、あるいは、お互いに噛み合って、相互補完的な関係を形成する方向に変質することもあります。グループ同士が接触する場合、変化の方向が均質化に向かうものであっても相互補完に向かうものであっても、その関係の内部でメッセージや行為が持つ意味や妥当性について、共通の前提が形成されていきます。

このプロセスで起こる学習の複雑な問題に立ち入るのは避けて、統合失調症の問題に話を進めましょう。われわれは家族という場に埋め込まれて生きる患者をそこから連れ出し、一個の個人として診るわけですが、それでも彼のコミュニケーション習慣の特異な点は目に留まります。その特異性は、部分的には遺伝子レベルで、あるいは脳の部分損傷とかいう生理的なアクシデントによって決定されてはいるのでしょう。それでも、彼の特異な性質が、家族という名のコミュニケーション・システムのなかで担っているはたらきについて問いを詰めていくことに意味はあると思います。ある数の生きた人間を、いわば袋のなかに入れて揺すり、取り出してみると、そのうちの一人が残りのものとは違った様相を呈している。そのとき、この一個の個体をつくる素材の違いだけでなく、彼の特性がこの家族のシステムのなかでどのように形成されたのかということも考えていかなくてはなりません。「異常者」として認識されるこの個体の諸特性は、グループの他のメンバーの諸特性と然るべくフィットしたものとして——同質化あるいは相補化したものとして——見ることができるのかどうか？　われわれは統合失調の症候の大きな部分が、学習された、経験によって決定されたものだということを疑っておりません。しかし学習というものは、あてがわれた環境および周囲の個体とのメッセージ交換を通してしか起こりません。生き物である以上、まわりのものと同じようになるか違うふうになるか、どちらかの方向へ変化するのであって、ランダムな学習というものはありません。統合失調症を生み出す経験的背景を探っていくことが必要です。

われわれが「ダブルバインドの仮説」と呼ぶ考え方について、その概略を述べておきます。詳しくは［本稿末尾に掲げた］参考論文をお読みください。仮説は二つのパートから成っています。⑴統合失調者のコミュニケーション習慣の形式的記述と、⑵そのように特徴的に歪曲された伝達行動を彼に学習させたと考えられる一連の経験過程の形式的記述。症状に関する記述は、実際の観察と概ね合致するものであり、家族のふるまいも、仮説から予測される行動のシークエンスを特徴とするものでありました。

統合失調者の発するメッセージには、彼自身と話し相手との関係に直接間接に触れる部分が、ゴッソリ抜け落ちているという特徴があります。彼はたいてい、一人称と二人称の代名詞を避けた表現をとりますし、また今自分の言っていることが文字通りの事実なのかそれとも比喩表現なのか、皮肉なのかそれともストレートな表現なのかを明らかにしない。メッセージの種類を同定することを避けるのです。さらに、自分と相手との関係の親密さを表すようなメッセージまたは行為については、これを発することにも受け取ることにも困難をきたすことが多い。他人から食べ物を受け取るなどということは、ほとんど不可能で、かといって、それをはっきり拒絶する意志表示もなかなかできない。

ホノルルで開かれたアメリカ精神医学会の集まりに出かけるとき、一人の患者さんにその時期の不在を告げると、彼は窓の外に視線をやって、「その飛行機は、飛ぶのがひどく遅い」と言いました。"I shall miss you"［先生がいないとさびしくなる］と彼は言えないのであります。そういう、わたしとの関係においてわたしがどのようであるのかを（また、彼との関係においてわたしがどのようであるのかを）露呈させる言葉を彼は発することができない。"I shall miss you"というのは、二人の関係の特性を明確にするメッセージであって、それを言ったのでは、二人が共有する関係がどのような基本前提に立つべきかを、自ら主張することになってしまうのです。

　統合失調者がする話のなかでは、自分自身に関する記述も相手に関する記述も、曖昧化されるのが普通です。「わたしは（あなたは）こうだ」と断言するようなことは言わないか、歪曲して言う。そして面と向かった相手との関係に言及したり、関係に影響しそうな発言は、ことごとく抹消する。何らかの様式と前提をもって二人の行動を律する〈関係〉というものに巻き込まれる発言を極端に避けるのです。自分の言ったことを他人が解釈することを許す手掛かりは一切与えようとしないし、自分の語っているのが比喩であるとか、何か特別な暗号であるとかいう事実をぼやかし、いつの話なのか、どこでの話なのかということも、多くの場合、省略するか歪めてしまう。ウェスタン・ユニオン電報会社の書式[*6]を引き合いに出すなら、そのメッセージには先立つ部分がなく、電文本体においても、発信の意図を伝えるような要素は一切、歪められるか消されるかしていて、結局、文脈を解釈する手掛かりのない比喩表現のようなものになっている。極端な場合、そこには「わたしたちの間に関係は存在しない」ということを直接ぶつけてくる以外のメッセージは残っていないという印象です。

以上は観察可能なことで、これを要約すると、統合失調者は、「自分のメッセージの置かれたコンテクストについての自分の見解が正しいと表明するたびに罰が下ることを恐れるかのような伝達行動をとる」となるでしょう。

われわれの仮説のうち病因論の部分を担う「ダブルバインド」の概念を、いまの考察からこのように単純化して捉えることができるかと思います。——ダブルバインドとは、自分がコンテクストを正しく把握したことで罰せられる経験である、と。この種のシークエンスにおける処罰の経験が繰り返されると、そうした処罰がやってくるのを予期して行動する習慣が形成されることになります。

われわれの診た患者さんの母親と父親の間で、こんなやりとりが観察されました。母親が、十五年間も家計を自分に任せようとしなかったと言って父親を責め、父親はこう答えました。「きみに家計を任せなかったのは、僕の大きな間違いだった。それは認める。認めたからこそ、今はきみに任せているんだ。なぜ間違ったかという理由については、きみとはまるで違った考えを持っているが、とにかく非常に重大な過ちが僕の側にあった、そのことは認める。」

母「まじめな話なのに茶化さないで。」

父「茶化してなんかいない。」

母「いいわ、そんなことはどうだって。とにかく、わたしは借金だらけの家計を引き受けなくちゃならなかったんです。借金のこと、あなたわたしに一言でも言った？　言わなくていいという理由はないはずよ。主婦は知らされて当然でしょ？」

父「僕が言わなかった理由は、学校で起こした問題をジョー（患者である子）がきみに言わない理由と同じかもしれない。」

母「あら、うまい言い抜けだこと。」

このやりとりでは、父親が二人の関係のあり方に言い及ぶたびに、母親によってそれを無効にされてしまうというのがパターンになっています。父親はたえず、あなたの発するメッセージは無効だと言われ続ける。自分が言わんとしたのとは別のことを言ったかのように受け取られてしまうわけです。

彼は、自分が発言の意図を正しく把握していたことで苦痛を受け、彼女の言ったことに対して適切な返答をするたびに苦痛を味わう。

しかし、逆に母親の視点から見ると、この父親は自分の言うことをどこまでも曲げて解釈しているように思える。この点が、統合失調症を取り巻く——あるいは統合失調症そのものであるところの——関係力学の最も奇妙な性格の一つなのです。統合失調症の患者さんを受け持ったことのあるセラピストならどなたも、相手をワナに陥れるような言動が繰り返されることにお気づきでしょう。こちらの言うことを曲げて解釈しようと構えているかのようで、言ったつもりのないことが言ったことのようにされてしまう。その理由は、患者自身が自分の発言を曲解されるものと決めてかかっているところにあります。こうして拘束《バインド》が互いに共有される。この関係が一度できあがると、どちらもメタメッセージを歪曲せずに発することも受け取ることもできない段階にまで進展していきます。

ただしこの関係は通常、対称的なものとしては現れません。ダブルバインディングな関係の共有というのは、一種の闘争の場であり、そこではふつう、どちらか一方が相手を抑えつけるという形で安定を得るのです。われわれは子供の一人が統合失調者と見なされる家庭を選び出して調査したのですが、そのためか、これらの家族では、社会的に正常な両親が、異常のレッテルをはられている子供を抑えつけた格好になっていました。

こうしたケースでは、〝異常〟とされるものが自分を犠牲にして、親の方は意味の通ることを言っているという神聖な幻想を守っている、そういう妙な形で、システムの非対称が現れるのです。親との近密な関係を保つために、子は真意が曲げられていると感じても、それを指摘する権利を自ら放棄する。子の感覚の方が正しくてもです。その結果、このシステムには、事態の認識に奇妙な不均衡が生じます。〝異常者〟の方は、事態を認識していてもそれを口に出すことはできず、そのことで、親が事実を認識せずに済ますことを可能にする。親が無意識のうちに犯している欺瞞に、子が加担すると言ってもよいでしょう。そこから非常に大きな不幸と、はなはだしい、しかし体系的な、コミュニケーションの歪曲が結果することになります。

ワナを前にして、自分が自分でいられるためにはそのワナにはまるしかないと思う者にとっては、きっとそのようにコミュニケーションを歪めることが適切な対処法になるのでしょう。この状況をきれいに描き出すパラダイムが、フェスティング・ジョーンズによるサミュエル・バトラー伝に出てきます(2)。一節まるごと引用してみましょう。

シーボーム氏の晩餐会に出かけたバトラーは、そこで会ったスカーチリーという男から、タイラー氏のお付きの御者が発明したというネズミ捕りの話を聞いた――

ダンケットのネズミ捕り

ダンケットは、どのネズミ捕りも役をなさず、穀物が荒らされる一方なのに腹を立て、自分でネズミ捕りをつくろうと思い立った。いいネズミ捕りをつくるには、まず自分をネズミの立場に置いてみることが肝腎である。

「自分がネズミだったとして、ここなら絶対に大丈夫だと気を許す場所があるだろうか。そこを疑い出したら、もうどこにも安心して逃げ込むことができなくなるような場所が――」

しばらく考えたが、答えが出ない。と、ある夜突然、部屋に光が充満したかと思うと、天の声がして、彼にこう告げたのである。

「排水管じゃ。」

そうか。疑念は晴れた。排水管を疑うようなら、ネズミはやっていられないな。ここでスカーチリーは少々言葉を費やして、意中の排水管装置の説明を始めた。「両側が開いていて、中にバネを隠し持った管を作るのさ。どちらかの端を閉じてしまうと、ネズミはふたたび出てこられるかどうか不安がって、中に入りたがらないからね。」

そこで僕（バトラー）は口をはさんだ。「そうなんだ、わたしが教会に足を踏み入れるのをやめたのも同じ理由さ。」

——バトラーがこの話をしたとき、わたし（ジョーンズ）は彼の考えていることが一発で分かった。もしその場に、ご立派な面々がいなかったなら、「だからわたしは結婚に足を踏み入れるのをやめた」と言ったに違いないことも。

ダンケットが幻聴体験によってはじめて、ネズミをダブルバインドにはめる方法を考案できたことに注意して下さい。それと、バトラーとジョーンズが、たちまちそのワナを、人間関係に適用できるパラダイムとして捉えたことも重要なポイントです。実際、この種のジレンマは珍しいものではありません。統合失調症的コンテクストに限らず、ごく日常的に見られるものなのです。

ではなぜ、統合失調者を含む家庭で、それらが特に頻繁に、特に破壊的に現れるのでしょう。その問題を取り上げなくてはなりません。関連する統計データをわたしは持っておりませんが、限られた数の統合失調症的家族をかなり徹底して調査したところから、一つの仮説が得られています。ダブルバインドの経験がどこまでも執拗に繰り返される——それ以外の相互作用の形式が得られない——集団力学《グループ・ダイナミクス》に一家が取りこまれているとする考え方です。では、そのように定型化したシークエンスが必然的に繰り返されるような循環システムとはどのようなものか。

フォン・ノイマンとモルゲンシュテルンの〈ゲームの理論[3]〉に登場するプレイヤーが、そのモデルを提供してくれるようです。彼らの本は、厳密な数学にのっとって書かれていますが、その厳密さにはこだわらず、しかしある程度は学理的に、この考えを紹介しましょう。

フォン・ノイマンが関わったのは、完全な計算力と利得心を持つ複数の存在が、与えられた形式的条件の下で、最大利潤を求めてどのように相互の結託を図るか――仲間の受ける利得を、仲間以外の者の犠牲の上に、どうやって最大化するか――ということの数学的な研究でした。彼はこれらの存在を、一種のゲームの競技者に見立て、この完全に知的な利得追求者たちが、どのような結託に走ろうとするか、その規則の形式的特性を徹底して考えました。そこから、一つの奇妙な結論が引き出されています。わたしがモデルとして提示するのが、実はこの結論なのであります。

まず、あたりまえのことですが、結託が生じるには、最低三人のプレイヤーが必要になります。そのうち、任意の二者がくっついて、残りの者を搾取する。このゲームが均等の原理にのっとっていたとすると、結託の形は以下の三つに収まることになります。

AB対C
BC対A
AC対B

　ここでフォン・ノイマンが明らかにしているのは、一度形成された結託がそのまま安定するということであります。AとBとが結びついた場合、もはやCとしては何もできない。そして興味深いことに、AとBとの間に、必然的に、当初のゲームの規則にはなかった約束事が出来上がっていく。たとえば、Cがアプローチしてきても耳を貸さないというルールができるわけです。
　五人のゲームになると、プレイヤーの位置関係はかなり違ってきて、可能性のバラエティも広がってきます。一つには、四人が結びついて一人と対するというかたちが考えられるでしょう。

A対BCDE
B対ACDE
C対ABDE

D対ABCE
E対ABCD

しかし、このうちどれも、そのまま安定することはなく、結託した四人が、五人目のプレイヤーから搾りとった利益をできるだけ多く自分のものにしようと策をめぐらすサブゲームが始まります。その結果、システムは必然的に2対2対1(たとえばBC対DE対A)というかたちに発展する。こうなると、一人残されていたAが、どちらかの側について3対2の結託システムを形成することが可能になります。

しかし3対2になると、三人のグループは二人のグループから一人引き抜こうとする。そうやって相手を間違いなく弱体化させておくことが、ゲームの展開に有利になるからです。こうしてシステムは再度4対1に戻る。最初とメンバーは入れ替わっているかもしれませんが、同じ形式的特性を具えたシステムです。そしてこれがまた2対2対1に分裂し、以下この動きが繰り返される。

言い換えると、どの結託のパターンに対しても、それを――フォン・ノイマン流に言って――「支配」dominateする別のパターンが少なくとも一つはある、そしてそのパターン間の力関係は「非推移的」〔本巻所収「遊びと空想の理論」第16項参照〕なものとなる、ということです。システムが収まるべき別のかたちが円環をなして存在し、そのためシステムは絶え間ない、堂々巡りの移行を続ける。今現在の解決法より好ましい解決法を選択していく過程が無限に続いていく。このゲームを演じるロボットたちは、完全な計算力を与えられているという、まさにその理由によって、単一の〝プレイ〟に落ちつくことができないのであります。

　このプレイヤー間の関係は、モデルとして、統合失調症を抱えた家族に起こることを思わせるところがあります。いかなる時点においても、いかなる二者間においても、安定した結託関係が生まれるには至らない。他の構成員がいつでも割って入ってくる。あるいは、誰も割り込まないうちから、結託を考えていた二人が、第三者が何を言い出すか、何をしてくるかと思い煩い、罪の意識に苛まれて結託するのをやめることになってしまう。

　十全な知力を与えられた存在が演じるフォン・ノイマンのゲームでは、システムに永遠の不均衡が現れるのに五人のプレイヤーを必要とするのに対して、人間が演じるときには三人で十分に思えるということ――この点に注意していただきたい。人間に十全な知力がないということなのかもしれません。あるいは、自分たちを動機づける〝利得〟に関して、人は誰も一貫した態度を貫けないせいかもしれません。

永遠の循環を続ける不均衡なシステムに捕らえられるということは、当人にとってどんな経験なのか、想像してみましょう。彼のとるすべての動きが、その時点では正しい状況判断にそって導き出されたものであっても、システム内の別の者がそれに反応した時点で、必ず間違っていたことが露呈する――。システムがこの形にはまったとき、そのなかの個人は、われわれがダブルバインドと呼んだシークエンスを、どこまでも繰り返し経験することを強いられるでしょう。

いま描いたモデルがどこまで有効かは分かりませんが、二つの理由から提示してみました。第一の理由は、統合失調症を(われわれの間で慣例化しているように)個人の問題としてでなく、より大きな家族のシステムの問題として捉え、それにアプローチすることの重要性を例示すること。統合失調症のダイナミクスを理解しようとするなら、この大きなシステムの創発的《エマージェント》な諸現象を語るのに適した言語を工夫しなくてはなりません。いまお話ししたモデルが的外れだったとしても、何かしらのシステム論的アプローチによって統合失調症の現象の記述を試みておくことは、将来的な意味を持つと思います。第二に、概念モデルには、それが誤っていても、誤りの指摘が理論的発展をもたらすという利点があります。

そこで、この概念モデルに対して、一つの批判を提示し、その批判がわれわれの思考をどこまで進めてくれるか試してみることにしましょう。フォン・ノイマンの本には、彼の持ち出した知的ロボットが、際限なく続く結託の舞踊の果てに、統合失調をきたすことを指摘するような定理は一つも出てきません。この抽象理論に登場するプレイヤーは、どこまで行っても完全な知性的存在でい続けるのです。

現実の人間とフォン・ノイマンのロボットとの大きな違いは、学習の事実にあります。無限の知力を持つということは、無限に柔軟であるということで、そういう存在は、先ほどわたしが「舞踊」と形容した華麗な動きを続けるばかりで、賢明な選択だったはずのものが間違っていたときに人間が感じる苦痛というものをけっして経験することができません。人間は、自分がつかみ取った答えにコミットするものです。この心理的コミットメントが人間にはあるからこそ、統合失調に陥った家族のメンバーも傷つきうるのです。

このモデルを検討するなかで、統合失調のしくみを説明するダブルバインド仮説の根本に、人間個人の本性を「学習者」とみる心理学的前提があるということが見えてきたようです。一個の個人が統合失調をきたすためには、個性化《インディヴィジュエーション》の過程に、二つの対照的な心理メカニズムがはたらいている必要があります。一つは、その個人が置かれた環境の要請に適応していくメカニズム。もう一つは、その第一のメカニズムによって見出された適応に、その個人が一時的または永続的にコミットしていくプロセスないしメカニズムです。

いま「適応への一時的コミットメント」と呼んだものは、ベルタランフィが「行為に内在する様態」(immanent state of action)と呼んだものと別物ではないのでしょう。そして、適応へのより永続的なコミットメントとは、一般に「習慣」と呼ばれるものです。

一個の人間とは何なのか？「わたし」と言うとき、わたしは何を意味しているのか？——おそらく、われわれが「自己《セルフ》」と呼ぶものは、当人の知覚と適応的行為の習慣の集合体に、その瞬間瞬間《ときどき》の「行為に内在する様態」をプラスしたものなのではないでしょうか。人間関係の場で、その時点のわたしを性格づけている習慣と内在する様態を相手から攻撃されることは——つまり、その時点での相手との関係の一部として表出する自分の習慣と内在する様態が攻撃されることは——自分の存在が否定されるのと同じです。その相手が自分にとって大切であればあるほど、受ける傷は深いものになるでしょう。

統合失調的《スキツォフレニック》な家族という、特別な制度下にあるグループで、どんな戦略——「症状」とふつうはいうようです——が展開されているか、以上の指摘で十分でしょう。しかしこの戦略が継続的・習慣的に行われながら、友人も隣人もその「おかしさ」に気づかないことがあるという事実はどう説明したらいいのか。いまの理論から、この家族組織《インスティテューション》のメンバーは全員、自分自身の「行為に内在する様態」と「永続する適応的習慣」を強く防衛する動きをとるだろうということが予測されます。彼らは激しく自己を守ろうとする人たちです。

実際の症例を一つだけ。わたしの同僚が、ある一家族——特に父親、母親、息子である成人患者の三人——を相手に、数週間にわたるセラピーを行なったあとのことです。セラピーには三人を同席させる方法を取っていました。これが母親には苦痛だったらしく、彼女はわたしと個人的に面談したいと申し入れてきました。次の合同セラピーの場での討議を経て最終的に彼女はわたしとの面談にやってきました。初回の面談で彼女は、一言二言挨拶めいたことを述べてから、バッグを開けて、「夫がこんなものを書いたようなんです」と一枚の紙を手渡しました。広げてみると、そこにはシングル・スペースで文字がびっしりタイプされています。文面は「夫とわたくしは、家族の問題をあなたと話し合う機会が得られたことを深く感謝しております」という一節で始まり、「わたくしがお訊きしたい」具体的な問題を並べていくというものでした。

実際それは夫が書いたものだったようです。彼は前の晩タイプライターの前にすわって、妻がわたしと話し合うべき問題点を整理した。そしてそれを妻自身がわたし宛てに書いたもののように仕立てた――。

こういうことは、ふだんよくあることなので見過ごしがちですが、サイコセラピーの場でこちらの注意が相手のとる戦略に向けられているとき、このような自己保全的で自己破壊的な動きというのは、非常に目を引くものです。「そうか、彼らのような家族の中では、いつもこんな戦略が使われているのか」という理解が一発で得られる。他人のアイデンティティを消してしまうような戦術が横行する家庭というものを考えると、〝患者〟がそれを戯画化したような行動を呈したとしても驚くにあたりません。

統合失調を抱え込む家庭とは、各メンバーが絶えず自己の否定を経験し続けるような関係力学《ダイナミクス》と内的メカニズムが、非常に大きな安定を得て永続していく組織である。――問題の本質はこの点にあるとわたしは考えます。

――この講義［原題“The Group Dynamics of Schizophrenia”］で述べられているのは、「統合失調的コミュニケーション研究のためのプロジェクト」で討議された考えを統合したものである。プロジェクトのメンバーは、グレゴリー・ベイトソン、ジェイ・ヘイリー、ジョン・H・ウィークランド、ドン・D・ジャクソン（MD）、およびウィリアム・F・フライ（MD）。L. Appleby, J. M. Scher, and J. Cumming, eds.

Chronic Schizophrenia: Explorations in Theory and Treatment (The Free Press, Glencoe, Illinois, 1960)より許可を得て転載。

■——原注

(1) Beatrice C. Bateson, *William Bateson, Naturalist: His Essays and Addresses Together with a Short Account of His Life*, Cambridge, Cambridge Univ. Press, 1928.

(2) H. F. Jones, *Samuel Butler: A Memoir*, Vol. 1, London, Macmillan, 1919.

(3) J. Von Neumann and O. Morgenstern, *Theory of Games and Economic Behavior*, Princeton, Princeton Univ. Press, 1944. [『ゲームの理論と経済行動』銀林浩ほか監訳、ちくま学芸文庫(全三巻)、二〇〇九]

■——訳注

*1 独り者の貧しい漁夫のもとを、「あんたの先祖、および将来の息子の一部」と称する存在が訪れ、二人で先祖の埋められた島に行き、霊の声に従って「宝」を授かるが、それはただの錆びた蹄鉄だった。それ一つを手にして男が町に出て、伯爵とその娘に出会い、「将来の息子の一部」の導きで娘を娶《めと》るという話。『宝島』の作者R・L・スティーヴンソン作のこの短篇は、一八九六年に寓話集*Fables*中の一作として出版された。邦訳は、枝村吉三訳「みすぼらしいもの」(『寓話』牧神社、一九七六、所収)。

＊2　アメリカ独立戦争の英雄ポール・リヴィアが考えたとされる情報伝達法。「英国軍が陸路で来るなら教会にランタンを一つ灯す、海路で来るなら二つ灯す」の意。

＊3　「変われば変わるほど同じままだ」(*Plus ça change, plus c'est la même chose*)という諺で、最初の節の *ça change*(それが変わる)は低次の論理レベルの(具体的な)諸変化を表し、次の節の *c'est la même chose*(それは同じ物だ)は高次の論理レベルにおける総合的状況を表すと言える。

＊4　原著はここで補注し D. W. Thompson, *On Growth and Form*, Vol. 2(Oxford, Oxford Univ. Press, 1952)を挙げている。イギリスの博物学者ダーシー・トムソンによるこの著作は大部なもので、日本では抄訳が『生物のかたち』(柳田友道ほか訳、東京大学出版会、一九七三)の題で出版されている。ベイトソン晩年の著『精神と自然』(岩波文庫、三一八—三二〇頁)では、本パラグラフの内容が図入りで分かりやすく語られている。

＊5　コミュニケーションの理論によって美的伝達を記述しようとするベイトソンの試みは、メアリー・キャサリン・ベイトソンによってまとめられた最後の著作『天使のおそれ』まで持ち越されるが、本書中でも、上巻「なぜ白鳥に?」や「プリミティヴな芸術のスタイルと優美と情報」など、すでに探究が深まっていることを示す記述に出会うだろう。

＊6　アメリカの電信事業を独占的に運営していたウェスタン・ユニオンの電報用紙は、本文の上欄に宛名と住所と発信日時が打たれるようになっていた。

参考論文

G・ベイトソンほか「統合失調症の理論化に向けて」[本巻所収]。

G. Bateson, "Language and Psychotherapy, Frieda Fromm-Reichmann's Last Project," *Psychiatry*, 1958, 21: 96–100.

G. Bateson (moderator), "Schizophrenic Distortions of Communication," *Psychotherapy of Chronic Schizophrenic Patients*, C. A. Whitaker, ed., Boston and Toronto, Little, Brown and Co., 1958, pp. 31–56.

G. Bateson, "Analysis of Group Therapy in an Admission Ward, United States Naval Hospital, Oakland, California," *Social Psychiatry in Action*, H. A. Wilmer, Springfield, Ill., Charles C. Thomas, 1958, pp. 334–349.

J. Haley, "The Art of Psychoanalysis," *ETC.: A Review of General Semantics*, 1958, 15: 190–200.

J. Haley, "An Interactional Explanation of Hypnosis," *American Journal of Clinical Hypnosis*, 1958, 1: 41–57.

J. H. Weakland and D. D. Jackson, "Patient and Therapist Observations on the Circumstances of a Schizophrenic Episode," *A. M. A. Archives of Neurology and Psychiatry*, 1958, 79: 554–574.

統合失調症の理論に要求される最低限のこと

科学のどの分野も、隣人に対して義務を負うものである。「汝の隣人を愛す」必要はないにしても、それぞれが作り出した道具を相互に貸し借りして、隣接分野の正しい発展を促すことは引き受けなくてはならない。一つの分野で起こった進歩の重要度は、それが隣接分野の思考とメソッドに対して促す変革の大きさを尺度にして測れる、とさえ言っていいだろう。ただし、節度は重要だ。隣人への申入れは、必要最低限のものでなくてはならない。われわれは行動科学に携わるものとして、遺伝学や哲学や情報理論に対し、どんな提言を行うべきなのか。隣接する諸科学間で、お互いにぎりぎりの要求を突きつけ合いながら、それぞれが作り上げた思考の道具やパターンを貸与し合うことによって、科学全体のシステマティックな統一が成就されるわけである。

本日この場では、したがって、われわれがパロ・アルトで作り上げてきた統合失調症の理論そのものよりも、この理論やこれに類する考え方が、「科学的に説明すること」の内実をいかに揺るがしうるかについて、検証していこうと思う。標題には「統合失調症の理論に要求される最低限のこと」と記しておいた。わたしたちのダブルバインド理論は、行動科学の広い分野に——さらには進化論や生命世界の認識論《エピステモロジー》に——どんな波風を立てられるだろうか、と考えてそう名づけたのである。この理論は、関連諸科学にどんな最低限の変化を迫るものなのか？

　統合失調症を経験重視の立場から説明した理論は、学習と遺伝と進化とが三つどもえに絡み合う関連領域にどんなインパクトを与えるか？　この問いかけのもとにいくつかの問題を取り上げていきたい。

　最初に、ダブルバインドの仮説を簡潔に記述しておくのがよいだろう。この理論は、日常の経験と、基本的な常識とのみ結びつくものである。仮説を導いた第一の命題は、「学習はいつでも、形式の定まったコンテクストの中で起こる」。道具的回避の学習実験のシークエンス、たとえばパヴロフの実験の形式的特性を思い起こしていただきたい。行為としては同じであっても、「失敗に対して電気ショックを与える」パヴロフ的コンテクストで習得させたイヌの「前足上げ」と、「成功に対してエサを与える」道具的報酬のコンテクストで習得された「お手」とは別物だろう。

われわれの仮説はさらに、これらのコンテクストによる枠づけが、より大きなコンテクスト——いわば「メタコンテクスト」——の中でも起こるという考えに依拠している。コンテクストの内包関係は開かれた連続をなし、それには限りが見えない。

もう一つ、この仮説が前提とすることに、「(道具的回避というような)狭いコンテクスト内で起こる出来事が、そのコンテクストを存立させている、より大きなコンテクストに左右される」という点がある。コンテクストとメタコンテクストの間に矛盾ないし衝突が起こることもあるだろう。たとえば、パヴロフの学習実験が、内なるひらめきを強調して、条件反応の獲得というような学習そのものを罰するメタコンテクストにはめ込まれるケースがある。[*1] そんな状況に置かれた生き物は、狭いコンテクストで反応を誤るか、正しくない理由またはやり方で正しく反応するか、どちらかしかないというジレンマに直面する。これがいわゆるダブルバインドである。このような心の傷を受ける継続的な経験を通して、統合失調症的なコミュニケーションが学習され、習慣化されるという仮説をわれわれは立て、現在その検証を進めている。

以上。

ところが、これだけ〝常識〟にそった前提が、すでに古典的な科学を支える認識論から逸脱するものなのだ。近代の人間は自由落下する物体のパラダイムから学び、科学の多領域に広がる同種のパラダイムに適応したゆえに、科学的諸問題に対するアプローチがかなり偏ったものになってしまった。物事には文脈《コンテクスト》があり、大きな文脈が小さな文脈を左右することがあっても、そういうことは無視して――少なくとも棚上げして――考えるのがよいという姿勢が身についてしまった。われわれの仮説はこの取り決めに逆行して、出来事の置かれた大きな文脈と小さな文脈の決定関係そのものに焦点を当てる。

それ以上に衝撃的なのは、われわれの仮説から(その主張の一部としてではないけれども)次の点が示唆されるところだろう。――文脈の関与はどこまでも奥深く遡行しうる。

物理学から生物学に至る数多くの領域で古典的な科学観の書き換えが進んでいるが、われわれの仮説も、上記のすべての点において、他領域における変革と歩調を合わせつつ、相互に強化し合うことを必要としている。観察者と対象を分離するのではなく、観察者自身をも含めた全体を観察するのでなくてはならない。常に関係性を、無限に遡行していく関係性を見据えなくてはならない。〝モノ〟を注視したのではダメなのだ。

大きな関係性を切り捨てては研究が成り立たないのだということを、一つの簡単な例で示してみたい。学習実験の被験者に統合失調者を使う場合を考える。この被験者は「患者」と呼ばれて、病院のスタッフという、自分を支配する疎ましい組織のメンバーとの関係のなかに生きている。彼がもし、素直なニュートン主義者だったとしたら、自分にこう言い聞かせることもできるだろう。「あの男の言う通りのことをすればタバコがもらえる。タバコとは所詮、単なるタバコにすぎないものだ。だったら、応用科学者のようにふるまい、あの男が僕に期待していることをやって、タバコを手に入れればいいだろう。」

しかし人間というものは、事態をこのように見るとはかぎらない。統合失調者であればなおさらだ。この学習実験をやっている男が気に入らないという状況が、反応を左右するわけである。自分の嫌っている人間に取り入るような態度を示すことを「恥」と感じる者もいるだろう。こうして実験者がタバコを差し出したり引っ込めたりすることのシグナルとしての意味——強化のプラス・マイナス——が逆転することになる。実験者が「報酬」の意味で差し出したものが、侮蔑のメッセージともなり、実験者が「罰」として行なったことが、相手を満足させもする。

大病院に収容された精神病患者が、スタッフから一瞬の人間的な扱いを受けるとき、それによってどれほどの苦痛を味わうものか、考えてみてほしい。

観察された現象を説明するとき、われわれは常に学習実験のより広い文脈を考えなくてはならない。そして人間同士の間で交わされる行為は、そのすべてが学習の文脈をなしているのである。

だとすれば、ダブルバインドの仮説は、これまで考慮されていなかった性格を学習プロセスに付加せざるをえない。もしこの仮説が大筋においてでも正しいのなら、その考えを取り込む余地を学習理論に設けなくてはならない。具体的には、先に触れた学習コンテクストの階層間の不連続を取り入れることができるよう、現行の一枚岩的な学習理論に、不連続な段階を設けることが必要となる。

ただ厄介なことに、これらの切り分けられた段階の間には奇妙な性質があるのだ。あるメッセージが提案する強化のサインを、より大きなコンテクストが変更してしまうという点については［パヴロフの実験を例に挙げて］すでに述べたが、それだけでなく、「ユーモア」や「メタファー」など、メッセージのモードもコンテクストによって変わりうることは明らかだ。セッティングが変わることで、メッセージは場違いなものになりうる。より大きな文脈に照らしたときに意味をなさなくなることもある。だがコンテクストの作用にも限界はある。メッセージについてのことなら、何であれ受信者に伝えられるが、メッセージそのものと衝突または矛盾することを言うことはできない。「「ネコはマットの上だ」と言ったのはウソだ」という発話は、ネコの居所に何ら言及しない。前に自分が言ったことが信用ならないと告げるだけである。コンテクストとメッセージとの間、またメタメッセージとメッセージとの間には隔絶があり、その隔絶は、事物とそれを表す語彙や記号との間に、またクラスのメンバーとクラスの名前との間にある隔絶と性格を同じくする。メッセージに対するコンテクストやメタメッセージは、前者を類別classifyするのであって、両者が共通のグラウンドで出会うことはないのだ。

この不連続を学習理論に組み入れるためには、学習の概念のスコープを広げることが必要になる。実験心理学における「学習」とは一般に、与えられたシグナルに対する反応として有機体がとる行動の変化を指すものだった。たとえば、実験者が鳴らすブザーに対して、はじめのうちは何ら規則的な反応を示さない動物が、ブザーを鳴らしたあとに肉粉を与えることを続けると、次第にブザーの音を聞くたびにヨダレを垂らし始めるようになる。これは大まかに言って、動物がブザーに対して何らかの意味を付与するようになったということである。

起こったのは一つの変化である。この「変化」という語を取り上げて、階層の段階を組み上げてみよう。われわれが捉えようとしている階層シリーズは、一般に二通りの作り方がある。純粋なコミュニケーション理論の領域内で用いられているのは、「ついての《アバウト》」とか「メタ」とかいう言葉を次々につけていくやり方だ。これによって「メッセージ」「メタメッセージ」「メタ・メタメッセージ」……という具合に、階層シリーズの段階を上乗せしていくことができる。もっとも、コミュニケーション理論が直接の対象としない現象にも、「……の変化」という概念を積み重ねていくことで、同様の階層シリーズを得ることができるものがある。古典物理学の、位置、速度(＝位置の変化)、加速度(＝速度の変化)、加速度の変化……と続く連続は、こうしたヒエラルキーの一例である。*2

ただしコミュニケーション現象は、物理現象と違って、単線的な変化の階層を考えただけでは掬《すく》いきれない面を持っている。まず、ある階層のメッセージが、別な階層のメッセージ間の関係に言及しうる(それに対して〝メタ〟なものになりうる)という事情を考えないといけない。たとえば「実験装置の匂いが「ブザーが肉粉を意味する」ことを意味する」とき、ブザーが肉粉に言及するレベルに対してメタなレベルで、実験装置の匂いがブザーに言及しているわけだ。さらに人間同士の関係には、これとはまた種類の違った複雑さが現れる。たとえば、被験者がメタな関係付けを行うのを禁じるメッセージが発信されたりもする。酔うたびに荒れるアルコール依存症の親が、戸棚の酒ビンに手をのばした瞬間、恐怖の表情を浮かべた子供を「なんだその顔は」と言うかのように睨みつけるのはその一例である。メッセージとコンテクストのつくる階層は、一列に積み上がるとは限らず、複雑な分枝構造もとるのである。

ここで、物理学が位置と速度と加速度の階層シリーズを組み上げたのと基本的に同じやり方で、学習理論の領域内に、同様の階層的分類を打ち立てることを試みてみよう。実験心理学がこれまで研究の対象にしてきたのは、シグナルの受信における変化だった。しかし、言うまでもなく、シグナルを受け取ったということ自体、一つの変化である。実験室で観察されてきた変化に比べて、より単純で低次レベルにある変化である。これで、変化の階層が二つできた。その上に、階層をどこまでも想像していくことが可能である。このヒエラルキー構造は、次のように示すことができる。[1]

1　シグナルの受信　わたしの机の上にサンドイッチの入った紙袋がある。病院のサイレンが鳴る。それによってわたしは正午だと知る。わたしは手を伸ばし、サンドイッチを取り出す。この現象が起こるためには、わたしがそのときすでに次の第2項のレベルでの学習を済ませていることが必要かもしれない。その学習によって、心の中に一つの問いが出来上がっていて、サイレンの音がそれに対する答えとなった、と見ることは可能である。しかし、ある瞬間に起こった単発的な情報の受信自体、一個の「学習」である。そのシグナルを受け取ったことで、机の上の紙袋に対してある特定の反応を示すという変化が、わたしに起きたわけだ。

2　レベル1における変化の習得　古典的な学習実験が取り上げた、さまざまな種類の学習(「パヴロフ的」「道具的報酬」「道具的回避」「機械的反復」等)は、すべてこのレベルの諸例である。

3　レベル2の習得のあり方の変化の習得　わたしはかつて、このレベルの現象を「第二次学習」deutero-learningと名づけ、それを「学習することの学習」として説明していた。しかしそれは厳密には「シグナルの受信[1のレベル]について学習すること[2のレベル]についての学習」であるわけで、その意味では「第三次学習」という呼び名の方がふさわしい。[*3] 精神医学者にとって関心の中心は、このレベルの現象にある。患者が世界を、かくのごとく構造づけられているものと思い込んでいる、その思い込みに変化を生じさせることが「セラピー」であるわけだ。「転移」の現象もこのレベルで起こる。転移とは、患者がセラピストと接触するとき、その関係に、自分が過去に親との間で経験した学習のコンテクストと同種のものが存在すると思うことである。

4　レベル3にある変化のプロセスに生じる変化　この等級《オーダー》にある学習が、人間に起こるのかどうかは定かでない。セラピストが患者に引き起こそうとする変化は、通常3のレベルに限られるようだ。しかし、その3のレベルの変化を起こりやすくしたり起こりにくくしたりする変化が、無意識のうちにゆっくりと進行しているということもありうることだ。少なくとも概念上、そのような高次のレベルを設定することは可能だろう。

ここで、われわれが向かい合うことになった三つのタイプの階層構造を見比べておくことが必要だ。(a)学習の等級のヒエラルキー、(b)学習のコンテクストのヒエラルキー、(c)終脳化[*4]している脳の内部に存在すると考えられる(そう考えるほかはない)回路構造のヒエラルキー。

aとbとは事実同義であるとわたしは考える。根拠は二つ。まず、学習のコンテクストの見地から述べたことを、学習の等級の見地から言い換えたとしても、それで何かが得られることも失われることもないから。そして、コンテクストを分類または階層化したものと、学習の等級を分類または階層化したものとは必然的に同じ形になるから。cとa・bとの同義関係については、神経生理学の研究結果を待たなくてはならないが、その回路構造を階層的に分類したものは、学習とコンテクストのヒエラルキーと重なり合うことが期待できるだろう。

学習を左右する枠組《コンテクスト》について語るのと、学習の等級について語るのが同義だということは、わたしには当然と思えるのだが、経験的にそう思わない人も多いことを知っているので、この点に関して一言加えておきたい。「真実が、理解されるべく述べられるなら、信じずにいられない」というが、この命題の逆(換位命題)を言うなら、真実であっても、理解されるべく語られないうちは、信じられないのだ。

　まずコミュニケーションの世界では、メッセージだけが「リアル」な存在者であるということを確認しておこう。ここでメッセージと呼ぶものは、メッセージの部分も、メッセージ間の関係も、メッセージ中の有意な空白も含めた全体である。それ以外のものは一切、コミュニケーションの世界には関わってこない。出来事や物体の知覚――神経生理学的なメッセージ――はその世界に含まれるが、出来事そのもの、物体そのものは、参加を許されない。つまりそれらは irrelevant な(関与性を持たない、的外れの)ものであり、その意味で unreal(非現実的)である。逆にニュートン的な物理世界で、メッセージそれ自体は何のリアリティも関与性も持たない。コトバにしても、空気の振動や印刷のインクに還元された上でなければ、物理の世界へ入り込むことはできない。

　同じように、「コンテクスト」も「コンテクストのコンテクスト」も、コミュニケーションにおいて効果を持つ限りにおいて――つまりメッセージあるいはメッセージの作用を調節するものとして機能する限りにおいて――リアルなもの、関与する《レレヴァントな》ものになる。

　ニュートンの世界とコミュニケーションの世界との違いは、端的に次の点にある。ニュートンの世界は、事物だけにリアリティを与え、コンテクストのコンテクスト――いや、すべてのメタレベルの関係性――を切り捨て、そうした関係性が無限に続くなどという可能性は一切無視して、それによって単純性を保っている。対照的に、コミュニケーションの理論家は、関係と関係の関係(等々)を分析しながら、すべての事物を排除し、それによって自分の関わる世界を単純なものにする。

　コミュニケーションの世界とは、一種バークリー的な世界だと言えるだろう。ただ、「音を立てずに倒れた森の木は、実際音を立てなかった」というバークリー主教の主張は、少々控え目すぎたようである。[*5] 誰の耳にも届かない木の音に関与性としてのリアリティがないのはもちろんだが、現にわたしの目に見え、そればかりか実際わたしが腰掛けているこの椅子にもリアリティを与えてはいけない。コミュニケーションの世界でリアルなのは、知覚された椅子だけであって、わたしがその上に坐っているものは、わたしにとって、一つの観念、わたしが信頼を置いている一つのメッセージにすぎないのである。

「わたしの思考のなかでは、この世のものは一つ残らず同じ価値を持つ。一個の馬の蹄鉄で十分だ。」[一四一頁参照]――そんなことになるのは、思考の世界、経験の世界に事物がなく、メッセージとそれに類するものしか存在しないからである。

　この世界では実のところ、物質的な対象としての「私」は関与せず、したがって「リアル」でない。しかし、経験のシンタクスの核としての「わたし」は、コミュニケーションの世界にしっかりと存在する。他人の経験のなかにも「わたし」は在り、他人同士のコミュニケーションが「わたし」を傷つけることもある。その傷は、わたしのアイデンティティ——わたしという経験の統合体——を破壊するほどのものにもなりうる。

ニュートン物理学の世界とコミュニケーションの世界の統合が最終的に成し遂げられる日がいつか来るのかもしれないが、それは本論の目指すところではない。今は、学習の文脈構造と学習の等級との関係をはっきりさせることが目的であって、そのためにまず、コミュニケーションの言説とニュートン物理学の言説との違いを強調したわけである。

そう前置きしてみると、学習の文脈と学習の等級とが別個のものに思えるのは、二種類の異なった言説から生まれる仮構にすぎないのではないか、ということが見えてくる。学習のコンテクストを、われわれは学習者の身体の外側に位置づける。一方で、学習の等級は、学習者の内側にあるものと考える。そうした「外」と「内」への振り分けが、学習のコンテクストと等級を別物に思わせているわけだ。しかしコミュニケーションの世界において、自己の内側と外側を分かつ違いを持ち出すのは、的外れ《イレレヴァント》な、意味のないことである。コンテクストが関与するのは、それが有効なメッセージとしてはたらく場合に限られる。つまり、今われわれが見据えようとしているコミュニケーションの階層システムの多重のレベルに（正しくまたは歪められて）表象《リプリゼント》または反映《リフレクト》されることではじめて、コンテクストはコミュニケーションの世界でのリアリティを獲得するのだ。このシステムとは、個人の身体システムのことではない。メッセージと伝達系路がつくる広大なネットワークのことである。それらの系路のうち、一部は物理的存在としての人間の外側に位置し、別の一部は内側に位置するが、コミュニケーションのマップに人間の皮膚の位置を描き込んでみても、その内側と外側とで、システムの特性に違いはない。視覚障害者の杖や生物学者の顕微鏡を、それを使っている人間の「一部」に含めるべきかどうかという問いは、コミュニケーションの世界では意味を持たないのだ。杖も顕微鏡も伝達の重要な系路であり、それについて考えるわれわれの関心が及ぶ範囲のネットワークの一部である。しかしその系路を、たとえば杖の中ほどで遮断する線は、メッセージの伝達網のトポロジーの記述に、まったく関与してこないのである。[*6]

　身体的存在としての人間を括り取る境界線を取り去ってしまったら、コミュニケーションについての言説が混沌に陥ってしまうのではないか、というのは無用な心配である。ここに提示した学習とコンテクストの階層的分類は、実のところ、ニュートン的現実の信奉者には混沌でしかないものを秩序づけている。この秩序づけこそ、ダブルバインドの理論が要求するところのものなのである。

人間とは、不連続なレベルが積み上がった構造の中で学習し変化していく、そういう特徴をそなえた動物であるに違いない。そうでなければ、ダブルバインドによるフラストレーションから統合失調者になっていくことはありえないはずだ。

問題の実証可能な側面を探っていこう。3番目の等級にある学習［一七九頁の2のレベル］の存在を立証する実験が、最近では行われている。(2) しかし、学習の等級間の不連続性に焦点を当てた実証的研究は、わたしの知るかぎり皆無に近い状況だ。そうしたなかで、ジョン・ストラウド氏の実験は注目に値する。これはトラッキングの実験である。被験者の前にスクリーンがあって、この上を標的が動いている。スクリーン上にはもう一つ、照準を示す点があり、これを一対のレバーの操作によって動かしながら、動く標的とできるだけ一致させておくことが、被験者に要求される。この実験の利点は、標的の動きの複雑さの段階を数学的にコントロールすることが可能なところだ。すなわち動きの不規則性の度合を、第二次、第三次……と段階的に増していくことができる。結果はストラウド氏の期待した通りのものになった。標的の動きを記述する数式の不連続に呼応して、被験者の学習成果にも不連続が現れることが観察されたのである。この実験結果は、標的の動きが一段階複雑さを増すたびに、新たな学習過程が必要とされることを窺わせるものである。

標的のトラッキングをやっているときの脳が、数学的等式によって作動していることはありえない。そのことを考えれば、数学的記述という純粋に人工的な操作と見えるものと、人間の脳に組み入れられた特性との間に呼応関係が現れるという発見は、非常に魅力的である。

学習の各等級間が不連続だという証拠を、直接的な実験以外にも求めることができる。これまでの心理学では、わたしの述べた第1の等級の学習(意味ある信号の受信)を学習とは見なしてこなかったという奇妙な事実——これ自体、一つの証拠になるだろう。それに加えて、精神医学が中心的に扱っている第3の等級の学習に、心理学者が最近になるまでほとんど何の関心も払わなかったという、これまた奇妙な事実がある。実験心理学の思考と、精神医学や人類学の思考との間には深い溝が横たわっており、これは、ヒエラルキー構造内の不連続に由来するものだとわたしは考えている。

■——学習・遺伝・進化

ダブルバインド理論が、遺伝学と進化理論にどのようなインパクトを与えるかを考察する前に、その二つの知識集体と学習理論との間の関係を検証しておく必要がある。先ほどわたしは、この三つを「三つどもえ」の研究領域と呼んだ。その三つどもえの構造について、ここで詳しく見ていこう。

遺伝学は、変異・分化・成長・形質継承というコミュニケーショナルな現象をカバーするもので、一般に進化論を織りなす素材として特定される。ダーウィンの理論は、（ラマルク的な考えを拭い去ってみれば）変異をランダムなものとして見る遺伝学の見解と、変化の集積に適応的な方向を与える自然選択の理論とが合体したものである。このダーウィン理論が登場したとき、進化を学習の所産と見る考えとの間で、熱い論争が闘わされた。その論点はいわゆる「獲得形質の世代間継承」にあった。

ダーウィンの立場に鋭い攻撃をしかけたのがサミュエル・バトラーである。彼の説は、遺伝が、常に前進を続ける大いなる生命の「記憶」であるという考えを前提にしている。この前提から出発して彼は、進化――とりわけ適応的な変化のプロセス――が、ラッキーなまぐれ当たりによって得られるものではなく、生命が、その深い知性によって工夫し編み出したものであると主張した。「発明」の現象と「適応」の現象との間に、密接な類似性があることにも、彼は注目した。発明された機械に〝痕跡器官〟が残るという考えを最初に出したのは、たぶんバトラーである。自動車のエンジンが、馬車における馬の位置についていることを知ったら、彼はきっと大威張りしたことだろう。バトラーはまた、生命が新たに考案した適応的行動を、その生物の身体システムの深みに沈めていくプロセスがあることを見て取り、それについて、説得力ある議論を展開している。最初は計画的・意識的に行われていた行為が、次第に習慣化されていく。習慣は次第により無意識的な、意図による制御のきかないものになっていく。そして生命体の最深部にまで落ち切った習慣は、そこで「記憶のボディ」に統合される。この記憶のボディは、(現代の生物学が想定する遺伝子型 genotype のように)次世代の特性をも決定する。以上のことをバトラーは、実証的な支えなしに論じたのだった。

「獲得形質の遺伝」をめぐる論争には二つの面がある。一方でそれは、物証によって決着がつく問題であるように見える。ラマルクの述べた通りのことが起こったと示す確かな証拠が一つでも挙がれば、それで勝負はつくわけだ。しかしそれを否定する議論は、否定であるために、証拠に頼ることができず、理論に訴えざるを得ない。彼らが通常依拠するのは、生殖質と体細胞組織とを分かつ壁が存在するという考えである。体細胞が獲得したものを、生殖質に伝えるコミュニケーション・ルートがない以上、遺伝子型は自力で自己変革を遂げていかなくてはならない[*7]、と。

この考えの弱みは次の点だ。たとえば用と不用によって変化する二頭筋[上腕の「力こぶ」の筋肉」から、その変化に応じた何らかの代謝物質の分泌があり、それが筋肉から生殖腺に入るなら、「獲得形質の遺伝」がもたらされるのではないか？　しかしこの反論には、二つの大きな弱点がある。(a)二頭筋が分泌するものの化学組成が、それが二頭筋から出たものであることを明確に伝えるほど独特な《ユニーク》——たとえば三頭筋が分泌するものとは明確に異なった——ものになることは考えにくい。(b)生殖腺の組織が、そのような化学メッセージによって適切な変化をこうむるようにできているとは考えにくい。いかなるメッセージの受信者も、発信者の使ったコードを知っていなくてはならないわけであり、もし生殖質細胞が体細胞組織からのメッセージを受け取ることができたとするなら、そのときすでに、体細胞のコードに相応する何かを内に抱え持っていたことになる。体細胞からのメッセージを頼りに進化の方向を決めるには、その方向が、生殖細胞の原形質にあらかじめ書き込まれていないと無理のようである。

要するに、獲得形質の世代間継承を否定する見解は、一つの「分離」に依拠している。この種の分離に対して、どのような哲学的立場をとるのか——その違いが、今の進化の問題に限らず、さまざまな問題について異なった意見集団を生んできた。世界は分離可能な諸原理の寄せ集めの上にできていると考えるのか、それとも、自然界は一つのユニティのもとに収まると考えるのか。前者の立場をとる者は、環境圧による体細胞的変化を扱う説明の領域と、生物の進化を扱う説明の領域とがまったく分離したものであってよいと考えるだろう。後者の立場を好む者は、二つの説明領域を何らかの形で結び合わせたいと思うだろう。

現代では、学習と進化との関係をめぐる議論は、バトラーにもダーウィンにも予測できなかった方向に発展してきている。バトラーは運・偶然というランダムなものを、知性的なものと対比させ、前者の作用を進化から排除しようとしたのだが、今では多くの理論家が、学習そのものをストカスティックな[*8]、すなわち確率論的なものとして捉えるようになっている。実際のところ、(精神がそれ自体、目的性を持った制御装置によって作動しているという、生気論的な、節減則に背く仮説[*9]を別として)このストカスティックなアプローチこそが、学習の本性について現在われわれの持つ、おそらく唯一の体系的な理論なのである。脳やその他の場所でランダムな変化が起こり、そうしたランダムな変化の結果が、強化や滅失のプロセスによって、生存のための選択を受ける、とわれわれは考える。すなわち、創造的な思考も進化プロセスも、ともに根本にストカスティックな本性を抱えているという点で共通する。進化にあっては、自然選択がランダムな変異の集積に方向を与え、創造的な思考にあっては、強化が、ニューロンのシステムのランダムな変化の集積に方向を与えるのである。[*10]

進化の理論でも学習の理論でも「ランダム」という言葉が目立って曖昧なままだが、この語は簡単に定義できるものではない。どちらの分野も、変化が確率論的に進む現象に依拠するとしながら、与えられた変化の起こる確率が、単なる確率とは別の何かによって決定されるとしている。学習と進化のストカスティックな理論の背後に、そうした確率を決定する要因についての理論が記述されぬまま潜んでいるのだ。[3] しかし、この決定要因の変化について問い始めれば、答えはまたストカスティックなものになる他はない。「ランダム」に起こることの確率が「メタランダム」なプロセスによって決定される、と。こうしたストカスティックな説明のすべてにおいて基本となる「ランダム」という概念もまた、本論の最初の部分で論じた「学習」の概念と同じように、一つの階層構造のもとに捉えなくてはならないのである。

とりあえずの締めくくりとして、ウォディントンがショウジョウバエ属 Drosophila の表現型模写について行なった研究のことをお話ししよう。[*11] この研究は、獲得形質が進化において果たす役割という、ダーウィニズムの勝利によって隠蔽されてしまった問題を、新しい角度から問い直すものである。彼の研究からは、環境圧の下で個々の有機体が成し遂げる表現型の変化が、厳しい環境で生存競争を強いられる種（ないしは遺伝的継承ライン）の生存機構のなかで、きわめて大きな重要性を担っていることが、明らかに見てとれる。後に突然変異その他の遺伝的変化によって、継続していく環境圧によりうまく対処することができるようになるまでは、個体レベルでの形質の獲得が必須である――という意味で、獲得形質は進化上の重要な機能を担っている。ウォディントンの研究が、最低限、この点を明確にするものであることは明らかである。しかし彼の実験を詳しく見ていくと、どうもそれ以上のことが読み取れるのだ。

実験の概略を述べておこう。ウォディントンが携わっていたのは、バイソラックスという遺伝子によるとされる表現型[*12]の、表現型模写の研究である。この遺伝子は、成体の表現型に強烈な作用を及ぼすもので、それがはたらくと、胸部《ソラックス》の第三分節は第二分節と同形になる。すなわち普通の個体では「平均棍《へいきんこん》」と呼ばれる小さなバランス器官として現れるものが、完全な翅《ハネ》に成長して、四枚翅のハエが誕生するのである。ところが遺伝子バイソラックスを持たないものも、サナギのときに一定の時間エチルエーテルによる酩酊状態に保っておけば、同じような四枚翅のハエになっていく。ウォディントンは、バイソラックスを持たないと考えられる野生のショウジョウバエを繁殖させた膨大な数の個体を使って、サナギにエーテル処理を施し、そこから現れた成虫のなかから「最良の」――完全な四枚翅にできるだけ近い――ものを選り抜いて繁殖させるという方法を、幾々世代にもわたって繰り返した。すると早くも二十七世代めで、エーテル処理にかけなかったサナギからも、限られた数だが、四枚翅の成虫が現れたのである。これらをさらに繁殖させながら、彼は、その四枚翅の特性が単一の遺伝子バイソラックスの存在によって生じるのではなく、数々の遺伝子が協働してつくる特定の配列によって生じるのだということを明らかにした。

この鮮やかな実験は、幾通りにも読むことができる。ウォディントンの選択は、四枚翅の表現型を獲得しやすいような遺伝的構成を持った個体を選り抜くものだった、と言うこともできるだろうし、また、その選択は四枚翅の表現型を生み出すのに必要なエーテル刺激の閾値を低めるものだった、と言うこともできるだろう。

ここで、今の現象を記述するためのモデルを考えてみたい。まず、環境圧による四枚翅特性の獲得が、根本的にストカスティックな性格を持ったプロセス——体細胞による学習のごときもの——によって成し遂げられたと想定する。(同じエーテル処理を施された個体群から、「最良の」ものと、そうでないものが現れたという事実は、この考えを支持するものであるようだ。)この種のプロセスが無駄の多いものだという点に着目したい。より直接的な経路によって達成できるはずの結果を得るのに、試行錯誤の方法を取るのは、時間もかかるし労力もかかる。適応が、ストカスティックなプロセスによって得られると考える以上、「適応の経済性」という概念がどうしても絡んでくるのだ。

この種の経済性は、精神プロセスの分野ではおなじみのものだ。適応的行動は習慣化され、それによって精神活動の出費が抑えられる。はじめての問題に出会ったとき、われわれは試行錯誤を繰り返してその解決を図るけれども、同じような問題に繰り返し出会う場合には、次第に経済的な対応を取るようになる。すなわち、ストカスティックな操作に頼るのをやめて、精神の、より深く、より柔軟性に欠けた機構——習慣——に行動を委ねてしまうのだ。バイソラックスの特性の形成に際しても、これに類似する現象がはたらくと考えていけない理由はない。同じ表現型を得るのに、柔軟性には富んでいても、見通しの効きにくい、コストが高くつく体細胞的変化より、遺伝的レベルからの決定という方法によった方が経済的だという考えは、十分に成り立つだろう。

すなわち、こういうことだ。ウォディントンの使ったハエの個体群のなかで、バイソラックスの表現型のうちの一部でも作り出す遺伝子を持つ〝家系〟に対して、自然選択は有利にはたらくだろう。そのような遺伝子を持ったハエは、体細胞による適応の機構を、他の種類の環境圧に対応するために残しておける点で有利だからである。学習の領域でも、ある問題点の解決を習慣に任せることで、ストカスティックな試行錯誤的探索のメカニズムを、別の問題点の解決に宛てる余裕が生じるだろうが、それと同様の利点が、体細胞的な特性を決定する作業を遺伝子のシナリオに任せることで生じる——と考えて不合理はない[4]。

今の思考モデルに、二つのストカスティックな機構が取り込まれていることに注意していただきたい。第一に、体細胞レベルで変化が獲得される表層のメカニズムがある。そして第二に、染色体のレベルで、突然変異(または遺伝子配列の変化)が起こる、これまたストカスティックなメカニズムがある。これら二つのシステムは、体細胞から生殖質への情報伝達が起こらなくても、長大な時間がつくりだす選択的な状況のなかでは、協働して作用することを強いられる。——このように見ていくと、進化において「習慣」のごときものが決定的な役割を担っているかもしれないと言ったサミュエル・バトラーの直感も、あながち的外れとは言えないようである。

以上を前置きにして、今度はダブルバインド理論が遺伝学者に対し、どんな問題を提起するのか、という点の検討に移りたい。

■——ダブルバインド理論の提示する遺伝学上の問題

仮に統合失調《スキツォフレニア》が、学習プロセスの変形や歪曲の問題であるとしたら、その遺伝を論じるとき、単に一家の家系を図にして、病院収容歴の有無を調べるようなやり方では済まない。ここで問題にしている学習プロセスの歪みは、きわめて形式的で抽象的な性格を持つのであって、必ずしも施設への収容という結果を招くような具体的症候を伴って現れるとは限らない。われわれの携わる遺伝研究は、メンデルが従事したような、表現型と遺伝子型の一対一の対応を調べるものとは異なるのだ。施設に入った者は統合失調症の遺伝子を持ち、そうでない者は持たないと単純に決めてかかることはできない。そうではなく、複数の遺伝子ないしその配列パターンによって、学習プロセスのパターンとその可能性が変化することを認識し、結果として生じるパターンのうちのあるものが、適切な形式を持った環境圧を受けたときに、顕在的な統合失調症へと進展する、というふうに考えなくてはならない。

最高に広い視野に立って言うなら、「学習」なるものはすべて——一ビットの情報を取り入れることから、一個の有機体全体における性格の根本的な変化まで——遺伝学の見地からは〝獲得形質〟の獲得にあたる。それらはみな表現型における変化だ。そしてその変化を可能にするものは、最終的には遺伝子型に行きつく、生理と発生のプロセスの連鎖全体である。この連鎖のどの段階にも、環境のインパクトがはたらくだろう。それによってどの段階のプロセスも、(理念上)変化したり途切れたりする。しかし言うまでもなく、多くのレベルは、それが変化したのでは有機体の生命活動が保てないという意味で、固定的《リジッド》に［環境圧を受けつけないように］セットされている。この階層構造全体のなかでわれわれが関わるのは、有機体の生命を脅かすことなく環境の作用を受けて変化しうる数々の点である。それらの点がいくつあるかは知るよしもない。とにかく、この連鎖を遡って遺伝子型のレベルに達したとき、そこで問題になるのは、われわれが扱っている現象のなかの遺伝子型における要素が、可変性を持つのかどうかということだ。遺伝子型の違いによって、表現型における修正幅が変わり、それが連鎖を降り下って、当の有機体の行動に変化を与える。その点をおさえた上で、有機体の行動の違い［たとえば「スキツォフレニック」と「ノーマル」との］をもたらすプロセスの連鎖が、遺伝子型のレベルにまで届き、そのレベルに違いを生むのかどうかを考えていかなくてはならない。統合失調《スキツォフレニア》のケースでわれわれが扱うのが、かなり長く複雑なヒエラルキーであることは間違いない。しかもこの病気は、(自然史的観察から明らかなように)遺伝子のシナリオから具体的な行動までの各段階で、上位のレベルが下位のレベルを一方的に決定し、ある段階以下が環境要因に左右されるという性格のものではない。統合失調症においては、〝統合失調症的〟な行動が起こるたびに、環境の要因自体が変化をこうむるようなのである。

この複雑さを図解的に示すために、少しの間、統合失調症の問題から離れて、ユーモアと数学と音楽の領域に目をやってみたい。人を笑わせる、数学の問題を解く、作曲するといった、他の形態のコミュニケーション的行動に、遺伝的要素はどう絡んでいるか？　これらの技量を獲得する能力には、遺伝的に設定された個人差があるのかもしれない。しかし、芸の腕前や具体的な表現自体は、本人を取り巻く環境に大きく依存するばかりか、意図的な訓練によって伸ばすことのできるものだ。さらにこの問題には、これら二つの要素のほかに、たとえば作曲の才能を示すことが、その人間のまわりの環境を、才能を伸ばすのに有利にはたらくようなものに作りかえていくという事実も絡んでくる。逆にまた、自分が才能を発揮していくことで、まわりの人間が音楽的に感化されることもあるだろう。

ユーモアのケースでは、さらに一回り複雑な様相が現れる。ユーモリストとまわりの人間との関係は、音楽家の場合のように対称的《シンメトリカル》になるとは必ずしも言えないようなのだ。冗談を言うことが、まわりの人間の冗談を誘発することがある一方で、ユーモリストと他の人間の関係は、相補的《コンプリメンタリー》な、いわゆる「ボケ」と「つっこみ」の型に収まるケースが多い。ユーモアの伝達の場では、一人が中心に立ってユーモアを披露すると、他の人間は受け手の側に回るというのがふつうである。

右の考察はそのまま統合失調症の問題に当てはまるものだ。〝統合失調症〟と認定される人間を抱え持つ家族の相互作用を観察すればすぐに見えてくることだが、その家族では〝統合失調症患者〟の特異な行動がまわりの人間の特性とフィットしている。前者が後者を助長し、それがまたはね返って統合失調的行動が助長されるという関係性になっているのだ。ここには、前節で検討した二つのレベル［個人の学習レベルと遺伝子型レベル］にあるストカスティックなメカニズムに加えて、第三のメカニズム——家族が（おそらくは徐々に）統合失調《スキツォフレニア》にフィットしていくよう組織される（すなわち、その構成メンバーの行動幅を制限する）メカニズム——が姿を見せている。

「統合失調が家族の特性であるなら、子供たちのなかに統合失調症とは診断されない者がいるのはなぜか」という質問によく出会う。それに答えるには、家族も他のすべての組織同様、メンバー間に差異をつくり、その差異によって成り立っていることを強調する必要がある。多くの組織では、メンバーのそれぞれがマネージメント能力や野心を発揮するのがよいという前提の上に機能しているにもかかわらず、ボスの席は一つしか用意されていない。統合失調的家族もそれと同じで、〝患者〟の席は一つしか用意されていないように思われる。道化の役回りが一人に集中しがちなことを考えてみよう。四人の職業コメディアンを生んだマルクス兄弟の家族のような顕著な例外はあるにしても、道化の家族でも、統合失調症患者の家族でも、そうした特異な人間が一人現れることで、他の人間はまともな役回りに収まるのがふつうである。その特異な人間に誰がなるのかを決める上で、遺伝的要因がはたらいていることはありえる。しかし家族組織の内部で役割分担が形成されるときの進化プロセスが、遺伝子レベルからの指令によって完全に制御されているとは、とても言い切れない。

第二の疑問は、(先天的なものであれ獲得されたものであれ)統合失調症の原因をどこまで親に帰せられるか、という問題である。これについての最終的な答えをわれわれは持っていない。いま、本論の目的に即して、統合失調症を症状の軽重によって二つに区分してみよう。分ける基準は、慣例にならって〝発作〟の有無に求めてかまわない。

このうち症状が重く顕著なものが、一般に「統合失調症《スキツォフレニア》」と呼ばれるものである。これを「露呈的スキツォフレニア」と呼び直すことにしよう。彼らのコミュニケーション行動は、彼らを取り巻く文化的規準から激しく逸脱している。具体的に言えば、メッセージの論理階型づけ《ロジカル・タイピング》において、甚だしい歪曲とひどい誤謬が現れ、その歪曲と誤謬に基づいて行動するという点だ。それが、自分の心の中から届くメッセージであれ、他者から届くメッセージであれ、あるいは他者に向けて発するメッセージであれ、その論理階型は異様に混乱したものとなる。彼らは、想像したものと知覚したものとを混同し、字句通りの意味と比喩の意味とを混同し、些細なことと重大なことと、メッセージの発信者を受信者と、知覚の対象を知覚者と混同する。この混乱を一般化して表現すると――彼らはメッセージにこもったメタコミュニケーションの側面に対応する責任を一切放棄したかのような行動をとる。そのうえ露呈的統合失調者は、自分の症状を周囲の人間に対して露わにする。彼らは論理階型づけがまったく曖昧な(またはミスリーディングな)メッセージを周囲に振りまき、あるいは、一切の露わなメッセージに対して何らコミットする意志のないことを、コミュニケーションからあからさまに身を引くことで表現する。

これに対するのが「隠蔽的スキッォフレニア」で、こちらの患者の行動も露呈性の患者と似ているが、彼らの行動の特徴は、自分の発するメッセージの論理階型づけをたえず変えてまわるところにあり、外部からは認知されにくい。彼らは他者(特に家族の者)からのメッセージに対し、当人が意図したのとは違った論理階型に属するかのように反応する。そこには、相手の発したメッセージが、たえずねじ曲げられることになる行動システムが成立する。隠蔽性の患者の発言には、「それは、わたしの言ったことに対する返答として不適切だ」とか、「あなたの言うことは、あなたの性格の欠陥や動機の不純さに根ざしている」といった指摘がたえず伴い、これによって相手の発言の妥当性が奪い取られてしまうのである。この破壊行動は、一般的にコミュニケーションの水面下で行われ、なかなか見とがめられることがない。非を相手に押しつける、この方法がうまく行っているかぎり、当人は病理の認知を免れ、非難は他人に向けられる。こうした人たちが露呈性の統合失調症に陥る恐れを抱えていることも、ある程度の根拠をもって言える。その操作的な行動パターンを認知するように迫られると彼らは、自らの地位を防衛するためか、「あなたはわたしを狂わせようとしている」(You are driving me crazy)と言ってこちらを脅すこともある。[*13]

われわれが調査した家庭の親たちには、この隠蔽性の病理の特徴が見られた。症状が母親に顕著であるケースは、これまで幾度となく、ほとんど戯画風に紹介されているので、ここでは父親が中心になるケースを例に使おう。P夫妻は結婚して十八年ほどになり、破瓜病的傾向を持つ十六歳の息子がいる。結婚生活は平穏でなく、敵対意識がほとんど常態化している。妻は庭造りに一生懸命だったが、ある日曜の昼さがり、夫と二人で庭の一画にバラを植えた。これを彼女は、滅多に得られない楽しい時間として回顧する。ところがその翌日の月曜日、夫の出社後、知らない人からいきなり電話が入り、「おたくはいつ引っ越されるのでしょうか」といささか申し訳なさそうに尋ねるのである。P夫人にとって、これは不意打ちだった。夫はすでに前の週に、家を売る話を進めていたのである。妻が、夫の協力で自分のバラ園ができることを喜んでいた間、夫の方は、妻と一緒に庭仕事をすることの意味を、妻が予期していなかった一回り大きなコンテクストの中に枠づけていたのである。

このような隠蔽性の患者によるメッセージのやりとりに接すると、露呈性の患者は、単にそれを戯画化して派手に演じたもののように見えてくることがある。

病気と認定される統合失調の激しい症候と、患者の両親の、表に出にくい症候とが、共に、部分的に遺伝子レベルの影響下にあると考えるとき――すなわち、しかるべき環境に置かれたとき、かくも特異な行動パターンに彼らが陥ることを容易ならしめる遺伝的な計らいがあると考えるとき――必要なのは、二つの、程度の異なる症候を、どのようにして遺伝学的理論に組み入れるかを問うことである。

この問いは、もちろんまだ誰も答えたことがないものだ。ただ、露呈性のケースと隠蔽性のケースとで、問題がまったく別の様相を呈しているということはいえそうである。まず露呈性の統合失調症者の場合から見ていこう。ここで遺伝学者に課されるのは、その〝患者〟が、一見病的には見えない親たちの行動の矛盾から（あるいは親の行動と、周囲の人のより真っ当な行動とのギャップから）病的な行動を発現しやすくする形式的特性を見つけ出すことだろう。今の段階で、それを推測するのは時期尚早かもしれないが、この形式的特性のなかに何らかの「硬直性」rigidity が含まれるとする考えは、的外れなものではあるまい。露呈性スキッォフレニアに陥りやすい人間は、その場の状況 *status quo* に、ふつうの人間以上の強度でコミットし、その分だけ、コンテクストを次から次へとすり替える親の行動によって傷つきやすい——という考えは理に適ったものだと思われる。あるいはこの患者は、問題解決と習慣形成との関係を司る何らかのパラメータの値[*14]が通常より高い、という特性を持っているともいえそうだ。解決をすぐに習慣に委ねてしまう人間は、それを習慣化した途端にコンテクストが変わって自分の答えが無効になってしまう、痛い経験を数多く味わうことになるだろう。

隠蔽性の統合失調の場合、遺伝学者にとっての問題は、また違った形をとることになる。今度は、患者の親たちに見られる形式的特性が何であるかを決定しなくてはならない。そして親たちの場合、硬直性の逆である柔軟性が、その特性に絡んでいるかに見える。しかし、実際に彼らとつきあってみた印象では、それは「柔軟性」と呼ぶよりは、「一貫性の欠如した行動パターンへの硬直したこだわり」というべきものであるように感じられる。

いま、二つの問いを別個に掲げたが、これは一つにまとめられるものなのかもしれない。しかし「隠蔽性」のケースに現れるパターンを、単に「露呈性」のパターンの軽度のバージョンと見なしていいのか、それとも、同じ硬直性が違った抽象レベルではたらくと考えるべきなのか、わたしには分からない。

いずれにせよ、いまわれわれが遭遇している問題の難しさが、行動の特性の遺伝的基盤を探るすべての研究につきまとうことは間違いないところだろう。どんなメッセージも行動も、その意味合いは、状況によって正負の符号を逆転する。この一般的真実を明らかにしたことは、われわれの思考に対する、精神分析学の最大の寄与といっていいものだ。性的露出の症状を持つ子の親が、淫らなものを極力抑え隠そうとする人間であったという場合、われわれは遺伝学者のところに行って、この二つの表現型をとって現れる基底的な特性が、家系のなかで[15]継承されていくようすを探ってくれと要求したりできるだろうか。抑制と補償過剰の問題は、けっして簡単には解決のつかないものである。一つのレベル（たとえば遺伝子型）での過剰が、別の、より直接的なレベル（たとえば表現型）で、欠損（または過剰）の表現をとるケース――あるいはその逆のケース――を常に考えなくてはならない。

　遺伝学に対して具体的な問題を提示するところまで行くには、まだまだ道のりは長いようである。しかし、これまで論じてきたところから、遺伝学の思考のあり方に対し、何らかの修正を促すことができるのではあるまいか。統合失調症の諸問題に対して論理階型理論によってアプローチするわれわれの方法は、いくつかの基本的な点を明らかにしている。まず、適応と学習、およびその病理という問題は、各階層間の境界面においてストカスティックな変化が起こる、複数の階層から成るヒエラルキー体系をもとにして考察していかなくてはならないということ。そうしたストカスティックな変化の起こる領域として、われわれは、遺伝的な変異のレベル、個体における学習のレベル、家庭組織における変化のレベル、の三つに目を向けた。そして、これらのレベルが相互に連結しているという(正統の遺伝学が無視している)可能性を明らかにした。さらに、進化のシステムについて、それが偶然に幸運な環境を得た個体を選択するというような単純なものでないこと——少なくとも人間社会の進化には、家族メンバーの表現型的・遺伝子型的特性を高める方向へ家族環境を変容させる機構が絡んでくること——を明らかにした。

■——人間とは何か

十五年前のわたしが、「唯物論《マテリアリズム》」という言葉について理解するところを述べよと問われたら、きっとこう答えただろう。唯物論とは宇宙の性質《ネイチャー》に関する理論《セオリー》の一つであり、この理論はある意味で、道徳とは無縁なのである、と。また科学者は専門家として、自身にも他者にも洞察と技術を授けることはするが、その技術を使うべきかどうかについて、科学から答えが出てくることはない――とする考えを、当然のこととして受け入れただろう。この立場をとることは、デモクリトス、ガリレオ、ニュートン、ラヴォアジエ、ダーウィンらの名前と関連づけられる科学哲学の潮流にくみすることである。と同時に、ヘラクレイトス、錬金術師たち、ウィリアム・ブレイク、ラマルク、サミュエル・バトラーらが打ち出してきた、一般的評価のあまり高くない見解への拒否を表明することである。後者の面々にとって科学とは、〈人間〉とは何か、人間とは人間以外の世界とどのような関係にあるのかという問題の解明を目指すものだった。彼らの探究は、倫理的で、美学的な世界像の描出に向けられたものだった。

しかし、人間本来の性質《ネイチャー》を見誤った人間は、いつの間にか、非常に深い意味で、非道徳的で醜悪な行いの道に引き入れられる。少なくともその点において、一方の科学的真実と、もう一方にある美とモラルの世界とがつながっていることは確実である。

今のわたしが、唯物論の意味に関して同じ質問をされたとしたら、この言葉は、宇宙本来の性質について問うときはどのように問うべきか、その規則一式を表すものだと答えるだろう。しかしその規則一式が、唯一正しいものとしての資格を持つとは、わたしは考えない。

神秘家は「一粒の砂のなかに世界を見る」〔二八九頁参照〕。その一粒の砂に映し出されるのは、美的あるいはモラル的、またはその両方の世界である。ニュートン科学は、落下する物体の規則性を捉えても、その規則性を規範的 normative なものと考えてはならないと主張する。しかしその主張が世界への正しい対し方を説くものであるかぎり、そこには矛盾が存在することになる。「説く」という行為は、なにかしらの規範に訴えなくては成り立たないものなのだ。

これまでの話の中でわたしは、非倫理的な唯物論と、より浪漫的な宇宙観との間で、永年にわたって闘わされてきた論争の中心的な問題のいくつかに触れた。ダーウィンとバトラーの論争はその一つである。あの論争が、単に個人的な敵愾心《てきがいしん》だけによって、あれほど激しいものになったとは思えない。より深い理由は、それが一種の宗教論争だったということである。実際それは「生気論《ヴァイタリズム》」をめぐる論争だった。有機体について考えるとき、そこにどの程度の生気を、あるいはどの等級の生気を与えるべきか。この論争においてダーウィンは、個々の有機体から、かの神秘的な「生気」を完全に払拭することには成功しなかった。しかし進化というものを、自然の「法則」のなかに押し込めることには成功した。

したがってダーウィンは、いまだ征服できていない領土から、個々の有機体の「生気」が襲ってきて、やっと打ち立てた進化の理論を侵食することがないよう、その封じ込めを図ることに躍起になった。個々の有機体がその一生において適応的な変化をするという、当時としては神秘的な現象が、進化の系統樹に影響したのではたまらない。それだけは何を犠牲にしても防がなくてはならない。「獲得形質が継承される」という考えを許したのでは、進化のフィールドを生気論に手渡すことになってしまう。こうしてダーウィンは、生物学の一領域を、別の領域から切り離す必要に駆られた。もちろん客観的な科学は、自然界が一つの秩序に収まることを——すなわち自然現象の全体が、彼らの分析に最終的に屈することを——謳うものである。しかし当面は——これがおよそ百年の間続くことになったのだが——個体を扱う生物学と進化の理論との間に、相互不可侵の壁を築いておくことが必要だった。バトラーの「継承される記憶」の主張は、この壁に攻撃を仕掛けるものだったのである。

今日の講演の最終セクションで考えようとしている問いは、さまざまな形で表現されうるものだ。——「獲得形質」のはたらきをどう認識するかによって、モラルを払拭した唯物論と、より〝神秘的〟な宇宙観との論争が、形勢を変えるのか？　旧来の唯物論的進化観は、実のところ、個々のコンテクストが単独で存在するという前提に依拠していたのではないか？　いくつものコンテクストが互いに複雑でメタな関係のネットワークをなしながら無限に遡行していくという考えを受け入れることは、われわれの世界観そのものを変えることなのか？[*16]（表現型と遺伝子型という）二つの分離したレベルで作動しているストカスティックな変化が、大いなる生態系のコンテクストのなかで一つに合体している可能性に目を見開くことは、永年の論争に対するわれわれの立場を変えるものなのか？

コンテクストというものが、いつも単独に扱うことのできるものだという前提を突き破ることで、わたしは道徳から自由な従来の宇宙観よりもはるかに統一的な――そしてその意味ではるかに神秘的な――宇宙観に立つことになった。この新しい立場に立つことは、美的・倫理的な問題にも科学の光を当てることができるという期待へとつながっていくのか？

わたしは、つながっていくと信じるものである。これらの問題にどのように対するかで、われわれの立ち位置が大いに変わる。そのことをお集まりの精神科医のみなさんにお示しするために、どなたもこれまで何度となく考えられてきたに違いない「制御」の問題――そしてこれに絡む「操作」「自発性」「自由意志」「テクニック」といった概念の総体――を考えてみたい。自己の本性と他者との関係についての誤った前提は、総じて破壊的で醜い行動につながるものだが、そのなかでも他者を完全に制御できるという前提に立った行動ほど、確実に破壊と醜さをもたらすものはないだろう。他者との関係のなかで生じることで、そのなかの一人が制御できる部分はきわめて限られている。どんな個人も、「二人」と呼ばれるシステムの部分でしかない。そしてどんなシステムにあっても、部分が全体に対してふるうことのできる制御は、きわめて限られたものである。

先にお話しした、コンテクストの無限遡行という問題も、同じ現象の一例にすぎない。この議論におけるわたしの貢献は、次の考えを提示した点にある。——部分と全体との対照は、それがコミュニケーションの領域に現れるときには、つねに論理階型の対照という形をとる。すなわち全体は、その部分に対してつねにメタな関係をとる。論理学において命題はメタ命題を決定しえないが、同様に制御の場においても、小さなコンテクストはより大きなコンテクストを決定しえない。

先に(たとえば、表現型における補償の問題の議論[二〇五頁]のところで)述べたように、論理階型のヒエラルキーにおいては、各レベルが自己修正的システムをなすように結びつくと、それぞれのレベルでしばしば符号の逆転が起こる。かつてわたしは、ニューギニアの一部族について、イニシエーション・グループの階層構造を調査したことがあるが、そこでも符号の逆転は、きわめて単純な形で観察された。通過儀礼の際、新参者をしごく役は、前回新参者だった年齢グループに宛てがわれる。そして現在しごきを行なっているグループを前回しごいた、一段階年長のグループは、今回の通過儀礼がきちんと行われているかを監督する役に回る。このようにして、「敵対」と「同盟」の関係が交互するヒエラルキーが形成される。[*17] アメリカの大学の男子学生の友愛会《フラターニティ》でも、三年生は新入生と組み、四年生は二年生と組むという、よく似た現象が起こるようである。

部分と全体とがメタリレーショナルな階層性をなして積みあがっていく宇宙とは、一体どんな宇宙なのか。未だほとんど探究の手が届いていない、その複雑な様相の一部を、一つのたいへん粗っぽい比喩によって示唆することをお許し願いたい。一台のトラックが何台ものトレーラーを後ろにつけたままバックする場面を考えてみる。このシステムは、トレーラーが一台増えると運転手が制御できる範囲は大幅に減少する点、そして、各分節間で符号の逆転が起こる点で、われわれの階層宇宙と似ている。車輛の系が道路の右側と平行になっている状態で、すぐ後ろのトレーラーを右に寄せるには、トラックの前輪を左に傾けなくてはならない。そうすると、トラックの後部が右の道路脇から離れる方向に振れ、それに引っ張られてすぐ後ろのトレーラーの前部が左へ動き、その後部が右へ振れるわけである。

この作業を実際やったことのある方なら、制御不能の状態がどれほど簡単にやってくるか、身にしみて知っておられるはずだ。トレーラー一台をつけてバックするだけでも、コントロールが効くのは、トラックとトレーラーがほぼ一線に近い状態で並んでいる場合に限られる。両者の間に少しずつ角度をつけていくと、それ以上曲げたらその先はコントロール不能になる臨界の角度が現れる。そこに達してなお、無理やり制御しようとすると、二台の間がジャックナイフのように折れ曲がってしまう。トレーラーが二台になれば、制御可能な角度の範囲は大幅に減少し、実質コントロール不能になる。

われわれが見据えようとしている世界の複雑さは、これ以上だ。そこでは無数の存在が、一本の連鎖ではなく、網の目状に結び合っており、それぞれが今述べたトレーラー間の関係に似た関係でつながっている。しかもこちらでは、それぞれの存在が自前のエネルギー源を持ち、加えて、別々の方向へ進みたがることもある。

こんな世界にあって、制御の問題はもはや科学の手を離れるしかない。むしろそれは芸術《アート》の問題に属するのかもしれない。意識による制御が困難で、結果の見通しが立たない状況は、科学より芸術に任せるべきだという理由ばかりからではない。失敗の結果が「醜い」ものになる点も、芸術に似ている。

結論として、一つの警告を述べなくてはならない。われわれ社会科学に携わる人間は、これほどまでに理解できていない世界を、制御しようとする気持ちは抑え込むのが賢明だろう。理解が届かないという事態に焦って、その不安から制御の衝動をつのらせることがあってはならない。われわれをその一部として含む世界への好奇心を動機として研究に励む──そうした、現代では尊ばれていないにせよ、古来からの知の衝動に導かれて進むこと、そこで得られる報酬は力《パワー》ではない。美《ビューティ》である。

偉大な科学の進歩が──ニュートンの成し遂げた進歩も含めて──みな優美であったというのは、不思議な事実である。

──一九五九年四月七日、シカゴのマイケル・リース病院内、心身症と精神疾患の研究および訓練センターで行われた、第二回アルバート・D・ラスカー記念講演〔原題"Minimal Requirements for a Theory of Schizophrenia"〕。A. M. A. *Archives of General Psychiatry,* Vol. 2(1960, pp. 477-491)より許可を得て転載。

■──原注

(1) (一九七一年補注) 学習の等級のヒエラルキーについての完成版を、このあとの「学習とコミュニケーションの論理的カテゴリー」に収めた。そちらの論では、各段階に違った番号づけをした。単なるシグナルの受信は〈ゼロ学習〉、ゼロ学習における変化が〈学習I〉、ここ［一七九頁］で3番をつけた「第二次学習」が〈学習Ⅱ〉といった具合である。

（2）C. L. Hull, *et al.*, *Mathematico-deductive Theory of Rote Learning*, New Haven, Yale Univ. Press, 1940 および H. F. Harlow, "The Formation of Learning Sets," *Psychological Review*, 1949, 56: 51-65 参照。

（3）この意味で、変化についてのすべての理論は、次に起こる変化が、その変化を被ることになるシステムにすでに予め記されている、ということを前提にするものだ。

（4）こうした点を考え合わせると、用・不用が進化に及ぼす効果についての見解も、多少なりとも改めなくてはならなくなる。正統派理論からは、使われなくなった器官のサイズを小さくする方向へ遺伝子型を動かす突然変異が、組織の経済性という点で生存価値を持つという議論しか出てこない。わたしの理論からは、体細胞レベルの変化によって器官を萎縮するのは、有機体にあてがわれている適応量［柔軟性］を消費することであり［本書下巻所収「進化における体細胞的変化の役割」参照］、この無駄が、器官の縮小を遺伝子型からの直接の制御に委ねることで省かれる、という考えが引き出される。

（5）ニュートンの名前は明らかにこの陣営に属するけれども、ニュートン本人は別の型の人間だった。錬金術や黙示録的著作への彼の謎めいた熱中ぶりや、彼の思想に秘められた神学的一元論は、彼が最初の客観的科学者というより、ケインズの言う通り「最後の魔術師」というべき人間だったことを窺わせる（J. M. Keynes, "Newton, the Man," *Tercentenary Celebrations*, London, Cambridge Univ. Press, 1947, pp. 27-34 参照）。ニュートンはブレイクとともに、多大な時間と思索をヤーコプ・ベーメの神秘的著作に注いだのだった。

■——訳注

＊1　円と楕円を表す二つの図形を提示され、その区別ができないと電気ショックを受けるという、道具的回避のコンテクストでイヌをしつけ、次に、円と楕円の差をどんどん減じて区別のできないものにしていく。するとイヌはさまざまな症状を呈するようになるというのが、パヴロフの神経症誘発実験である。ここでベイトソンはこの状況を、道具的回避のコンテクスト（それぞれの課題を粛々とこなさないと罰がくる）が、ひらめきのコンテクスト（自分で考えて一か八か打って出るべき大状況）に組み込まれ、条件反射的行動をとること自体に罰が下るという言い方をしている。ほぼ二十年後に執筆した『精神と自然』（岩波文庫、二二二—二二七頁）では、同じエピソードを詳しく紹介しながら、「識別のコンテクスト」が、いつの間にか「賭けのコンテクスト」にすり替わったという、よりシンプルな説明を与えている。

＊2　単位時間あたりの「位置の変化率」が速度であり、単位時間あたりの「速度の変化率」が加速度である。位置（定点からの距離）は m、速度は m/s、加速度は m/s^2……といった具合に、それぞれ次元を異にする階梯としてモデル化することができる。このモデルの上で、ベイトソンのコンテクストの階層論は展開される。

＊3　原注1に記されているように、この「混乱」は後に「ゼロ」のレベルが導入されることで解消する。

＊4　脊椎動物の前脳の前半部は、神経管の先端にあたるのでこの呼び名がある。高等脊椎動物では大脳半球がこれにあたる。

＊5　アイルランドの聖職者ジョージ・バークリーは、『人知原理論』(一七一〇)において、素朴実在論を否定して「存在するとは知覚されること」という主張を掲げ、唯心論的観念論の祖と呼ばれる。

＊6　杖を頼りに歩く視覚障害者にとって「彼のマインド」とは何かという問いが、ほぼ十年後の講演「形式、実体、差異」(本書下巻)で、より丁寧に繰り返されている。

＊7　「ワイスマンの壁」の名で知られるこの問題系については、本書下巻の「進化における体細胞的変化の役割」で、さらには『精神と自然』第Ⅵ章ステップ1「ラマルク学説の誤り」の節で、より徹底して検討される。

＊8　語源であるギリシャ語の *stochazein* は「的をめがけて弓を射る」の意。そこから、出来事をある程度ランダムにばらまいて、そのなかのいくつかが期待される結果を生むように図るという、「ストカスティック」の意味が引き出された(『精神と自然』の用語解説より)。

＊9　「節減則に背く」とは、それなしに説明を組み立てることができる要素(この場合は〝生気〟なる霊的概念)が入っていること。『精神と自然』では、同時代に生き残る生気論の例として、テイヤール・ド・シャルダンの説を挙げている(岩波文庫、一七八―一八〇頁)。

＊10　生物の進化と創造的な思考プロセスとが、同一の形式にあるという考えは、『精神と自然』で十全に展開される。抽象度の高い議論ではあるが、同書の付記「時の関節が外れてい

る」にベイトソン自身が、生物学の素人向けに語り直したバージョンが載っている。(同書、岩波文庫版の「訳者あとがき」にも解説あり。)

＊11　ある表現型 phenotype(現実の生物の外見および特性の総体)において、環境圧のもとで体細胞的変化によってもたらされた特性が、他の表現型で遺伝的要因によってもたらされた特性に一致するとき、はじめの表現型を「表現型模写」phenocopy という。『精神と自然』第Ⅵ章ステップ3「遺伝的同化」で、コンラッド・ウォディントンの実験の意義についてのベイトソンの考えが詳述される。

＊12　「バイソラックス」をそのまま訳せば「双胸」。胸部の二つの節に共に(一対の)翅をもたらす遺伝子の名にふさわしい。

＊13　"You are driving me crazy"(頭がおかしくなりそうだ)は、イライラを相手にぶつけるときの日常表現だが、家族という恒常性システムにおいて、息子の発症によって自らは発症を免れている母親がこれを言うなら、「あなたは狂気に向けてわたしを駆動している」という、フレーズの文字通りの意味がリアルになる。

＊14　同じことを何回経験したら、それを習慣に委ねてしまうか(「こうだ」と決めつけてしまうか)を示す値と言い換えられよう。数回の経験ですぐに意識的検索を省略してしまう精神は「柔軟性に欠ける」と言える。

＊15　精神分析学で「抑制」suppression とは、無意識のレベルで起こる「抑圧」repression に対して、受け入れがたい衝動・思考・欲求を意識によって抑え込むこと。「補償過剰」

overcompensationとは、欠け落ちた部分を埋め合わせるはたらきが標準値を超えて進むこと。ここでは露出の症状を持つ子供の行動が、親の強いる抑制の補償過剰として見られている。

＊16　コンテクストからメタコンテクストへという階層性を具体的に感じることは容易でないが、『精神と自然』の第Ⅰ章「イントロダクション」では、生物の対称性という目に見えるパターンから始めて、「生きとし生けるものすべてを結び合わせるパターン」（岩波文庫、二四頁）について語られるので、「つながり合うパターンはメタパターンを（…）つくる」（同、二九頁）というテーゼが腑に落ちやすい。

＊17　本書上巻所収「民族の観察データから私は何を考えたか」一八六頁参照。

追加参考文献

W. R. Ashby, *Design for a Brain: the Origin of Adaptive Behavior*, New York, John Wiley & Sons, 1952.

W. R. Ashby, *Introduction to Cybernetics*, New York and London, John Wiley & Sons, 1956.［『サイバネティクス入門』篠崎武・山崎英三・銀林浩訳、宇野書店、一九六七］

G・ベイトソン、ドン・D・ジャクソン、ジェイ・ヘイリー、ジョン・H・ウィークランド「統合失調症の理論化に向けて」［本巻所収］。

G・ベイトソン「統合失調症のグループ・ダイナミクス」［本巻所収］。

G・ベイトソン「社会のプラニングと第二次学習の概念」[本巻所収]。

G. Bateson, "Cultural Problems Posed by a Study of Schizophrenic Process," *Symposium on Schizophrenia: an Integrated Approach*, by Alfred Auerback, M. D., ed., American Psychiatric Association, Symposium of the Hawaiian Divisional Meeting, 1958, New York, Ronald Press, 1959.

G. Bateson, "The New Conceptual Frames for Behavioral Research," *Proceedings of the Sixth Annual Psychiatric Conference at the New Jersey Neuro-Psychiatric Institute*, Princeton, 1958, pp. 54–71.

G. Bateson, *Naven: a Survey of the Problems Suggested by a Composite Picture of the Culture of a New Guinea Tribe Drawn from Three Points of View*, Ed. 2, Stanford, Calif., Stanford Univ. Press, 1958.

S. Butler, *Thought and Language*, 1890, published in the Shrewsbury Edition of the works of Samuel Butler, 1925, vol. xix.

S. Butler, *Luck, or Cunning?: as the Main Means of Organic Modification*, London, Trübner, 1887.

C. D. Darlington, "The Origin of Darwinism," *Scientific American*, 1959, 200: 60–65.

C. Darwin, *On the Origin of Species, by Means of Natural Selection*, London, Murray, 1859. [『種の起原』八杉龍一訳、岩波文庫、一九九〇]

C. C. Gillispie, "Lamarck and Darwin in the History of Science," *American Scientist*, 1958, 46: 388–409.

J. Stroud, "Psychological Moment in Perception-Discussion," *Cybernetics: Circular Causal and Feedback Mechanisms in Biological and Social Systems*, Transactions of the Sixth Conference, H. Von Foerster, *et al.*, eds., New York, Josiah Macy, Jr. Foundation, 1949, pp. 27–63.

C. H. Waddington, *The Strategy of the Genes*, London, George Allen & Unwin, Ltd., 1957.

C. H. Waddington, "The Integration of Gene-Controlled Processes and Its Bearing on Evolution," *Caryologia*, Supplement, 1954, pp. 232–245.

C. H. Waddington, "Genetic Assimilation of an Acquired Character," *Evolution*, 1953, 7: 118–126.

A. Weismann, *Essays upon Heredity and Kindred Biological Problems*, authorized translation, E. B. Poulton, *et al.*, eds., Oxford, Clarendon Press, 1889.

ダブルバインド、一九六九

わたしにとってダブルバインド理論とは、その種のことをどのように考えるべきかという問題に、一つの例として答えたものである。少なくともその面に関して、問題全体を見直すことに意味がありそうだ。

問題を解くことによってはじめて、問題の正体が見えてくるということがある。芸術の扱う問題はつねにそのようなものだろうが、科学においても、そういうケースがある。ダブルバインドとは、まさにそういう問題だった。あの理論がわたしにとってどんな問題を解いてくれたのか——そのことを回顧的に述べていくのも、何がしかの役に立つことだろう。

まず、物象化の問題から。

精神のなかにはモノもなければ出来事もない。ブタもココヤシも母親も存在しない。

精神のなかに含まれるのは，知覚表象とかイメージとか呼ばれる，変換を経た後の姿――これを「変換形」transforms と呼ぶ――と，それら諸々の変換形を生み出す規則だけである。これらの規則が，どのようなかたちで存在するのかは知られていないが，それらが変換形を生み出す機構そのものをなしていると考えてよいのだろう。言うまでもなく，それらの規則はふつう，われわれの意識的な「思考」に立ち現れるようなものではない。

ともかく「ライオンに恐怖を感じる」と言うのはナンセンスであって，観念《アイディア》でないものが人を動かすことはありえない。人がライオンから［怖そうな］観念をつくるのである。

実体の説明に際しては，差異や観念ではなく，力や衝撃だけが喚起される。これと反対に，形式とコミュニケーションの世界では，モノや力や衝撃ではなく，差異や観念だけが呼び起こされる。（「観念」の単位は，一個の差異《ちがい》を生む差異《ちがい》である。[*1] 一ビットの情報というのは，まさにそれである。）

これらのことを，わたしはダブルバインド理論を組み立てることではじめて学ぶことができた。といっても，ダブルバインド理論自体がその認識を内包しており，それ無しにダブルバインド理論はできなかったわけだから，学ぶ前には「知らなかった」ということではない。

ただ十分に意識してはいなかった。そのために、ダブルバインドについてのわれわれの最初の論文［本巻所収「統合失調症の理論化に向けて」］には、物象化の問題の検証を怠ったことに基づく誤りが多数散見される。あの論文では、ダブルバインドというものが、まるで、一つ、二つと数えあげることができる何かであるように議論が進んでいる。ナンセンスな話である。ロールシャッハ・テストで用いられるインクのしみに、コウモリがいくつかいるとかいうのと同じだ。あの中にコウモリはいない。それでも、〝コウモリ・タイプ〟の人には、コウモリが見える数だけ見えるのである。

しかしそれならば精神のなかにダブルバインドはあるのか？　これは思う以上に大きな問いである。精神のなかに、ココヤシはなく、その知覚表象なり変換形なりしか存在しないということで言えば、答えは簡単だ。上司の行動に（意識的にであれ無意識的にであれ）ダブルバインドを認める者が、精神のなかに獲得するのは、ダブルバインドではなく、ダブルバインドの知覚表象や変換形である――。しかしそういうことを、あの仮説は問題にしているのではない。

ダブルバインド理論とは、そうではなく、変換形生成の規則に生じる何らかのもつれについて――そしてそれらのもつれが獲得または育成されていくプロセスについて――

論じるものである。それが主張するのは、統合失調症的行動パターンと、それに関係する、ユーモア、芸術、詩を生み出す行動パターンの決定に経験的要因があずかるということだ。が、そこで重要なのは、これらの多様な行動パターン間に、この理論が何の区別も設けていないということである。つまり、ある人間が道化になるのか、詩人になるのか、それとも統合失調症者になるのか、はたまたそれらの組み合わせ的存在になるのかということの決定に、この理論はまったく口を出さない。それが扱うのは、単一の症候群ではなく、（一般に「病的」とはされないものがほとんどの）一つの症候群属の全体なのだ。

この症候群属全体を表す形容語として、transcontextual（通文脈的）という新語を導入したいと思う。

複数のコンテクストに入り込む才能によって豊かな人生を送る人たちがいる一方で、複数のコンテクストに巻き込まれた混乱から生きる力を失ってしまう人たちがいる。両者に共通しているのは、世界を二重に受けとるという点だ。「川辺に咲いた桜草」も彼らには「ただの黄色い桜草」[*2]ではない。風に舞う木の葉にしても、友人の言う「ハロー」にしても同様だ。彼らは、外界の経験を夢のなかに文脈づけ、あるいはまた、主観的な思いを外界に投影し、外的な出来事の文脈に収めてしまう。そういった現象の説明を、われわれは、部分的に、学習と経験とに求めるのである。

単一の文脈に縛られなくなる「トランス＝コンテクスチュアル・シンドローム」の発生原因には、もちろん遺伝的《ジェネティック》な要素もあるだろう。遺伝的要因は、経験が作用するレベルよりも抽象度の高いレベルにある。たとえば「世界に対する通文脈的な構えの習得」が、その人においてどの程度容易に学習されるかということが、遺伝的レベルで決定されるのかもしれない。あるいは、もう一段高いレベルにある、「通文脈的な状況への〝なじみやすさ〟を獲得する能力」が、遺伝的に決定されるのかもしれない。逆に、コンテクストの混在をもたらす伝達経路の生成に抗する能力や、その能力を獲得する能力が、遺伝的な決定を受けるのかもしれない。（遺伝学はこれまで、DNAの運ぶメッセージの論理階型を明確にすることの必要性を認識したことが、ほとんどなかったようだ。）

いずれにせよ、経験的な出来事が遺伝的決定機構と出会うのが、高度に抽象的な地点であることは間違いない。たとえ、その遺伝的メッセージを担うのが単一の遺伝子《ジーン》であると仮定しても、そのことに変わりはない。（1ビット〔一片〕の情報というのは、とにかく一つの差異を言うわけで、どんなに複雑でまた抽象的な問いに対しても、「イエス」「ノウ」の答えはすべて1ビットなのだ。）

（〝スキツォフレニア〟に対し）〝浸透度［発現の確率］の低い〟単一の遺伝子をあてがう現行理論は、説明として不完全であり、いかなる等級《クラス》の経験が、隠れた可能性を表現型に引き出すかという経験サイドからの説明による補足を必要とするようである。

わたしとしては、しかし、〝スキツォフレニア〟を決定する複合的なプロセスのどの構成要素を、その仮説上の遺伝子が担っているのかがはっきりしない限り、その種の説に関心を抱くことはできない。それら遺伝的なファクターは消去法によって決定される以外にないのではないか。環境が大きく作用するプロセスを研究する場合、まず環境の作用を知って、それを制御できるようになってからでないと、遺伝的要素の調査を始めることもできないのではないか。

この批判は、わたし自身に振りかかってくるものだ。統合失調症にダブルバインドの経験が関与すると主張するのなら、複数のコンテクストにまたがる精神過程の、どの構成要素が、経験的に獲得されたのかを明確にしなくてはならない。その問題を、ダブルバインド理論がそのベースとする第二次学習の問題に立ち入って考えてみよう。

すべての生きたシステム（個々の生命体も、それらが組織された社会的・生態学的システムのすべても）に共通の特性として、「適応」の能力がある。環境に合わせて変化する能力だ。「適応」は、われわれが考察の対象にするものの大きさ、複雑さによって、

「反応」「学習」「生態系の変化」「生物の進化」「文化の進化」等、さまざまな形をとる。
　これらのどの系においても、適応が起こるためにはフィードバック回路の存在が前提となる。この回路をあてがうのは、自然選択の作用であることもあろうし、個体レベルで起こる強化であることもあろう。しかし、どんなケースでも、フィードバックがなされる以上、そこには試行錯誤のプロセスと比較のメカニズムがはたらいていなければならない。

　ところが、試行錯誤には必ず錯誤が伴う。錯誤は、生存を脅かし、精神の安定をも脅かす。である以上、適合的変化は常時ヒエラルキーをなして進まなくてはならない。

　このヒエラルキーの第一次の適応レベルでは、外的環境(あるいは内的生理)が、その時その場で押しつけてくる個別的要求にかなうようなレベルでの変化が成し遂げられる。次の適応レベルにおいては、低次レベルでの変化を成し遂げるのに必要な試行錯誤の回数を減らしていくという、第二次等級の適応的変化が起こっている。そのような関係が積み重なってヒエラルキーが形成される。多くのフィードバック・ループを重ね合わせ、結び合わせることにより、われわれは(そしてまた他のすべての生物学的システムも)それぞれの個別的問題だけでなく、問題のクラスに対処する習慣の形成も行なっているのである。

われわれは、すべての問題に、そのつど新しく臨むことはしない。ある数の前提や「きまり」をものにすることで、その数より多くの数の問題からなるクラス全体が解決できるかのように、人間も他の動物も、行動している。それが可能なのは、学習についての学習がなされるから、すなわち「第二次学習」というものが起こるからだ。

習慣とは変えがたく身にしみついたものであるが、その硬直した性格は、適応のヒエラルキー内に占める習慣の位置に由来する。習慣が形成されることで、試行錯誤に頼ることの不経済性が減るわけだが、それというのも、習慣とは、(工学的比喩でいうところの)〝ハード・プログラムされたもの〟であるからだ。それが前提とするところを、そのつど分析したり発見し直したりしなくて済むからこそ、習慣というものは経済的なのである。行動の前提を、半ば「無意識」の領域に沈めたものが習慣であるともいえるし、あるいは、それらの前提を分析にかけない習慣が形成されるともいえる。

さらに注目すべきことは、習慣の前提とすることが、抽象的な事柄だという点だ。これには必然的な理由がある。個々の問題はそれぞれ独自の点を少しは具えているものだ。つまり、精神過程にあっては、どの問題もそれ固有の表現を含んでいる。それらの個別的命題を、習慣化された前提のレベルにまで落としてしまうのは明らかに誤りだろう。習慣でうまく処理できるのは、一般的または反復的に、真である命題に限られる。その種の命題はふつう、相対的に抽象度の高い等級に属しているのである。[1]

そしてトランス＝コンテクスチュアル症候群属の決定に重要な関わりを持つのも、このレベルの命題だろう。人間関係を記述し決定する、抽象的で形式的な命題の数々が習慣として心に着床し、それによって統合失調症をその一例とする種々の症候群が生まれるのだ、とわたしは考える。

いまわたしは「関係を記述し決定する」と述べたが、これもまた表現として不適当だ。交換されるメッセージとは別個に、関係というものがあるわけではない。関係とは帯びる（メッセージに内在的にこもる）ものである。

心理学では、関係という抽象的存在を、メッセージに書き込めるもののように扱うことが常態化している。「依存」とか「敵意」とか「愛情」とかいう、なんらかの実体めいたものがまずあって、それらがメッセージによって（を通して）〝表現〟される、というふうに。この認識論は逆立ちしている。交わされるメッセージに先行して関係があるのではない。関係をつくるのはメッセージである。交換されるメッセージの組み合わせに内在するパターンを、言語的コードによって移し替えたものが、たとえば「依存」という語であるわけだ。

精神のなかにはいかなるモノも存在しない。「依存」というモノも存在しない。はじめに述べた通りである。

われわれは言葉にすっかり酔ってしまっている。その酔いを覚ます一つのよい方法は、われわれも哺乳動物の一員だということを思い出すことである。人間以外の哺乳動物は「情感《ハート》の認識」に依っている。ネコは「ミルク」と言う代わりに、(人間が言葉のなかで「依存」と呼ぶ)交感パターンの一端を演じる。その一端に自らなるのである。

しかし相互作用の一方の端になるということは、もう一方の端を提示することにほかならない。つまりここで、一定の反応のクラスに対して行為の脈絡《コンテクスト》が設定されることになる。

コンテクストがなければ意味を持たないメッセージが、にもかかわらずコンテクストを提示または提案する、そうしたメッセージとコンテクストの相互の織り成しこそ、いわゆるダブルバインド理論の扱うテーマなのである。

この問題を照らし出してくれる有名な、かつ形式的《フォーマル》に正しい(2)アナロジーを、植物学の領域から得ることができる。今から百五十年前にゲーテは、顕花植物の構造に一種のシンタクス(ないしは文法)が存在することを見た。「茎」とは「葉」をつけるもの、「葉」とはその葉腋《アクシル》に芽をつけるもの、芽は葉の葉腋から伸びる茎――このようにゲーテは定義した。*3 彼の眼は、それぞれの器官の形式的(すなわちコミュニケーション的)なすがた《ネイチャー》を、それが置かれたコンテクストと、それが他の器官にあてがうコンテクストにおいて捉えたのである。

先にわたしは、ダブルバインド理論が、習慣をなす規則や前提に錯綜が生じる際の経験的要因を問題にする、と述べた。ここでさらに、コンテクストの織り目に生じるズレや裂け目の経験は、それ自体が〝ダブルバインド〟であること、そして、（学習と適応の階層的プロセスに与するものである限り）それらはわたしの言う「トランス＝コンテクスチュアル」なシンドロームを必ずや助長すると主張しよう。

ごく単純なモデルケースを考えてみる。一頭の雌のシワハイルカ（ステノ・ブレダネンシス）が、調教師の笛の音を「二次的強化」として受け取るよう訓練されている。笛が鳴ると、餌が来る。笛が鳴ったときやっていたのと同じ行動を後でまたやると、期待通りにまた笛が鳴って餌がもらえる。

このイルカが、「オペラント条件づけ」のしくみを観客に見せるために使われる。演技用の水槽に入ったイルカが水面上に頭を出すと、笛が鳴って、餌が与えられる。再び頭を出すと、再び強化が与えられる。この同じシークエンスを三度ほど繰り返せばデモンストレーションとして十分だろうから、イルカは舞台から退いて、次の実演まで二時間ほど待機させられる。この段階でイルカは、自分の動作と笛の音と水槽と調教師とを一つのパターンへ織り合わせるための単純なルールを学んでいる。そのパターンとは、すなわち一つのコンテクストの構造であり、情報の結び合わせ方を告げる一組の規則である。

しかしこのパターンは水槽での一回のエピソードにしか適合しない。エピソードのクラスに対応するには、この小さなパターンへの捕らわれを打ち破らなければならない。事象の脈絡の背後に、脈絡の脈絡が控えており、それに適応できないと誤った行動を続けるしかないのである。

次の実演で調教師は「オペラント条件づけ」を、また始めからやって見せようとする。そのためには、前回とは異なった顕著な行動を選ばなければならない。

イルカは舞台に登場すると、前回同様、水面上に頭を出す。しかし笛の音は聞こえない。調教師はイルカが次に際立った行動を見せるのを待つ。それは尾びれで水面を叩く動作かもしれない。イルカは苛立ったとき、よくその動作を見せるのだ。すると、今度はその動作が笛と餌で強化され、何度か繰り返される。

しかしもちろん、三回目のショーでは、尾びれの水面打ちには何の報酬も与えられない。

以上の手続きが繰り返された結果、最終的にそのイルカはコンテクストのコンテクストへの対処のしかたを学習した。舞台に出るたびに、それまでとは異なった、新しい際立った行動を示せばよいことを学習したのである。

ここまでのことはすべて、イルカと調教師と観客とが（何ら意図的な縛りのない）自然史的な関係にあるなかで生じたものである。その後同様の手続きが、新しいイルカを使って実験的に繰り返され、その模様は忠実に記録された。[3]

この実験に関して、次の二点が重要だ。

その第一は、（調教師の判断から）実験上の規則を何度も破る必要があったということ。自信を持ってやった演技が報われないという経験がイルカに非常に大きな不安を与えたため、イルカと調教師の関係（つまり、取るべき行動のコンテクストが置かれたコンテクストの、そのまた背後をなすコンテクスト）を維持するために、本来は得る資格のない多くの強化を与えなければならなかったのだ。

第二に、演技の初回から十四回目までは、不毛な結果が続いたということ。そのあいだ中イルカは、前回強化された行動をやみくもに繰り返すだけだった。その間にとられた別の行動は「偶然」の所産と判断される。ところが十四回目が終わった中休みのあいだ、イルカは明らかに興奮したようすを示した。そして十五回目の舞台に現れるや、八種類の際立った行動を含む演技を念入りに披露したのである。そのうち四つはまったく新しいもので、この種のイルカにはそれまで観察されたことのないものだった。

わたしの見るところ、この物語はトランス＝コンテクスチュアル症候群の発生にまつわる二つの面を明らかにしている。

一つは、他の哺乳動物との重要な関係性を律する規則を誤解するような状況に追いやられた哺乳動物は、激しい苦痛感と不適応症状に陥りうること。

そしてもう一つは、そうした病変への落ち込みをすり抜けた、あるいはそれに耐え抜いた動物にあっては、創造的能力が促進されうること、である。

――このペーパー[原題“Double Bind, 1969”]は、一九六九年八月、ロバート・ライダー博士を議長とし、アメリカ心理学会の支援の下で開かれた「ダブルバインドに関するシンポジウム」で発表された。論の作成には、国立精神衛生協会(NIMH)からのキャリア促進研究奨励金(MH 21931)を役立たせていただいた。

■――原注

(1) しかし重要なのは、その命題が抽象的であることよりむしろ、それが恒常的に真であるということだ。ただ、抽象的命題というのは、真である場合、かなり恒常的に真であり続けるという性質がある。人間にとって、空気が鼻のまわりに存在するという命題は、恒常的に真だと言えよう。したがって、呼吸の制御は、反射運動として、延髄にハード・プログラムしてしまって大丈夫なのである。ところがイルカにとっては「空気が噴気孔のまわりに存在する」という命題は、間欠的にしか真ではない。したがってイルカの場合、噴気孔からの呼吸は、より〝高度な〟中枢からの、より柔軟な制御に委ねることが必要なのである。

(2) 「形式的に正しい」というのは、形態発生も動物の行動と同様、コンテクストの中に生じるメッセージの問題だからだ。(〔本書下巻所収の〕拙論「「ベイトソンのルール」再考」を参照。)

(3) K. Pryor, R. Haag, and J. O'Reilly, "Deutero-Learning in a Rough-tooth Porpoise (*Steno bredanensis*)," U. S. Naval Ordnance Test Station, China Lake, NOTS TP 4270, 1967.

■──訳注

＊1　原文は a difference which makes a difference である。以後ベイトソンが愛用することになる、(一片の)観念＝単位情報の定義。本書下巻「形式、実体、差異」で敷衍して説明される。これを「違っていることに違いがある違い」と訳すこともできる。

＊2　ウィリアム・ワーズワースの長篇詩「ピーター・ベル」のよく知られた詩行。川辺の桜草を見て文字通りの情報しか受信しない者に、詩心は生まれない。

＊3　『精神と自然』第I章でベイトソンは、ゲーテの定義を引用する際に、「葉腋」axil という部位の名を避け、より数学的な angle という言葉を選んでいる。──「葉とはその生じる

角度に芽を吹くもの」(岩波文庫、四一頁)。

参考文献

G・ベイトソン「社会のプラニングと第二次学習」[本巻所収]。

G・ベイトソン「統合失調症の理論に要求される最低限のこと」[本巻所収]。

G・ベイトソン「進化における体細胞的変化の役割」[本書下巻所収]。

G. Bateson, *Perceval's Narrative: A Patient's Account of his Psychosis, 1830–1832*, edited and with an introduction by Gregory Bateson, Stanford, Calif., Stanford Univ. Press, 1961.

G. Bateson, "Exchange of Information about Patterns of Human Behavior," *Information Storage and Neural Control: Tenth Annual Scientific Meeting of the Houston Neurological Society*, W. S. Fields and W. Abbott, eds., Springfield, Ill., Charles C. Thomas, 1963.

学習とコミュニケーションの論理的カテゴリー

すべての行動科学者はその種を問わず、なんらかの意味で、〝学習《ラーニング》〟に関わっている。その〝学習〟は、コミュニケーションの現象である。であるからには、われわれはみな、過去二十五年の間にサイバネティクスがもたらした思考革命から自由ではいられない。この革命は、直接的には工学およびコミュニケーション理論の領域で始まったものだが、ルーツは深く、生理学のウォルター・キャノンとクロード・ベルナール、物理学のクラーク・マクスウェル、数理哲学のラッセルとホワイトヘッドにまでさかのぼる。今日『プリンキピア・マテマティカ』(1)が存在しないかのように論を進める行動科学者は、ざっと六十年の時代遅れを告白しているに等しい。

人と生物の行動の研究に携わる者全員が、学習の問題に関わっているのだとすれば、その〝学習〟を、ラッセルの〈論理階型理論〉に照らして理論化することで、研究者を隔てる相互不理解のバリアがどこにあるのかを、少なくとも照らし出すことができるのではないだろうか。バリアの消失は無理としても、本稿では、そのような照出を試みる。

■──論理階型理論

まず〈論理階型理論〉が、どんな事柄を問題にするのか、示しておこう。この理論は次のことを主張する。──正式な論理的・数学的言説において、クラスはそれ自体のメンバーに決してなりえないこと。諸クラスのクラスはそのメンバーである諸クラスの一つには決してなりえないこと。ものの名前は名づけられたものとは違うこと。「ジョン・ベイトソン」の名は、あの少年を一個のメンバーとして含むクラスであること。等々。みな、分かりきった些細なことのように思えるが、しかし、のちに見ていくように、行動科学の理論のなかに、ものの名前と名づけられたものとを混同するような──料理の代わりにメニューを食べてしまうような──論理階型《ロジカル・タイピング》づけのミスが見られるのは、けっして珍しくないのだ。

この理論が主張することのなかには、それほど当たりまえでないことも含まれる。「クラスは、その非メンバーとして認定される集合の一員にはなりえない」というのがそれだ。椅子というものを一まとめにして椅子のクラスをつくるとき、個々のテーブルなり電気スタンドの笠なりは、「非＝椅子」という名の巨大なクラスに属すると言える。しかし、その「非＝椅子」のクラスの一項目に「椅子のクラス」は数えられない。それを含めたら、論理学的には誤りなのである。

では「クラスに属さないものの全体がつくるクラス」は、一個の「クラスに属さないもの」だろうか。〈論理階型理論〉は、これにも「否」と答える。次のようにペアにして考えれば、数学に慣れていない読者にもお分かりだろう。

(a)非＝椅子のクラスは椅子のクラスと抽象の等級《オーダー》が同じである。すなわち両者は同じ論理階型に属する。

(b)椅子のクラスが椅子でないとすれば、それに相応して、非＝椅子のクラスも非＝椅子ではない。

論理的な言説を支配するこの規則が破られるとき、パラドクスが生じ、その言説は無効になる――これが論理階型理論の最後の主張点である。

要するに、この理論が扱っているのは高度に抽象的な問題だ。そもそもが論理学という抽象世界の内部で導き出された。その世界では、一連の命題がパラドクスへ通じていくことが一たび示されると、そのパラドクスを生む公理と公準の構造全体が崩れ去ることになる。あってはならないものとして、まるで最初から存在していなかったような扱いを受ける。ところが現実の世界(少なくともわれわれによる「現実」の記述)のなかには、つねに時間というものが存在するのであって、一度発生したものを、このように無かったものとして葬ってしまうことはできない。プログラム・ミスによって、コンピュータ内でもパラドクスは生じるが、それによって演算者《コンピュータ》が消滅することはない。

論理学で、条件とその論理的帰結を表す「if . . . then . . .」関係は、無時間的なものである。コンピュータ内部では、論理の「if . . . then . . .」のシミュレーションとして、因果の——すなわち時間の経過にそった——連鎖がはたらいているわけだ。(逆に、科学が行う説明のなかで、論理の「if . . . then . . .」は、因果の「if . . . then . . .」のシミュレーションである、と言えるだろう。)[*1]

コンピュータが論理的なパラドクスに真に遭遇することはない。それが遭遇するのは、因果の連鎖による論理矛盾のシミュレーションである。だから矛盾に出会った場合もコンピュータは消滅することなく、両極間の振動《オシレーション》を繰り返すのである。

論理の世界と現象の世界との間には、重要な違いが存在する。二つの世界が、ある部分できわめて重要な類似性を持っていることは正にその通りであっても、そのアナロジーに基づいて思考を進めていくとき、両者の間にさまざまな違いがあることを忘れてはならない。

そのことを認識した上で、二つの世界の類似を頼りに思考を進めていこう。両者間の部分的な類似性が、学習に関連する現象を分類するための重要な手掛かりになることを本論において示したい。動物と機械のコミュニケーションの分野にこそ、階型理論のごときものが適用されるべきなのだ。

しかしながら、学習実験のラボや、異文化研究の野営キャンプや、精神医学会の会場で、この種の抽象論はあまりなされないようなので、なぜこのようなことを考えなくてはならないのか、その重要性を実感していただくことが必要かもしれない。

次の三段論法を、どう思われるだろうか。

a 哺乳動物の示す各行動の頻度の変化を、さまざまな強化の〝法則〟によって記述し、予測することが可能である。

b ネズミにおいて観察される〝探究〟は、哺乳動物の行動のカテゴリー(またはクラス)である。

c ゆえに、〝探究〟の頻度の変化は、強化の〝法則〟によって記述される。

直ちに言い添えよう。第一に、観察データによれば、結論cは真でない。第二に、観察の結果、もしcが真であるならば、論理上、aかbのどちらかが誤りでなくてはならない。②

論理からも自然現象からも外れることなく論を進めていくには、結論cを次のように書き改めないとうまくない。

c　前項bで述べたように、〝探究〟が哺乳動物の一個の行動項目《アイテム》なのではなく、それらが作るカテゴリーであるなら、行動項目に関して成り立ついかなる記述命題も、〝探究〟に関して成り立ちはしない。もし、行動項目に関して成り立つ記述命題が、〝探究〟に関して成り立つのなら、その〝探究〟は一個の行動項目なのであって、そのカテゴリーではない。

クラスとそのメンバーとの識別は、われわれが研究する行動の現象を秩序づける原理であるのか否か。すべてはその点にかかっているのだ。

平たく言えば、こういうことだ。ネズミがある奇妙な物体を突つきまわして詮索するとき、その行為にプラスまたはマイナスの強化を与えることはできる。そのときネズミは、その物体に近づいたり、その物体から離れたりすることを適切に学習するだろう。しかし探究行為のそもそもの目的というのは、どの物体に近づき、どの物体から遠ざかるべきかということの情報を得ることではなかったか。ある特定の物体が危険だと知ったことは、したがって、情報獲得に成功したことを意味する。探究が成功に終わった以上、次に奇妙な物体に出会ったときも、ネズミは進んでそれを探究しようとするはずである。

知覚のすべて、反応のすべて、個々の行動と行動のクラスのすべて、学習と遺伝のすべて、神経生理と内分泌のすべて、組織化と進化のすべて——それらを全部合わせた巨大な出来事群が、すべてコミュニケーショナルな現象であり、それらはみな情報伝達の〝法則〟に従って動いている。この議論はアプリオリに成り立つ。そうだとすれば、われわれ行動科学者は、自分たちの収集したデータを、コミュニケーション一般についての基本的・根底的な思索のなかから打ち出されてくる理論と突き合わせて考えてみる必要がある。〈論理階型理論〉〈情報理論〉等々が、行動科学の導き手になると期待できるのである。

■――コンピュータの〝学習〟、ネズミの学習、人間の学習

「学習」という言葉が、何らかの変化を指し示すことは間違いないが、それは実際どんな種類の変化なのだろう。これは細やかな思考を要求される問題である。ただ「変化」という共通の基盤に立つことで、われわれの〝学習〟の記述にも、何かしら論理階型の違うものを区別する「レベルの思考」を受け入れることが必要になる。

物理学では、これはニュートン以来の常識になっている。「変化」のうち、もっとも単純でよく知られたものは物体の運動だろうが、その非常にシンプルな物理現象を記述する際にも、「定位置(ゼロ運動)」「定速度」「加速度」「加速度の変化率」といった段差による構造づけが行われているのである[3]。

「変化」という概念はプロセスという概念と連れ立っている。しかし、プロセス自体、変化する。加速もすれば減速もする。あるいは「別のプロセスになった」という言い方で表されるような変化もする。

「学習」というプロセスの一番の土台となるレベルとは何だろうか。それを探り当て、その上に、関連するさまざまな観念を組み上げていくという論法が、妥当であるようだ。

まず最初に反応が一定している——すなわち学習の要素がゼロである——ケースを考えよう。一つの感覚的インプット項目が繰り返し与えられるとき、それに対する反応の揺れが最小限であるようなケースである。このような単純さに(近似的に)収まる現象は、いろいろなコンテクストのなかで起こる。

a 心理学のラボで、〝学習〟が完了した被験動物が、繰り返し与えられる刺激に対して、正しい反応を一〇〇パーセント近くの確率で示すとき。

b 「慣れ」habituation の形成。以前はそのつど反応していた刺激に、もはや動物が構わなくなり、明確な反応を見せなくなったケース。

c 反応のパターンの決定に、経験があずかる部分がゼロに等しく、ほとんどすべてが遺伝的要因によって決定されているケース。

d 反応がステレオタイプなものに収まりきってしまったケース。

e 単純なエレクトロニクスの回路で、回路内のインパルスの流れによって回路構造が変化しない——すなわち〝刺激〟と〝反応〟の因果的つながりが、工学用語でいう「ハンダづけ《ソルダリング》」の状態になっているケース。

日常の言葉遣いでは、learn という語が、この「ゼロ学習」に相当するものに対して使われることが結構ある。われわれは「工場のサイレンから、いま正午だということを learn する」。この〝学習〟は、外界の出来事からのごく単純な情報受信以上のものではない。後の(適切な)時点で、ふたたび同じ(とされる)出来事が起こったときに、同じ情報がもたらされるケースも、われわれは「学習」に数えているわけである。

ここで興味深いのは、学習というものをこのように構造づけていくと、単純な機械的装置もその多くが、「ゼロ学習」の現象なら示すと言える点である。問うべきは「機械に学習が可能か否か」ではなく、「どのレベルあるいはオーダーにある学習を、その機械が獲得するか」という問題になるわけだ。ここで、われわれの考察を進めるために、ちょっと極端な、想像上の〝学習者〟について見ていくことにしたい。

それは、フォン・ノイマンの〈ゲーム理論〉に登場する〝プレイヤー〟である。この存在は、ユークリッド幾何学における直線や、ニュートン物理学における粒子と同様、数学的フィクションである。ゲームの内部から出てくる問題であれば、〝プレイヤー〟は定義上、その解決のために必要なあらゆる計算を行うことができるばかりか、その計算が適切なものであるときに、それを行わずにいることができない。そのうえ、答えが出たときには必ずそれに従わなくてはならない。ゲームの出来事から情報を得て、その情報に沿った行動をとる存在でありながら、この〝プレイヤー〟は、われわれの規定した「ゼロ学習」以上の学習をけっして行うことができないのである。

形式論理学から引き出されたこのフィクションについて検討していくことで、「ゼロ学習」というものの輪郭を明確にしていくことができそうだ。[*2]

1 〝プレイヤー〟は、ゲームの出来事から、高次・低次の論理階型にわたる情報を得ることができ、その情報を高次・低次の論理階型にわたる決定を下すために使うことができる。つまり、全体のレベルで作戦《ストラテジー》を立てることも、個々のレベルで策略《タクティクス》をめぐらすこともでき、それも、相手の繰り出す個々の手と作戦全体とを見定めたうえで、それに応じた判断を下すことができる。しかし、フォン・ノイマンによる〝ゲーム〟の定義によれば、ゲーム内の問題はすべて答えの算出が可能だとされている。これは、ゲーム内でどれだけ多くの論理階型に属する情報が飛び交っても、その段階の数が厳密に限られていることを意味する。

この点からすると、ゼロ学習の定義を、有機体が受け取る情報の論理階型に、または情報を受信した有機体の適応的行動の論理階型に求めることはできないようである。ゼロ学習にすぎない情報受信に基づいて、きわめて高度な(とはいえ有限の)複雑性の段階にある適応行動が生じることもあるのだ。

2　〝プレイヤー〟は、ある情報を獲得することが、その時点での最大の利益に通じる手であることを計算し、〝探究的〟な動きを示すことがある。あるいは、必要な情報が入手できるまで、次の手を遅らせたり、「つなぎ」の手に出たりすることがある。ネズミの探究的行動も、ゼロ学習の範囲内で行われているのかもしれないという可能性が、論理的に存在するということだ。

3　計算の結果、ランダムな動きをとることが得策であるという結論に、〝プレイヤー〟が到達することがある。コイン投げのゲームでは、「表」か「裏」かの決断をランダムに行う限り、五分の勝算は立つだろう。なんらかの策やパターンに訴えた場合、自分の動きにパターンないし冗長性が生じてしまい、相手方に情報を読み取られてしまう。であるならば、〝プレイヤー〟は、意図的にランダムな行動をとるだろう。

4　〝プレイヤー〟は、「失敗《エラー》」を犯すことができない。「正しく」ランダムに動いたり、「正しく」探究的に動いたりすることはできても、「失敗から学ぶ」能力を、定義上〝プレイヤー〟は欠いている。

学習プロセスの分析のため、いま仮に「エラー」という語の意味を、「〝プレイヤー〟

はエラーを犯すことができない」という文中における「エラー」の意味に限定する。すると、プレイヤーのレパートリーに「試行錯誤」trial and error 的行動は一切含まれないことになる。実際、フォン・ノイマンのゲームにおけるプレイヤーは、「試行錯誤による学習」とは何か――にとどまらず、そもそも「学習」とは何であるのか――ということの綿密な検討をわれわれに強いるのである。「エラー」という語をどう定義するのかということに、実は大きな問題が関わっている。それを、これから検討していこう。

〝プレイヤー〟が「しくじる」というのは、こういう意味でならありうる。たとえば、限られた情報の範囲内で、正しい可能性がもっとも高い手を確率的に算出し、それを実行したあとで、新しい情報が手に入り、それによって自分の打った手が誤りだったと知るケース。しかしこの発見によって、将来のためのなにかしらの技量《スキル》が身につくわけではない。〝プレイヤー〟はその定義からして、入手可能なあらゆる情報を駆使し、正しい計算の結果、確率的にもっとも正しい手を打った。この個別例においてたまたま誤っていたという発見は、したがって、後のケースにいかなる影響も及ぼしえない。完全に同じケースに遭遇した場合でも、やはり同じ計算を正しく遂行し、同じ結論に至るだけである。判断が下される際の選択肢も、正しく、以前と同じままである。

これと対照的に有機体は、〝プレイヤー〟には不可能なやり方で、さまざまにしくじることができる。これらの選択の失敗が「エラー」と(適切に)呼ばれるのは、後により巧く対処できるようになるための情報が、その失敗から得られる場合である。いずれの場合も、しくじったのは、得られたはずの情報が得られなかったか、正しく使えなかったからだ。これら、利得的なエラーの分類を試みよう。

有機体が、次の動きを選択するという状況において、(1)どの集合から選んだらいいか、そして、(2)その集合の、どの選択肢を選んだらいいかについて、示唆するようなディテールが、外的な出来事のシステムに含まれると仮定する。この状況下で、エラーは二種類の等級において生じうる。

a　有機体が、正しい選択肢集合を選びながら、その集合内の誤った選択肢を選ぶエラー。

b　選択肢集合の選択を誤るエラー。(複数の選択肢集合が共通のメンバーを持つケースでは、誤った理由によって〝正しい〟行動がなされるという事態が発生する。この種類の誤りは、どうしても自己強化的となり、修正はきかなくなる。)

ゼロ学習以外の学習はすべて、なにかしらストカスティックな(試行《トライアル》と錯誤《エラー》によるランダムな）要素を含む。この考えを受け入れるなら、その学習がどのタイプの——どの論理レベルにおける——エラーの修正に関わるのかを見ていくことで、学習プロセスを論理的ヒエラルキーのなかに秩序づけることが可能になる。〈ゼロ学習〉とは、試行錯誤による修正に結びつかない（単純または複雑な）行いの一切が存立する領域の名、〈学習Ⅰ〉とは、同一選択肢集合内で選択されるメンバーが変更されるプロセスの名、〈学習Ⅱ〉とは、選択肢集合自体が変更されていくプロセスの名……という具合に。

■——学習Ⅰ

運動の「法則」（運動を記述するうえでの諸々の「規則《ルール》」）との形式的類似性をもとにして考えていこう。「運動」が位置の変化として記述されるように、ゼロ学習の変化として記述される現象のまとまりをどのように捉えたらよいか。すなわち、時刻t_1における反応とは違った反応が、t_2において観察される現象の集合について見ていくわけだが、そこには経験的、生理的、遺伝的、機械的プロセスにさまざまに結びついた多様なケース群が含まれるだろう。

a　「慣れ」habituation の現象。繰り返される出来事に対し、そのつど反応を示していたものが、明らかな反応を示さなくなる変化である。慣れの消失（刺激となる出来事の間に時間的間隔が一定限度以上空く、等の理由で刺激が刺激として届かなくなることで起こる）も、同じ項にまとめられる。（この現象は興味深いことに、神経組織を持たない細胞においても起こる。細胞の原形質はふつう、刺激に対する反応の固定——われわれが「ゼロ学習」と呼ぶもの——を特徴とするものだが、ここでも慣れの現象だけは起こるのだ。それ以外の学習Iは、おそらくすべて、神経回路の存在を必要とするだろう。）

b　パヴロフ心理学の古典的条件づけのケース。ブザーの音に対して、時刻t_1にはヨダレを垂らさなかったイヌが、t_2にはヨダレを垂らす。これは最もよく親しまれ、おそらく最もよく研究されているケースである。

c　報酬または懲罰を伴う〝道具的〟コンテクストで起こる学習。

d　機械的反復学習《ロート・ラーニング》。有機体の行動の一項目が、別の行動項目に対する刺激となってはたらくものである。

e　一度できあがった学習が、崩壊したり消失したり抑制されたりするケース。強化の変化や欠如に伴って起こりうるケースである。

学習Iのリストに含まれるのは、要するに、心理学のラボでごくふつうに「学習」と呼びならされているものの数々である。

学習Iが起こるすべてのケースで、それについて述べるわれわれの記述の中に「コンテクスト」に関する前提があることに注意したい。この前提を明示しておく必要がある。学習Iの定義には、ブザーの音が、t_1とt_2とで「同じ」出来事であるという前提が含まれている。両者を「同じ」と見なすことは、「コンテクスト」の画定に決定的に影響する。そのコンテクストは(想定上)両者とも同じでなくてはならないからだ。すなわち、t_2のコンテクストを記述するとき、t_1において起こった出来事をそこに含めてはならない。含めてしまったら、「t_1の時点におけるコンテクスト」と「t_2の時点におけるコンテクスト」の間に、たちまち大きな違いができてしまう。(ヘラクレイトスの「何人《なんぴと》も同じ河に二度とは入れぬ」をもじって言えば、「何人《なんぴと》も同じ女性と初めてのベッドを二度と共にできない」のである。[*3])

本論は、行動の研究が〈論理階型理論〉に従って秩序立てられることを主張するものだが、それが依って立つ第一の基盤として、筆者は「同じコンテクストが繰り返し現れうる」という慣行的な前提を受け入れる。コンテクストの再現という前提なしには、(かつまた、研究の対象である有機体自身にとっても、その経験のシークエンスは、現実に同様の句読法《パンクチュエーション》によって区切られているとの仮説に立たなくては）すべての学習は一つのタイプ、すなわち「ゼロ学習」に収まるしかない。[*4] パヴロフのイヌも、そのニューロン回路が「t_1のコンテクストAではヨダレ垂らさない、t_2におけるまったく別のコンテクストBではヨダレ垂らす」というふうに、はじめから固定的にプログラムされていたと考えるしかなくなってしまうのだ。そうなると、われわれが「学習」と呼んできたものが単なる「識別」――「t_1における出来事」と「t_1プラスt_2における出来事」との見分け――以上のものではなくなってしまう。ある行動が〝学習〟されたものか〝生得〟のものかを問う疑問は、すべて後者を正解とすることで解決を見ることになってしまうのである。

同じコンテクストが繰り返し現れるという前提なしには、本稿で展開される議論は、「学習」の概念そのものと共に、瓦解するほかはない。しかし一方、この前提を有機体自体についても真であるとして受け入れ、彼らの経験自体がコンテクストによって枠づけられていると考えるならば、同時に、学習現象が論理階型に従って構造づけられているという考えも受け入れないわけにはいかない。なぜならコンテクストの概念自体が、そもそも論理階型にそって階層化されるものだからである。

〝コンテクスト〟なる概念を一切捨て去るか、それとも、それを受け入れるとともに段差構造（刺激、刺激のコンテクスト、刺激のコンテクストのコンテクスト……）も受け入れるか、どちらかしかないのだ。階層の各段階は、次のような関係をなしつつ積み上がっていくものとして記述することができる。

刺激とは、内的・外的な基礎的シグナルである。

刺激のコンテクストとは、基礎的信号を分類するメタメッセージである。

刺激のコンテクストのコンテクストとは、メタメッセージを分類するメタ・メタメッセージである。

（以下同様。）

〝反応〟と呼ばれるものについても、〝強化〟と呼ばれるものについても、これと同様のヒエラルキーが得られる。

あるいはまた、「試行錯誤」という散乱選択的《ストカスティック》プロセスにおいて失敗を階層づける考えに従って、「コンテクスト」というものを、どのような代替可能性の集合のなかから次の選択肢を選ぶべきかを有機体に告げる出来事の全体を指す語、と見なすこともできる。*5

ここで「コンテクスト・マーカー」という概念を導入すると便利だ。有機体が「同じ」刺激に対し、違うコンテクストで違った反応をとるとするとき、ではそのための情報をどこから得るのかということを考えなくてはならない。コンテクストAがコンテクストBとは違うのだということを、有機体は何を知覚して知るのか。

二つのコンテクストを分類し、その違いを画す具体的なシグナルないしラベルがないままに、有機体がその場その場で、自分の置かれたコンテクストを構成する〝なま〟の出来事の集合体との関わりのなかで情報を得ていかなくてはならないことも、実際多いだろう。しかし、人間生活にあっては――またおそらく多くの動物の生活においても――コンテクストの分類を主要なはたらきとするシグナルが生じている。心理学のラボで長期のトレーニングを受けたイヌが、実験装置につながれるとき、そのことから、いま自分はある特性を持った一連のコンテクストに入っていくのだと知る、と考えても不合理ではない。この種の情報のソースが、わたしの言う「コンテクスト・マーカー」であるが、この概念を導入するなら、少なくとも人間レベルで「コンテクストのコンテクストのマーカー」が存在することにも気づかされる。たとえば『ハムレット』の芝居を見ている観客を考えると、彼が耳にするのは、死んだ父やオフィーリアや他の登場人物との関係性という脈絡《コンテクスト》において主人公が口にする自殺の言葉であるが、それですぐ警察に通報したりしないのは、「ハムレットの行動の脈絡を枠づける脈絡」についての情報を得ているからだろう。すなわち、ビラ、指定席、幕、その他ありとあらゆるものが「コンテクストのコンテクストのマーカー」となって、これが芝居《プレイ》であることを告げている。一方、劇中の〝王〟が、劇中劇によって良心の呵責を覚えるとき、そこにいくつもあるはずの「コンテクストのコンテクストのマーカー」は無視されているわけである。

人間レベルでは、きわめて広範な出来事の集合が「コンテクスト・マーカー」のカテゴリーに入ってくる。ごく限られた例を挙げると——

a　ローマ法王が聖座宣言 *ex cathedra* を行うときに坐る玉座。それに坐ることで、法王の発言は特別な効力を持つことになる。

b　プラシーボ（偽薬）。これを与える医者は、患者による経験の意味づけが変化するようなステージの設定を図っている。

c　催眠術師がトランス状態を〝引き起こす〟ために用いる、キラキラした小道具。

d　空襲警報とその解除のサイレン。

e　対戦を前にしたボクサーの握手。[*6]

f　エチケットの遵守。

これらはしかし、きわめて複雑な有機体の社会生活からの諸例である。われわれとしては、ここから出発して、前言語的なレベルに類比の現象を探っていかなくてはならない。

飼い主の手に握られた鎖を見ることで、それが「散歩」を示しているということが伝わったかのような行動を、イヌがとることがある。「散歩」のコンテクストないしシークエンスが来ることを、「サンポ」という音声が伝えることもあるだろう。

ネズミが一連の探究的な動きを始めるのは、いわゆる「刺激」に反応してのことだろうか、コンテクストに反応してのことだろうか、それともコンテクスト・マーカーに反応してのことだろうか？

こうした問いは、〈論理階型理論〉そのものに関する形式的な問題へ、われわれを導いていく。この理論はもともと、〔論理的な言語による〕厳密にデジタル的なコミュニケーションに対して生み出されたものである。それがアナログ的・図像的システムにどこまで適用可能かは疑わしい。いまわれわれが「コンテクスト・マーカー」と呼んでいるものには、先の「サンポ」という音声記号のようなデジタル的なものもあれば、飼い主の動きのせわしさが、散歩の近いことをイヌに告げるというようなアナログ的なものもある。他にも、近づいてきたコンテクストの部分（たとえば散歩の一部としての鎖）がマーカーのはたらきをするということもあるだろう。さらに、極端なケースとして、たくさんの行為の複合としての「散歩」が、何のラベルやマーカーの介在もなく、それ自体をイヌに直接指し示すこともあるのかもしれない。知覚された出来事そのものが、当の出来事が起こったことを伝えるケースだが、[*7] その場合はもちろん、メニューと料理が混同されるようなエラーは生じないし、そもそもパラドクスが生じえなくなる。というのも、純粋にアナログ的・図像的なコミュニケーションにおいては、not が存在しないからである。

実のところ、アナログ的コミュニケーションに関してわれわれは、〈情報理論〉や〈論理階型理論〉に相当する形式的理論を何一つ持っていない。この知識の空隙は、論理と数学が支配する限られた領域を離れて、自然界の事象とまともに向き合おうとする際には不都合である。自然界では、純粋にデジタルなコミュニケーションは、純粋なアナログ・コミュニケーション同様、めったに起こりはしないのだ。網版印刷がそうであるように、互いに分離した事物の全体から、アナログ的な図が伝えられることは少なくないし、また、コンテクスト・マーカーというものを考えてみれば分かる通り、直示的なものから図像的なものを経て、純粋にデジタルなものに至る連続的なグラデーションが現れることも多い。その連続体のデジタルの極では、情報理論の諸公理がすべて十全にその力を発揮するわけだが、直示的・アナログ的な極の方では、それらは意味をなさない。
もう一つ指摘できるのは、高等な哺乳動物でさえ、その行動的コミュニケーションの多くが直示的・アナログ的なままであるにもかかわらず、体内のメカニズムは、少なくともニューロン・レベルではデジタル化を達成している(と思われる)点である。アナログ・コミュニケーションの方がデジタルなものより何らかの意味で原初的であり、一般にコミュニケーションの進化は、アナログ的機構をデジタルなもので置き換えていく方向に進んできたということが言えそうであるが、事実そうだとすれば、この進化は外的な行動面の進化より、内的な生体機構においてスピーディに進んだと言えるだろう。

以上の論点の要約とともに、その展開を試みる。

a 「学習」を変化として扱ういかなる理論にも、同一コンテクストの再現という考えが、必要不可欠である。

b それも、ただわれわれの記述のために必要なだけではない。研究の対象である有機体の経験と行為のシークエンス自体、のっぺらぼうとしたものではなく、句読点のようなものによって切り分けられている。そしてこの一区切りのシークエンスを一つの枠組《コンテクスト》として、その有機体自身が、他と「同じ」または「違っている」と見なしている

——そのことも右は前提としているのである。

c　知覚と行動、求心的 afferent と遠心的 efferent、インプットとアウトプットとをわれわれは対比づけるが、この区別は、複雑な状況にある高等生物に関しては有効ではない。一方では、あらゆる行動項目の報告が、外的な感覚や内的な知覚機構を通して中枢神経に届いており、この場合、それらの報告はインプットとなる。だがもう一方で、高等哺乳動物にあっては、知覚はけっして単なる受け身の受容ではなく、少なくとも部分的に、高度の指令中枢による遠心的な決定機構の制御のもとにある。よく知られているように、知覚というものは、経験によって変化してしまう。だとすれば、「行動」すなわちアウトプットの項目の一つひとつが、インプットの項目を作り出している可能性、そして知覚として届くもののなかにアウトプットの性格を帯びたものがあるという可能性を、一つの原理として受け入れなくてはならないだろう。ほとんどすべての感覚器官が、シグナル送信にも使われている——アリが触角を、イヌが耳を動かしてコミュニケートする——のは、単なる偶然ではないようである。

d　経験や行動のいかなる項目も、その括られ方によって、「刺激」と見なすことも「反応」と見なすことも、その両方と見なすこともできる。これは、ゼロ学習を含めて成り立つ一般原則だ。あるシークエンスのなかに置かれたベルの音を「刺激」と決めつける実験者は、被験者がそのシークエンスをどう括り取っているかについて大胆な仮定を行なっている。〈学習Ⅰ〉においては、知覚であれ行動であれすべて、相互作用の全体の括られ方次第で、刺激にも反応にも、そして強化にも、なりうるのである。

■──学習Ⅱ

ここまでの議論が切り開いてきたところを踏まえて、一段高い論理階型に属する学習の考察に入ろう。このレベルにあるさまざまな現象に対しては、これまでにも「第二次《デューテロ・》学習《ラーニング》」[4]「類《セット》の学習」[5]「学習することの学習」「学習の転移」といった用語や表現が与えられてきたが、それらすべてを、〈学習Ⅱ〉というラベルのもとに収めることにする。

ここで、われわれが踏み上がっているヒエラルキーの各段階に、もう一度、より敷衍した定義を与えておきたい。

〈ゼロ学習〉の特徴は、反応の特定性にある。そこでは一つの決まった反応が、正しかろうと間違っていようと、修正されることはない。

〈学習Ⅰ〉とは、反応が一つに定まる定まり方の変化、すなわちはじめの反応に代わる反応が、所定の選択肢群のなかから選びとられる変化である。

〈学習Ⅱ〉とは、〈学習Ⅰ〉の進行プロセス上の変化である。選択肢群そのものが修正される変化や、経験の連続体が区切られる、その区切り方《パンクチュエーション》の変化がこれにあたる。

〈学習Ⅲ〉とは、〈学習Ⅱ〉の進行プロセスに生じる変化である。代替可能な選択肢群がなす系そのものが修正される変化がこれに相当する。（のちに見ていくように、このレベルの変化を強いられる人間とある種の哺乳動物は、時として病的な症状をきたす。）

〈学習Ⅳ〉とは、〈学習Ⅲ〉に生じる変化、ということになろうが、地球上に生きる（成体の）有機体が、このレベルの変化に行きつくことはないと思われる。ただ、進化のプロセスは、個体発生のなかでⅢのレベルに到達するような有機体を生み出しているわけであるから、これに系統発生を組み合わせた全体は、事実Ⅳのレベルに踏み込んでいると言える。

さっそく、「学習Ⅰに生じる変化」として規定した学習Ⅱに、具体的な肉づけを行なっていこう。今までの準備は、正にそのためにあった。手っ取り早く言って、学習Ⅱの現象はすべて「行為と経験の流れが区切られ、独立したコンテクストとして括りとられる、その括られ方の変化」として括ることが可能であるとわたしは考える。その際に使われるコンテクスト・マーカーの変化もそこに含まれる。

学習Iの例として並べたさまざまの事象には、多様に構造づけられたコンテクストの多く(すべてではない)が含まれる。たとえば、パヴロフの古典的条件づけの諸コンテクストと、道具的条件づけの諸コンテクストとで、「刺激」(CS)と、動物の動き(CR)と、強化(UCS)との相互関係のあり方を述べる随伴パターン[*8]は、根本的に異なる。

〝パヴロフ的〟状況でのパターンは、「(if)刺激＋一定時間の経過→(then)強化」。

〝道具的〟状況でのパターンは、「(if)刺激＋ある特定の行動項目→(then)強化」。

パヴロフ型のケースでは、強化は動物の行動に左右されない。報酬や懲罰を伴うケースでは、強化は動物のとる行動にかかっている。この両者の対照をとっかかりにして、学習IIをたとえば次のように規定することが可能だろう。パヴロフ型のコンテクストを一つ以上経験した結果、動物がその後自分が置かれたコンテクストに対し、それもまたパヴロフ的なパターンにあるかのように行動したことが示しうるとき、学習IIが起こったと言う。同様に、過去に道具的なシークエンスを経験したことで、後の新たなコンテクストに際して、それもまた道具的コンテクストであろうという期待のもとに動物が行動するとき、学習IIが起こったと言う。

こう定義してみると、学習IIが動物にとって適応的価値を持つのは、その動物が、事の進行パターンを、たまたま正しく言い当てたときに限られるということになる。そうであるケースでは、学習のしかたの学習――つまり、「正しい」行動をうちたてるまでの試行錯誤の回数が減少する変化――が見られることになるはずだ。一方、動物が事の進行パターンを取り違えたケースでは、新しいコンテクストのなかで、学習Iの進行に遅延が観察されるはずである。パヴロフ的コンテクストのなかで入念に鍛えあげられたイヌを、いきなり道具的状況に放ってみても、正しい反応を探し当てるための試行錯誤を始めるところまで行きつくかどうか、それすら疑問である。

学習IIの現象を綿密な実験データの中に捉えた研究が、これまでのところ少なくとも四例ある。

a　人間の反復学習。この分野では、C・L・ハルの行なった綿密な量的研究に、学習IIの現象が現れている。(6) ハルは自分の記録した学習(I)曲線を説明するための数学的モデルを作成し、さらに、われわれなら「反復学習のしかたの学習」とでも言うべきものに着目して、その曲線を著書の巻末に補遺として付している。それが論本体から外された理由は、「この研究で得られた学習曲線に従わない」から、とのことであった。

われわれの理論からすれば、下位の論理階型にある言述をどれほど厳密に押し進めようとも、高次の論理階型に属する現象を説明することはけっしてできない。ハルは一つの論理レベルの思考のなかでモデルを組み立て、それによって、別のレベルの題材が混ざっている現象を分析した。その結果、レベルの違うものが巻末に分離した。ここに、現象が論理階型づけられているとするわれわれの立場の正しさが例証されていないだろうか。ハルが自分の目で階型の違いを画し、その例証を成功に導いたところに、彼の観察の鋭さと議論の厳密さが証明されている。

ハルの得たデータには、すべての被験者が、実験を重ねるたびに反復学習を上達させたこと、そして、その上達曲線が、被験者それぞれで異なる一定の技量度へ次第に近づいていったこと、が示されていたのである。

この実験を受けた人が、どんなコンテクストに身を置いたのかということは、簡単には決まらない。各人の心に、それぞれ違ったものとして映っていたはずである。間違うことへの恐れの気持ちが先に立っていた人、うまくできたときの満足感を求めて問題に取り組んだ人。他人より高いスコアを出そうと躍起になっていた人、前回のスコアを上回ることに気持ちを集中していた人。被験者全員が、心理学実験というものを、それぞれに(正しくあるいは誤って)性格づけていただろうし、それぞれの「目標のレベル」を持っていただろう。そして、この種の丸暗記を過去にやらされた経験も、各人各様だったろう。これまで経てきた学習Ⅱに影響されずに、この学習のコンテクストに入ってきた人間は、一人もいなかったはずである。

この実験には、それぞれの人間の過去の学習Ⅱがことごとく関与し、遺伝的要因もおそらく関与していた。にもかかわらず、全員のスコアが、試技回数を増やすにつれて伸びていった。その原因を、学習Ⅰの成果に帰すことはできない。前のセッションで記憶したあの音節連続をどのように利用したとしても、この新しく与えられた音節連続を記憶する助けになるとは考えられないからだ。前回のことが想起されても、記憶の邪魔になるだけだろう。だとしたら、実験データにありありと出ているこの上達の現象は、ハルがあてがった反復学習のコンテクストへ被験者が適応したからであると説明するのが道理であろう。

ところで、こうした反復的トレーニングを好む教育者と好まない教育者とがはっきり二つに分かれているという事実がある。〝進歩的〟な教育者は、学習者自身の〝ひらめき〟をもとに教育を組み立てようとする。それに対して、反復とドリルに頼るタイプの教育者は、以前に学習(Ⅰ)された内容を思い出させることに重きを置く。

b　実験的研究の対象になった学習Ⅱの第二の型は、「類の学習」set learning と呼ばれるものである。これは、学習Ⅱでもやや特殊なケース群で、その概念と呼び名の由来となったH・F・ハーローの実験〔原注5参照〕は、アカゲザルを使って、ある程度複雑なゲシュタルトを〝問題〟として解かせ、解けると褒美の餌を与えるというものだった。これによってハーローが示したのは、出した問題が同類《セット》としてまとめられるとき——つまり、論理的な複雑さの型が類似しているとき——問題Aの学習成果が問題Bの場へ持ち込まれるということだった。この実験の進行パターンが、二つの論理レベルにわたっている点に注意しておこう。実験全体を覆っている「(if)問題解決→(then)強化」という道具的パターンのなかで、それぞれの問題で従わなくてはならない「論理」が、それぞれの進むべきパターンを形成しているわけである。

c　M・E・ビターマンらによって始められた、最近流行の「逆学習」reversal learning の実験。その典型は、被験者に二分的な区別を学習させ、この区別の成功率が所定の基準に達したところで、刺激の意味するところを逆にするというものである。つまり、はじめXがR_1を、YがR_2を意味していたのであれば、ある時点でYがR_1を、XがR_2を意味するように逆転する。さらにこれが所定の基準をクリアしたところで、また逆転する。この操作によって問われていくのは、なによりも「逆転の事実についての学習が起こるか」という問いである。つまり、逆転の連続を十分な回数通過したあとでは、通過する以前より少ない試技回数で基準に達するかどうか。

いまの問いの論理レベルが、単純な学習における問いより一段高いものであることは明白だろう。単純な学習が試技の集合の上に築かれるものだとすれば、逆学習はその集合の集合の上に築かれる。この関係は、ラッセルの「クラス」対「クラスのクラス」の関係にそのまま対応するものである。

d 有名な「神経症誘発実験」で起きる現象も、学習Ⅱの一例だ。これは、典型的には以下のかたちをとる。まず、任意の二者X、Y(たとえば円と楕円)を選んで、これを識別するように、被験動物を、パヴロフ的または道具的コンテクストで訓練する。両者の見分けがつくようになったところで、問題の難度を引き上げていく。楕円をだんだん丸くして、円をだんだん平たくするということをやるわけだ。やがて識別不能の段階に達するが、この時点で動物は、かなり重度の精神的混乱をきたすようになる。

これには注記が必要である。(a)事情を知らない動物(イヌ)を、Xが場合によって(何かしらランダムな要因により)Aの意味にもBの意味にもなりうる状況に置いた場合、錯乱的行動は観察されないし、また、(b)これが「実験」だとイヌに指し示す、ラボに備わった種々のコンテクスト・マーカーを欠いた場所で実験をやった場合にも、神経症は観察されない⑦。

この事実が示しているのは、錯乱的行動を誘発しようとするなら、その準備として、イヌに、ある学習Ⅱをさせておかなくてはならないということのようである。実験の順を追ってみよう。まず最初に「これは識別のコンテクストだ」というメッセージがイヌに伝えられる。そして、問題の難度がアップしていくごとに、そのメッセージが強調されていく。ところが、〝問題〟が識別不能の段階に達したところで、コンテクストの構造は一変し、もはやそのイヌは識別ではなく、当て推量の賭けに打って出るべき状況にある。状況判断のよるべだったコンテクスト・マーカー(ラボ特有の臭いや、実験中の拘束ベルト)が、今や自分を欺くためのものになってしまった。この実験シークエンス全体が、学習Ⅱのレベルでの誤りに、イヌをはめ込むための仕掛けになってしまったのである。

わたしはこれを、イヌが典型的な「ダブルバインド」状況に置かれた、という言い方で捉えている。この状況はスキツォフレノジェニック［統合失調症生成的］である。[8]

心理学のラボの外側にある、われわれの奇妙な現実世界は、学習Ⅱに関わる現象で満ちみちている。人類学者も教育者も、精神医学者も動物のトレーナーも、人間の親たちも子供たちも、その意識はなによりもまず、学習Ⅱのカテゴリーに位置する事柄に注がれている。個人の性格を決定するプロセスや人間(あるいは動物)間の関係の変化を考えるとき、その思考はつねに、必然的に、学習Ⅱに関するさまざまな推断を含むことになる。そういうレベルで日頃ものを考えている人が、実験心理学者に意見を求めることがよくあるが、そんなときにはきまってコミュニケーションのすれ違いが起きるようだ。精神医学者が学習Ⅱに関わる問題を提示すると、心理学者は学習Ⅰの平面で解釈し返答する──どちらもその論理構造の違いに気づくことなく。

人間関係の場に学習Ⅱはどのように現れるか。とても列挙しつくせるものではないが、そのうちの三つだけを取り上げてみよう。

a　個々の人間を記述するとき、学問的にも世間的にも、〝性格《キャラクター》〟を表す形容辞が飛び交う。あの人は勝ち気だ、お調子者だ、気難しい、見せたがりだ、消極的だ、心配性だ、大胆だ、臆病だ、気さくだ、ユーモラスだ、ひょうきん《プレイフル》だ、エネルギッシュだ、抜け目がない、軽率だ、慎重だ、楽天家だ、宿命論者だ、ナルシシストだ、完全主義者だ、協調性に欠ける、自立心に欠ける、等々。これまで述べてきたところから、これらの形容辞が論理階型のどのレベルに属するものかは明らかだろう。これらはすべて、学習Ⅱの結果として習得されたパターンを記述する言葉である。したがって、厳密に定義するには、これらの形容辞が当てはまるようになっていく変化(学習Ⅱ)が起こるのにふさわしい(学習Ⅰの)コンテクストを探り当てる必要がある。

〝宿命観が強い〟人というのは、長期にわたってパヴロフ式の実験の被験者になってきた動物が身につけるのとよく似たパターンで、まわりの世界に接する人だということができる。ただ、その定義は、ややフォーカスが狭すぎるきらいもある。〝宿命観〟とか〝諦念〟とか呼ばれるもののなかには、他にもさまざまな形式のものがあるだろう。たとえば、ギリシャ悲劇でよく見られるのは、人間が主体的になす行為が、あらかじめ定まった出来事の不可避的な進行を助長するという感覚である。これは〝宿命観〟として、ひとまわり複雑なものだ。

b　人間の相互作用の区切られ方《パンクチュエーション》。いま、個人の性格を記すものとして列挙した形容辞が、実は一人の人間に当てはまるものではなく、その人間と周囲の人間(および事物)との交渉《やりとり》を記述するものだということに、慎重な読者は気づかれたはずだ。向かい合う世界が全然存在しない真空の状態で、策に長けていたり、依存心が強かったり、あきらめやすかったりする人はいない。「性格」というものは、その人個人が具えているのではなく、その人とほかの何か(あるいは誰か)との間で起こる事象に内在するものなのである。

したがってわれわれとしても、考察の眼を人間同士の間で起こる現象に向け直さなくてはならない。そこに認められる〈学習Ⅰ〉のコンテクストが、〈学習Ⅱ〉のプロセスをどう規定していくのか？　いまわれわれが見ているのは、二人以上の人間が互いに交わす、身振りと行為と生きた会話を重要な出来事とするシステムである。そこでは、出来事の流動的連続が区切りとられ、学習の諸コンテクストに括りとられる。その区切り方を決めるのは、互いの関係性についての当事者相互の暗黙の了解であり、種々のコンテクスト・マーカー(そしてそれらのマーカーが両者の側にとって同じことを〝意味〟するという暗黙の了解)である。ここで、モデルとして、A、B二人の間で続いていくやりとりを考えてみよう。Aがある一個の行動を示す。それは、Bへの刺激だろうか、それともBが言ったことへの反応だろうか。それとも、Bの示した行動に対する強化なのだろうか。それとも、A自身のとった行動パターンを強化するものなのだろうか……。たちまちにして明らかだろう。Aの行動項目の多くは、しばしば何に振り分けていいか分からない。あるいは、明確に振り分けられる場合でも、その明確さは、AB間で無言のまま(あるいは十全に言葉を尽くすことなく)取り交わされる、お互いの役割の性質に関する合意に由来するものだ。自分たちが共に収まるべきコンテクスト構造の性質に関する合意、と言っても同じだろう。

二人のやりとりを、次のように抽象化してみる。

……$a_1\ b_1\ a_2\ b_2\ a_3\ b_3\ a_4\ b_4\ a_5\ b_5$……

ここでa群はAの示す個々の行動、b群はBの示す個々の行動である。Aの任意の行動項目a_iについて、その前後を単純に、三つの違った学習コンテクストへと括ることが可能である。

($a_i\ b_i\ a_{i+1}$)――このコンテクストで、a_iはb_iに対する刺激となる。

($b_{i-1}\ a_i\ b_i$)――ここでa_iは、b_{i-1}に対する反応。その反応をBがb_iで強化する。

($a_{i-1}\ b_{i-1}\ a_i$)――ここでa_iは、a_{i-1}に対する反応であるb_{i-1}に対する強化となる。

同じa_iが、行動連続の切り取り方次第で、Bへの刺激にも、反応にも、強化にもなるということだ。

問題はそれだけに留まらない。先ほど〝刺激〟と〝反応〟、〝求心〟と〝遠心〟という概念の曖昧さに触れたが、それを踏まえて考えれば、任意のa_iがA自身に対する刺激になる可能性も、強化になる可能性も、あるいは以前のA自身の行動に刺激された反応である可能性も、みな受け入れなくてはならない。(事実、反復学習のケースでは、A自身の以前の行動が、後の行動への刺激としてはたらいている。)

こうした曖昧さを引き受けて思考するとき、二人の人間の間で続いていくやりとりを構造づけるものは、実に当人の捉え方以外にはないのだという結論に到達するしかない。あの人は、このやりとりを、どういうコンテクストがどういうコンテクストへ続いていく連続だと捉えているのか——そういう問いしか成り立たないのだ。そして、その人がシークエンスを構造づけるその人なりのやり方は、その人が過去にどんな学習(II)を積んできたのかということによって(遺伝的要因も排除できないものの)決まってくるのである。

以上の点を踏まえて考えると、〝強圧的(支配的)〟と〝服従的〟、あるいは〝養護的〟と〝依存的〟という語は、一切れの相互作用を記述するものとしての意味を帯びる。そしてその意味は、明確に定義することができる。たとえばAB間の相互作用($a_1b_1a_2$)が、両者によって次の特徴を持つとされていることが明らかに窺える場合に、われわれは「AがBを支配している」と言うわけだ。

a_1は、道具的学習における報酬と罰の条件を定めるシグナル。

b_1は、Bがその条件に従うというシグナル。

a_2は、b_1を強化するシグナル。

同様に、a_1が何らかの「弱さ」を示すシグナルとして、b_1がその弱みをカバーする行為として、a_2がそのb_1をAが受け入れたことを示すシグナルとして見られるような（a_1 b_1 a_2）のシークエンスを特徴とする関係に二人がある場合に、われわれは「AがBに依存している」と言うわけである。

しかし、「支配」と「依存」とを（意識的・無意識的に）区別するのも、しないのも、あくまでもAB本人たちだ。「命令」の声が、時として、援助を求める「叫び」のように聞こえるのは、よく知られた事実である。

c　精神療法の場で、学習IIがもっとも顕著に見てとれるのが、〝転移〟の現象である。正統フロイト派理論の主張によれば、患者は診療室へ、セラピストに対する不当な思いを避けがたく携えてやってくる。診療室に来た患者は、自分にとっての重要な他者（ふつうは親）が近い過去・遠い過去に自分を扱ったのと似た扱い方で自分に接するよう、セラピストに（意識的・無意識的に）迫るような言動をとるというのだ。これは、われわれの言い方で言えば、患者がセラピストとのやりとりを、過去の学習IIにまつわる諸前提に従って形づけるということである。

患者の転移のパターンばかりか、すべての人間の他者との関係のあり方の多くを律する学習IIが、(a)幼児初期にさかのぼり、かつ、(b)意識されない、というのは、どちらも正しい一般則のようであるが、どうしてそういうことになるのだろう。

答えは、われわれが論じている現象の本性に求められるようだ。学習Ⅱにおいて習得されるのは、連続する事象の流れを区切ってまとめる、そのまとめ方である。しかしこのまとめ方というものは、正しかったり誤っていたりする性格のものではない。このレベルの学習で習得されるもののなかに、現実に照らし合わせてテストできるようなものは含まれていないのである。それは、インクのしみに各個人が見る図のようなものだと言えるだろう。あの図にも、正しさもなければ誤りもない。ただの「見方」であり、「見え方」なのである。

「道具的」人生観というものについて考えてみよう。世界をこのように見る見方を身につけた有機体は、新しい状況に置かれたとき、そこからプラスの強化を引き出そうとして試行錯誤の行動に走る。それで強化が得られなくても、その目的主義的人生観は打撃をこうむらない。むしろ「この次こそは」と奮い立つのがふつうである。「目的」を支える諸前提は、生の物質的諸事実とは論理階型を異にする。したがって、具体的経験のなかで矛盾が露呈することはなかなか起こらない。

魔術を行う者は、自分の魔術が効を奏さなかったといって、出来事への魔術的な見方を崩しはしない。事象の流れをいかに区切りとるかを指示する規則は、一般に自己妥当性を持つのである。[9] われわれは「コンテクスト」というものを、外的な出来事ばかりでなく、当の有機体の行動自体も含む全体として規定した。そのコンテクストを構成する行動が、過去になされた学習Ⅱに支配されるということは、有機体が、自分の期待する型に全体のコンテクストが収まっていくように行動していく、ということにほかならない。学習Ⅱの学習内容が、このようにそれ自体を妥当化するはたらきを持つ結果、このレベルの学習は、一度なされてしまうと、根本から消し去ることはほとんど不可能になる。つまり、「三つ児」のときに学習(Ⅱ)されたことは、「百までも」続く。逆に、ある成人が事象の流れに設ける句切り《パンクチュエーション》の顕著な特徴は、多くが幼年期に根を持つということになる。

コンテクストづくりにおけるその人特有の習慣は、なぜ意識されないのか？　この点について、「無意識」には、〝抑圧〟の産物ばかりでなく、ゲシュタルト知覚のプロセスも、また習慣も、広く含まれることを言い添えておこう。自分が誰かに「依存」していることを、主観的に意識はしても、そのパターンがどのように生じてきたのか、あるいはその生成過程で、どのような手掛かりが使われたのかは、はっきりと言うことができないものなのである。

■――学習Ⅲ

学習Ⅱで獲得される諸前提が自動的に固められていく性格を持つということは、学習Ⅲが、人間といえどもなかなか到達できないレベルの現象であることを示している。それはまた、一人の人間にすぎない科学者が、このレベルの学習プロセスを想像して記述することの困難さも示している。しかし、サイコセラピーの場でも、信仰のめざめというような体験においても、なにかこの種の、いわば性格の根底的な再編が起こると考えられているし、実際に起こってもいるようである。

東洋の禅僧も、西洋の神秘家も、一部の精神科医も、こうした事象を言葉ですくいとるのは不可能だと一様に主張する。この忠言に逆らって考察を進めたい。純論理的に見て、それらは何であると推論せざるをえないか。

まず、一つの区別を明確にしておきたい。「逆学習」の実験を思い出してみよう〔二六九頁参照〕。あの実験プロセスに学習Ⅱが現れるのは、逆転の事実について学習が起こるときだった。そうした逆転のしかたについてのコツが習得されないまま、一度学習（Ⅰ）した前提と逆の前提が学習されることはある。そのときは、逆転を何度通過しても、上達は見られない。これは、学習Ⅰの一つの項目が別の項目に入れ替わっただけの――学習Ⅱへの段階に到達していない――ケースである。学習Ⅱの証拠は、逆転が次第に容易になっていくところに求められるのだ。

これと同じ論理を、学習Ⅱと学習Ⅲとの関係に適用することができるだろう。学習Ⅱのレベルにおける前提の入れ替えが、学習Ⅲを伴って起こる場合と、そうでない場合とがある、ということだ。前者の場合は、前提の入れ替えが容易になるし、後者の場合はそうはならない。学習Ⅲそのものを論じる前に、いま述べた区別を明確にしておくことが必要なようだ。

サイコセラピストは、学習Ⅱのレベルで患者にしみついている前提の入れ替えに挑戦する。それらの前提が無意識のもので、また自己妥当性を持つことを考えてみれば、これに成功し患者を立ち直らせることはとてつもない妙技に思えるが、しかし、少なくとも更正する患者がいるのは事実である。

治療という枠に規制され保護された関係の内部で、セラピストがとるのは、たとえばこんな戦術だ――

a　患者の前提とセラピストの前提との衝突を図る。（その操作が、逆に患者の持ち込んできた前提を強めてしまわないよう、セラピストは細やかに訓練されている。)
b　患者を、診療室の内外で、患者自身の前提と衝突するような行動に導く。
c　患者の現在の行動をコントロールしている諸前提間の矛盾を示す。
d　患者が持ち込んできた前提の上に乗った経験が、どれほど馬鹿げたものかを、(たとえば夢や催眠状態のなかで)誇張やカリカチュアのかたちで見せる。

ウィリアム・ブレイクは「矛盾なきは前進なきに等し」という言葉を残している。(このⅡのレベルにおける矛盾を、わたしは別稿でダブルバインドと呼んだ。)

しかし、矛盾の衝撃をやりすごす抜け穴が、いつも用意されていることに注意しなければならない。これは学習心理学ではありふれたことであるが、被験動物が正しい反応を示すたびに強化を与えた場合、たしかに学習(Ⅰ)はスピーディになされるが、強化をやめたときの学習消滅速度もまた速くなるのである。逆に、強化を散発的にしか与えない場合は、学習がスローになる一方で、強化をやめた後も学習された反応はなかなか消え去らない。これは、被験動物が、強化が来ないということが必ずしも自分の反応が誤りだという意味にはならない状況《コンテクスト》にあることを学習(Ⅱ)したことの現れだと考えられる。そのコンテクスト観は、実験者がやり口を変えるまでは、実際に正しかったわけである。

サイコセラピーを受けにきた人間も、この種の、または別様の抜け穴を用意しているわけだから、セラピストは、患者を矛盾に陥れるとき、矛盾を逸らす経路をふさぐ工夫をしなければならない。パラドクス(公案)をぶつけられた禅の修行者が、「蚊が鉄を刺すがごとく」問題にかじりつくことを強要されるように。

わたしは以前、すべての習慣形成と学習Ⅱとの一つの本質的で必然的な役割が、学習Ⅰのレベルの問題解決に費やされる思考プロセス(またはニューロン経路)の経済性を獲得することにあると論じた(「プリミティヴな芸術のスタイルと優美と情報」〔本書上巻三〇四―三〇五頁〕)。「性格」と呼ばれる、その人にしみ込んださまざまな前提――その人の〝自己《セルフ》〟を規定するもの――は、何の役に立つかという問いに、「それによって生のシークエンスの多くを、いちいち抽象的・哲学的・美的・倫理的に分析する手間が省ける」という答えを用意したわけである。「これが優れた音楽かどうかは知らないが、しかし私は好きだ」という対処のしかたが、性格の獲得によって可能になる、という考え方である。

これらの〝身にしみついた〟前提を引き出して問い直し、変革を迫るのが学習Ⅲだといってよい。

ここで、学習Ⅰ、学習Ⅱについて行なったのと同じような、リストの作成を試みよう。学習Ⅲに含めてよいと思えるのは、どんな種類の変化だろうか。

a　学習Ⅱのカテゴリーに入る習慣形成を、よりスムーズに進行させる能力や構えの獲得。

b　起こるべき学習Ⅲをやりすごす抜け穴を、自分自身でふさぐ能力の獲得。

c　学習Ⅱで獲得した習慣を自分で変える術《すべ》の獲得。

d　自分が無意識的に学習Ⅱをなしえる、そして実際行なっているという理解の獲得。

e　学習Ⅱの発生を抑えたり、その方向を自分で操ったりする方策の獲得。

f　Ⅱのレベルで学習される学習Ⅰのコンテクストの、そのまたコンテクストについての学習。

このリストには、一つの矛盾が現れている。学習Ⅱについてのことを習得する学習Ⅲが、学習Ⅱを増大させる方向にも、またそれを制限し、おそらくは減少させる方向にもはたらくという点だ。しかしいずれの場合も、学習Ⅱで得られる前提に、より大きな流動性——それらへの捕らわれからの解放——が得られる点に変わりはない。

以前わたしは、禅の老師の口から、こんな断定的な言葉が発せられたのを聞いたことがある。「慣れはいかん。何であれ、習慣づいてしまったらおしまいじゃ。」

習慣の束縛から解放されるということが、〝自己〟の根本的な組み替えを伴うのは確実である。〝私《アイ》〟とは、〝性格《キャラクター》〟と呼ばれる諸特性の集合体である。〝私〟とは、コンテクストのなかでの行動のしかた、また自分がそのなかで行動するコンテクストの捉え方、形づけ方の「型」である。要するに〝私〟とは、学習IIの産物の寄せ集めである。とすれば、IIIのレベルに到達し、自分の行動のコンテクストが置かれたより大きなコンテクストに対応しながら行動する術《すべ》を習得していくにつれて、〝自己〟そのものに一種の虚しさ irrelevance が漂い始めるのは必然だろう。経験が括られる型をあてがう存在としての〝自己〟が、そのようなものとしてはもはや「用」がなくなってくるのである。

今の点を、さらに詰めていこう。先に学習IIに触れてわたしは、〝依存性〟〝プライド〟〝宿命観《あきらめやすさ》〟等の言葉はすべて、関係のシークエンスのなかで学習(II)された自己の特性であると論じた。これらはすべて、関係の一端に振り当てられた〝役割〟を記述する語であり、それらが指すのは、相互作用のシークエンスから人為的に切り出されたものである、と。またわたしは、その種の語の厳密な定義のためには、定義されるべき特質がどのような相互作用のシークエンスのなかで学習されるものなのか、その構造を明確にしなくてはならないと述べた。そして、「宿命観」のうちの一種を規定するためのパラダイムとして、パヴロフ的学習のシークエンスが使えることを披露した。

しかし、今ここで問われているのは、これら性格形成学習のコンテクストが、それ自体どのようなコンテクストに収められているのかということである。個々の性格づけの型をそのなかに組み込んで展開していく、遠大なシークエンスをわれわれは見据えようとしている。

先ほど、学習Ⅲを回避するための〝抜け道〟が学習されることに触れた。性格に流動性をもたらす方向への変化に対して、それに抗する特性が、自己の性格として学習(Ⅱ)される。ごくたまにしか強化が与えられないシークエンスを数多く通過することで、一種の〝執着心《ねばりづよさ》〟persistenceともいうべき、自己の特性の一つが生じるのだ。それらシークエンスが、どのようにして生じるのかを考えるには、その学習シークエンス群が収まる、より大きなコンテクストを訪ねていかなくてはならない。

この問題は爆発的な広がりを持つ。ラボのなかで実験者と被験者が演じる、単純に定型化された相互作用のシークエンスは、どのような大状況(メタ状況)のなかから生じたのか？——ということを考えだせば、われわれの思考は実験室を抜けて、百もの違った方向へ走っていくことになるだろう。心理学の研究というものがこのような方向で進められるに至ったプロセス、研究者同士の相互作用、研究費をコントロールするプロセス、等々、等々。これら、被験者が知るよしもない大きな状況の絡みのなかから、ラボ内のシークエンスが生まれ、逆にまた、ラボ内の出来事の進展が、まわりの要因を部分的に規定していくのである。

もっと〝自然な〟セッティングのもとで、単純な学習シークエンスが生じるケースを考えてみよう。ある有機体が、必要な何かを探し求めているとする。ブタがドングリを求めて地面をつついているとか、ギャンブラーが大当たりを狙ってスロットマシンにコインを入れ続けているとか、誰かが車の鍵を失くして探しているとか。みな、強化がごく散発的にしか来ないがゆえに、行動への執着が生じるケースである。生の現場で、こうした状況に繰り返しさらされる有機体が、それらの諸状況をカテゴリー化して捉えた生の一般的状況に、〝執着心〟をもって臨むことを身につけるのが、学習Ⅱである。しかし学習Ⅲは、遭遇する諸状況がそこから湧き出てくる、メタ状況を問題にする。そのはたらきは、学習Ⅱのレベルで作られるカテゴリーに対して破壊的である。

あるいは、「強化」ということが、それぞれのレベルで担う意味の違いを考えるのも有効だろう。イルカが調教師の望む演技をして、強化の魚を得るというシークエンスを例にとる。Ⅰのレベルでは、魚をもらった事実が、自分のなしたある特定の行為の〝正しさ〃と結びつく。Ⅱのレベルでは、魚をもらったことで、調教師に対する自分の関係のあり方の認識（〃道具的〃な、依存的なものに違いないという思い）が確認される。ここで注意したいのは、イルカが調教師に憎しみや恐怖心を抱いていた場合、調教師から受ける苦痛は、その憎しみを確かなものにするプラスの強化になりがちな点だ。（「わたしの望みに合わない場合は、それを証明して見せます。」）[*9]

しかし、ではⅢのレベルで、「強化」とは――イルカにとって、人間にとって――何なのだろう。

Ⅱのレベルに生じる矛盾が、有機体をⅢのレベルに追いやるとする考えが正しいとすれば、その矛盾の解消が、Ⅲのレベルでの強化になるという考えが成り立ちそうである。その解消のかたちはいくつも考えられるだろう。

Ⅲのレベルへのジャンプは、試みるだけで危険を伴うものである。その落伍者にはしばしば、精神医学によって「精神病者《サイコティック》」のレッテルが貼られる。彼らのなかには、一人称代名詞の使用に困難を覚えるようになってしまう者も多いのだ。

よりうまく事が進むとき、Ⅱのレベルで習得されていたことの多くが崩壊するかたちで、矛盾の解消が得られるというケースが考えられる。空腹感がものを食べる行為へ直接的につながるような単純さが、そこに現れるだろう。そこはすでに、「自己」がその人的行動の組織者としてのはたらきを停止した領域であり、彼らこそ、失われることのない無垢の保持者だといえる。

学習IIIが、きわめて創造的に展開した場合、矛盾の解消とともに、個人的アイデンティティがすべての関係的プロセスのなかへ溶け出した世界が現出することになるかもしれない。この宇宙的《コズミック》な相互作用のエコロジーと美のなかで、生存が成り立つこと自体、奇跡的と思えるが、このレベルにのぼりつめた人はおそらく、経験の微細なところに意識をフォーカスする術《すべ》を身につけるなどして、大洋的感覚へ溺れゆくことを食い止めているのだろう。細微なディテールの一つひとつから、宇宙全体《せかい》の姿が現れ出る。ブレイクが「無垢の予兆」に書いた、あの有名なアドヴァイスは、これらの人たちに宛てられたものであるに違いない。

ひとつぶの砂に世界をうつし、
いちりんの野の花に天国をのぞき見るには、
かた手のひらで無限をつかみ、
ひとときの中に永遠をとらえよ。

■――心理現象における遺伝の領分

動物が何を学習でき何を学習できないかに関して言いうることは、すべてその動物の遺伝的なつくりに関係する。本稿で進めてきた学習のレベルについての論もすべて、遺伝的なつくりと、個々の有機体が獲得していく変化との絡みの全体に関係するものである。

それぞれの有機体にとって、その段階から上のレベルはすべてが遺伝的に決定されるという限界が存在する。プラナリアの学習は、Ⅰのレベルを越えるものでは、多分ないだろう。人間以外の哺乳動物は、学習Ⅱはおそらくできても、そこまでだろう。人間は、稀にではあっても、学習Ⅲにまで到達する。

これらの、有機体によって定まっている上限を決定しているのは遺伝的現象だということに(論理上、前提上)なる。といっても、個々の遺伝子やその組み合わせがそのはたらきを担っているとは限らない。おそらく、有機体が属する「門」ごとに、基本的な諸形質の生長をコントロールする何らかのファクターがあって、それによって決定されているのだろう。

ある有機体が達成する一つひとつの変化には、有機体がそのように変化できるという事実が対応している。その事実は、遺伝的に決定されていることもあるだろうし、またその事実(〝能力〟)自体が学習されたものである場合もあるだろう。後者のケースでは、その能力を習得する能力が——あるいはそのまた上の段階の能力が——遺伝的な決定を受けていることになる。

このことは、学習と呼ばれる行動的変化ばかりでなく、体細胞的《ソマティック》変化についても、一般的に成り立つ事柄である。太陽光線のもとで人の皮膚は色を変えるが、この現象に遺伝現象はどのように関わっているだろう。日焼けする能力は一〇〇パーセント遺伝的に決定されているのか。それとも、この能力は後天的に伸ばすことのできるものなのか。後者の場合、遺伝的要因は、一段高次の論理レベルで作用することになる。

明らかなのは、「これは学習されたものか、生得的なものか」という択一的な問いかけは、どんな行動に関しても適切でないということだ。「どの高さの論理レベルの変化まで学習が関与できるのか、そしてどれだけ低い論理レベルまで遺伝が決定力(または部分的効力)を握っているのか」——問いとして正しいのは、これである。

学習の進化という広大な歴史は、遺伝的な決定がゆっくりと高位の論理レベルへ押し上げられていく過程だといえそうである。

■――階梯構造に関する注記

本稿が扱ったモデルは、それぞれの論理階型が、分岐することなく単純に積み重なっていく階梯として秩序づけられることを暗黙の前提としている。このモデルを借用したのは、そうした単純な構造から導き出される問題をまず整理しておくことが賢明だと考えたからである。

しかし、論理階型を異にするクラス間の関わりについて述べる命題が除外されるモデルの上に、行為、経験、組織化、学習から成る世界が完全にマップされることはありえない。

C_1を一つの命題のクラスとし、C_2をC_1のメンバーについての命題のクラスとし、さらにC_3をC_2についての命題のクラスとするとき、これら各クラス間の関係についての命題は、どこに分類したらいいだろうか。「C_1のメンバー対C_2のメンバーの関係は、C_2のメンバー対C_3のメンバーの関係と同じである」というような命題を、分岐しない梯子として積み上げられた階型のどこかに振り分けることができるだろうか。

本稿はその全体を、C_2とC_3との関係が、C_1とC_2との関係と同等である、という前提に立って組み立てたものである。途中、わたしは繰り返し、論理の階梯の側面《わき》から、その構造を論じることを試みている。いわば本稿はそれ自体が、梯子が分岐していないことの例証となっているわけである。

いままで見てきた単純な上下構造に収まらない学習とは、どのようなものか。どんな学習が、各レベルの間をつなぐものとして、ヒエラルキーのわきに位置するのか。その例を見つける作業が、論の次のステップをなす。これは別稿(「プリミティヴな芸術のスタイルと優美と情報」)で論じたところだが、「芸術」が関わるのは、まさにこの種の学習であるとは言えないだろうか。芸術の行為は、学習Ⅱによって習得される無意識的な前提と、より個別的な意識内容および具体的行為の間を架橋するものであるとわたしは考える。

もう一つ注意したいのは、本稿の構造が、帰納的だという点だ。すなわちわたしは、学習のヒエラルキーを下から上へ、ゼロ学習から学習Ⅲへ向けて、秩序づけていった。それが説明の正しい方向である——つまり、わたしの依拠したモデルから得られる現象の説明は、そのように一方向的なものだ——と主張する意図はない。このモデルを読者に提示するにあたって、一方向的なアプローチが必要だったというだけのことで、モデル自体のなかでは、高次のレベルが低次のレベルを、低次のレベルが高次のレベルを説明する関係になっている。とともに、われわれが考察対象とする有機体のなかで起こるさまざまな観念や学習項目も、同様に相互照応的な——帰納的であると同時に演繹的な——関係にある。

最後に、本稿が明らかにしていない点について。上下に接したレベルの観念間の関係は、相互説明的、あるいは相互決定的であると主張されているが、段階を飛び越えたレベル間——学習Ⅲと学習Ⅰ、学習Ⅱとゼロ学習——に、直接の説明的関係が存在するのかについては触れることがなかった。

この問いと、階型ヒエラルキーと並列的に位置する命題および観念をどのように取り込むかという、二つの課題が残っている。

——本論［原題 "The Logical Categories of Learning and Communication"］は一九六四年、筆者が国立精神衛生協会（ＮＩＭＨ）のキャリア促進研究奨励金（K3-NH-21931）を得て、コミュニケーションズ研究所 Communications Research Institute に滞在している間に書かれ、ヴェナー＝グレン財団の支援で一九六八年八月二日—十一日に開催されたカンファレンス「世界の見え方《ビュー》について」のポジションペーパーとして提出された。「学習Ⅲ」に関する部分は一九七一年に追加された。

■――原注

(1) A. N. Whitehead and B. Russell, *Principia Mathematica*, 3 vols., 2nd ed., Cambridge, Cambridge Univ. Press, 1910–13.

(2) クラスの記述とそのメンバーの記述とに同じ語が使われ、その両方が真になるということも、たしかにある。水面上の「波」は、水の分子の動きのクラスにつけられた名前だ。その波自体が「動く」という言い方もわれわれはするが、そのときわれわれが言及しているのは、「運動のクラスの運動」である。このメタ運動は、摩擦のもとでも減速しないなど、粒子の運動とは性格を異にする。

(3) 〝粒子〟の運動を記述するニュートンの公式は、「加速度」のレベルで終わっている。加速度の変化は、運動中の物体の変形を伴わずにはいないが、ニュートンの〝粒子〟は「部分」から成っていないので、変形も、その他の内的変化も、(論理的に言って)起きえない。その理由により、加速度の変化率のレベルでの作用を受けない。

(4) G・ベイトソン「社会のプラニングと第二次学習の概念」[本巻所収]。

(5) H. F. Harlow, "The Formation of Learning Sets," *Psychological Review*, 1949, 56: 51–65.

(6) C. L. Hull, *et al., Mathematico-deductive Theory of Rote Learning*, New Haven, Yale Univ. Press, 1940.

(7) H. S. Liddell, "Conditioned Reflex Method and Experimental Neurosis," J. McV. Hunt, ed., *Personality and the Behavior Disorders*, New York, Ronald Press, 1944: 389–412.

(8) G・ベイトソンほか「統合失調症の理論化に向けて」[本巻所収]。

(9) J. Ruesch and G. Bateson, *Communication: The Social Matrix of Psychiatry*, New York, Norton, 1951. [『コミュニケーション——精神医学の社会的マトリックス』(前掲)]

■——訳注

＊1 『精神と自然』第Ⅱ章、その13「論理に因果は語りきれない」参照。

＊2 現代の読者は、AIの学習機能を考える方がてっとり早いかもしれない。AI辞書やペット型ロボットが生きるのは、予め外枠の決められた、偶然によって進化することのない世界である。どれほど複雑で高次元な条件と、それぞれに対応する指示がプログラムされていても、デジタルな演算者は「正解」の中に生きるしかなく、未来に向かって開かれた生き物の時間を共有することはできない。(それとも、ランダムパターン発生回路を内蔵し、試行錯誤によって〝性格〟を身につけるAIをプログラムすることも可能か?)

＊3 古代ギリシャの自然哲学者ヘラクレイトスの「何人も同じ河に二度とは入れぬ」という言葉は、水(連続する個々の出来事)と河(出来事が流れる枠組)との論理階型の違いが、敢えて無視されたところに意味深さが生じている。ただ、生き物の相互作用を語るのに物理学のアナロジーはふさわしくない。動物の学習実験の場であれ、現実の人間関係であれ、生き物にとって経験のコンテクストは、現実には個々の経験自体によって様変わりする。そうでなければ、「初めてのベッド」の経験を何度でも繰り返し味わえてしまうはずである。

＊4　暗号が解読される場合とは異なり、動物の交わすメッセージ(人間の言語を含む)は、けっして一義的なものではなく、常に文脈の中で意味を与えられる。この状況性は、文章を通してのコミュニケーションと変わるものではない。文章がピリオド、カンマ、スペースによって「文」「節」「語句」に、階層的に分かれるように、動物たちも、遺伝的に設定された能力の範囲に応じて、出来事の流れにパンクチュエーションを施し、コンテクストの階層を積み上げて、(物理的には)同じシグナルの意味の変化を嗅ぎ取っている。

＊5　ベイトソンが生命システムの進行原理とする「ストカスティック」という語(二一七頁、訳注8参照)を、ここでは「散乱選択的」と訳した。ストカスティックなシークエンスとは、『精神と自然』の用語解説でベイトソン自身が与えた説明によれば、「出来事の連続がランダムな要素と選択的プロセスの両方を兼ね備え、ランダムに起こった結果の一部しか存続を許されない」というもの。試行錯誤による学習システムにおいて、「試行」はランダムな選択行為であり、錯誤《エラー》は選択の結果であって、両者が一体となってストカスティックな系をなす。ここでは選択行為において、選択肢群を間違う(高次の)エラーと、正しい選択肢群から間違ったメンバーを選ぶ(個別レベルの)エラーがあり、この集合論的階差がコンテクストの階層性と対応するという考えが述べられている。

＊6　握手をし、ゴングが鳴った後のボクサーの殴り合いは、それ以前の殴り合いが持ったであろう意味を持たない。同様に「付け届け」や「正装」や「敬語／タメ語の選択」など、エチケットに関わることは、相互のやりとりのコンテクストを変化させるマーカーとなるだろ

う。

＊7　「知覚された出来事そのもの」が「当の出来事が起こったこと」を伝えるようなとき、その「表し」は、限りなく直接的で、透明に近い。『精神と自然』(岩波文庫、二一二頁)でベイトソンは、ほとんどコード化されない(ダイレクトな伝達に近い)表しの例として、向こうからやってくる友人の姿や動きから「おっ、ビルだ」と知るケースを挙げ、それを、直示的ostensive コミュニケーションと呼んでいる。

＊8　ここで「随伴パターン」と訳したフレーズの原語は contingency pattern。事の進行(たとえば餌の供与)が、何にかかっているのか(どんな次第で決まるのか)を記すパターンのことである。なお、古典的心理学におけるパヴロフの実験(餌を与える前にベルを鳴らして、ベルの音に対する反応を条件づける)において、条件づけ成立後のベルの音は条件刺激 conditioned stimulus(CS)、唾液を分泌する反応は条件反応 conditioned response(CR)、「強化」に使われる肉粉等は無条件刺激 unconditioned stimulus(UCS)と呼ばれる。「合図」をしたら「お手」をするようにしつける「道具的 instrumental 条件づけ」では、合図がCS、お手がCR、褒美の餌がUCSとなる。両者の違い(と同じさ)を示すため、ベイトソンは両方の実験の進行パターンを、論理の形式「if X, then Y」で書き直した。この「論理」は、動物と実験者の行動を共に規制するものである。

＊9　原文 "If it's not the way I want it, I'll prove it" は、オペラント条件づけを説明する調教師の言葉。「わたしが望まない行動を(イルカが)とったときには、(罰することで)それを(わ

たしが嫌っていることを）証明する」というやり方は、調教師を嫌っているイルカにとってどうなのか、とベイトソンは問うている。「自分が気に入らないやり方で相手がふるまうなら、それを証明する」というのがイルカの心づもりでもあるなら、調教師の与える罰は、イルカのどんな行動を誘発するだろうか。

〝自己〟なるもののサイバネティクス
——アルコール依存症の理論

アルコールへの耽溺現象の〝論理〟は、アルコホーリクス・アノニマス［断酒のための匿名自助グループ。以下「AA」］の課す厳格にスピリチュアルな規律が耽溺を打ち消すことの〝論理〟とともに、精神医学の解明されざる事案である。本稿は、この問題に対し、次の考えを打ち出す。

1 サイバネティクスとシステム理論から、精神《マインド》、自己《セルフ》、人間関係、権力《パワー》についての理解を改める、全面的に新しい認識論が出てくる必要があること。

2 アルコール依存者の非酩酊《しらふ》時の認識論は、西洋文化にとって慣例的なものとはいえ、システム理論の見地からは受け入れられないものであること。

3 依存者にとってアルコールによる酩酊に降伏することは、部分的かつ主観的には、より正しい精神状態へ自分をあずける近道であること。

4　ＡＡの神学と、サイバネティクスの認識論とは、重なるところが大きいこと。

本論で提示される考えのうち、新しいものはおそらく一つもない。みな、アルコール依存者を扱ったことのある精神医学者か、サイバネティクスやシステム理論の内包する意味合いについて思い巡らしたことのある哲学者のどちらかには、よく知られている考えばかりだ。本論の新しさとして主張できるのは、それらの考えをまともに議論の前提として組み入れたところと、普段はあまりにかけ離れているために出会うことのない二つの分野からの常識的観念を結び合わせたところ、その二点のみである。

当初の目的は、アルコールへの耽溺現象をシステム理論の立場から説きおこすことだった。そしてその研究の資料を得るために、依存症の更生に唯一誇るべき成果をあげているＡＡの出版物に目を向けたのだった。しかし、すぐに明らかになったのだが、その教義のあり方を見ても、組織の形態を見ても、ＡＡという存在はそれ自体、システム理論から見て大変興味深いものである。それに惹かれてわたしの研究も、単にアルコール依存症をつくりあげている諸前提だけでなく、ＡＡの治療システムと組織形態を支える諸前提をも含むスコープに成長していくことになった。

本論が、ＡＡに多大の恩恵を受けていることは、論全体を通して明白である。組織に対する敬意、特にその創立者であるビル・Ｗ、ドクター・ボブ両氏の叡智に対する尊敬の念も、同様に明白であることを願う。

それから、一九四九年から五二年にかけておよそ三年間、わたしはカリフォルニア州パロ・アルトの退役軍人局病院で、かなり集中した研究を行うことができたが、そのときお付きあい下さった何人かのアルコール依存者の人たちに、感謝の意を表したい。これらの人たちが、アルコール依存症の苦しみに加えて、他の病の宣告をも――「統合失調症」がほとんどだったが――心に携えていたことは、明かしておくべきだろう。うち数人がＡＡのメンバーだった。わたしの方は彼らの助けにならなかったのではと恐れる次第である。

■――問題

アルコール依存症の〝原因〟または〝理由〟を、アルコールが入っていないときの患者の生活の中に探るべきであるとする考えが、一般の風潮としてある。あの人は――醒めた状態で――〝未熟である〟〝マザコンである〟〝口愛的である〟〝同性愛的である〟

〝受動—攻撃的である〟〝成功への不安にとりつかれている〟〝神経過敏である〟〝プライドが高すぎる〟〝付きあいが良すぎる〟あるいは単に〝弱い〟、だから酒に溺れた、という言い方がされる。しかしこうした言説が、どのような論理に立脚しているのかが論じられることは、あまりない。この〝常識的見解〟の問題点を並べてみよう。

1　アルコール依存者の「醒めた」生活が、なんらかのかたちで彼を酒へ——酩酊へのコースのスタート地点へ——追いやるのだとしたら、彼の陥っている「醒め」のスタイルが強化されるような〝治療〟を行なっても、症状の軽減も統御も、望むことはできないはずだ。

2　彼の「醒め」のあり方が、飲酒へと彼を追いやるのだとしたら、その「醒め」には、なにかしらのエラー(「病」と呼んでもいい)が含まれるはずだ。そのエラーを、「酔い」が、少なくとも主観的な意味で「修正」しているはずである。つまり間違っているのは彼の「醒め」の方であり、「酔い」の方は、ある意味で〝正しい〟ということになる。——「酒には一かけらの真理あり」と、古い諺にあるように。

3　これに代わる仮説として、素面のときのアルコール依存者は、まわりの人たち以上に正気であり、その正気に耐えられずアルコールに手を伸ばすのだという説が考えられる。患者自らがその説を唱えるのも、わたしは耳にした。しかし本論は、これを斥《しりぞ》ける。ＡＡの法的代理人(自らは依存症歴がない)、バーナード・スミス氏の述べた次の言葉が、真相に近いところを射抜いているとわたしには思えるのだ——「ＡＡのメンバーは、アルコールの虜《とりこ》になっていたのではありません。物質礼賛社会を飛び交う数々の偽りの理念が、彼らを虜にしていたのです。その隷属状態からの脱出の一助に、アルコールがなっていたにすぎないのです[1]」。世間の狂った前提への反抗として飲酒に走るのではなく、世間によってつねに強化され続けている自分自身の狂った前提からの脱出を求めて飲酒に走る——この違いが重要だと思う。もっとも、アルコール依存者が、自分の立脚する(人並に)狂った前提ゆえに訪れる満ち足りなさに対して、人並以上に敏感な、肌の薄い人間だという言い方は、成り立つだろう。

４　したがって、以下の理論では、「醒め」と「酔い」の関係が、一般とは逆転したものになっている。「酔い」が「醒め」に対する(少なくとも主観レベルでの)矯正の機能を担っているという立場を、本論は打ち出すものである。

５　もちろん、日々の辛さ、やるせなさ、肉体的苦痛等からの解放を求めて、麻酔薬としてのアルコールに人々が赴くということは、ごく普通にあるだろうし、その結果、手のつけられないほどの泥酔に陥るというケースも少なくないだろう。そこに注目する人は、「酔い」の(主観的な)価値は、アルコールの持つ鎮痛の作用に求めればよく、「彼の醒めがエラーを含む」などという考えを持ちだす必要はないと主張するかもしれない。しかしわたしとしては、これらのケースを、耽溺的・反復的なアルコール依存症の問題の本質には触れるものでないとして、考察の枠外に置く。耽溺した飲酒者が、「辛い」「悔しい」「いらつく」という思いを、酒に手を出す口実として使うことは、一般的だろうけれども。

「醒め」と「酔い」という対概念を前にして、単に後者が前者の「苦しみを忘却させる」というような漠然とした言い方で処理するのではなく、もっと突きつめた、具体的な地点に降り立って、そこから関係の転覆を図ること——それが本論の目論見である。

■——〈醒めた〉自分

依存症の人間を抱えた家族や友人は、「もっと強くなれ」「酒の誘惑に打ち勝て」と叱咤する。これらの言葉が、現実に何を意味するのかは定かでないが、重要なのは、依存者自身が——醒めているあいだは——自分の〝弱さ〟にこそ〝問題〟があるのだと、一般に考えている点である。彼は「我が魂の指令官[2]」になれると、少なくともそれがあるべき姿だと、信じている。しかし、「最初の一杯」のあとはもう、飲酒を止める動機が完全に消滅してしまうということは、アルコール依存症の常識だ。意識レベルで彼の〝自己〟は(典型的には)、「ジョン・バーリーコーン」〔アルコールを擬人化したキャラクター〕との泥沼の戦いに巻き込まれているのである。まるで秘かにこの次はどうやって酔っ払おうかと策をめぐらせ、あるいはその準備をしているかのように見えるのだが、しかし、そのような「酩酊への意志」を、治療の場で引き出すことはできない。見たところ彼には、自分の魂に〝指令〟して「酔い」に向かわせることも、「酔い」を指揮してそれを抑えることもできないようすである。素面の自分のみを指揮し、しかも裏切られてばかりいる——これがどうも「指令官」の実の姿であるらしい。

AA共同創立者の一人で、みずから依存症の経歴を持つビル・W氏の手になる「十二のステップ」は広く知られているが、その第一のステップで、「酒との戦い」という神話に鋭くメスを入れている。アルコールとは戦えない——そんな力は自分たちにない——ことを認めるのが、更生への第一のステップとして明記されているのだ。これを認めることは、一般に〝降伏〟と解されており、そのために多くの患者はそこへ踏み上がることが——泥酔から醒めて間もないあいだを別として——できない。その状態にあるうちはダメだ、とAAは見る。というのも、そういう者はまだ「底を極めていない」のであって、底を極めないうちは、自分への絶望が事態改善の力にはまったくならない。ひとしきりの「素面状態」が続いたあと、また〝自己制御〟に走り、〝誘惑〟との架空の戦いを始めるばかりなのである。彼らが認めようとしない、あるいは認めることができないのは、酔っていようが醒めていようが、アルコール依存者の自己の全体が、「依存的パーソナリティ」なのであり、そういう自己が、依存症と〝戦う〟などということは、それ自体矛盾なのだという点である。ＡＡのパンフレットにある次の言葉は、今の論点を的確に把握している――「あなたの意志で治そうとすることは、靴紐を引っぱってあなた自身を持ち上げようとするのと同じです」。

「十二のステップ」の、最初の二つを掲げよう。

1　私たちはアルコールに対し無力であり、思い通りに生きていけなくなっていたことを認めた。

2　自分を超えた大きな〈力〉が、私たちを健康な心に戻してくれると信じるようになった。③

この両者の組み合わせから、驚くべき――しかしわたしの見るところ正しい――考えが引き出される。「依存者は敗北の経験から変化の必要を悟るというだけではなく、敗北することとそれ自体がすでに変化の第一ステップである。」ボトルに負け、負けを知ることが、最初の〝霊的体験〟となる。一つの大いなる力の顕現によって、「意志の力」という神話が崩れ去る……。

要するに、アルコール依存者の醒めた精神とは、デカルト的二元論の極端に破滅的な一変異体なのではないかと筆者は考えるのだ。〈精神〉対〈物質〉というあの分裂は、このケースでは、〝自己《セルフ》〟すなわち「意識する自分」対「パーソナリティの残りの部分」という対立の構図をとる。その二元構造を、いきなり第一のステップで打ち砕いてしまうところに、ビル・Wの天才が見てとれる。

哲学的に見れば、この第一のステップは、降伏ではなく認識論《エピステモロジー》の変化——「周囲の中の自分」[*1]を知る知り方の変化——と言うべきものだ。この変化が、「誤った」認識論からより「正しい」認識論への変化となっている点に注目したい。

■——認識論と存在論

哲学では古くから、二つの種類の問題が看取され、区別されてきた。まず一方に、物事はいかにあるか、一個の人《パーソン》とは何であるか、これはどんな種類の世界であるのか、にまつわる問題系があり、これは存在論《オントロジー》の問題とされる。もう一方に、われわれはいかに知るのか、をめぐる問題系がある。この世界の成り立ちをわれわれはいかにして知るのか。そういうことについて知ることができる(またはできない)われわれはいかなる生き物なのか、ということをいかにして知るのか。これらは認識論《エピステモロジー》の問題である。これら、存在論的問題に対しても認識論的問題に対しても、哲学者は正しい答えを見出そうとする。

だがフィールドを観察する自然学者《ナチュラリスト》は、これとは違った問いかけを行うだろう。もし彼が文化相対論者であれば――〝正しい〟存在論がありうるという点で哲学者に同意することはあっても――いま観察している民族の存在論が〝正しい〟かどうかは問うまい。その民族の認識論については、それが文化的に決定されたものであり、かなり風変わりなものかもしれないと考えるだろう。その独特な存在論や認識論を通してはじめて、彼らの文化全体が意味をなしているのだ、と。

しかし一方、そのローカルな認識論が誤ったものであることが明白な場合、その文化全体はけっして〝意味〟をなすことはないという可能性にも、自然学者は目を見開くべきだ。意味をなすにしても、それは他の文化や新しいテクノロジーとの接触によって打ち破られてしまうような、脆く限定的な状況下のことにすぎない、と。

生き物としての人間の自然史において、存在論と認識論を切り分けることはできない。人間は、自分が生きる世界のありようを（通常、無意識のうちに）信じ、その信じるところによって世界の見方や生き方が決まってくる。そして逆に、その見方と生き方が世界のありようを決める。生きている人間は、このように存在論的かつ認識論的な諸前提の網の目に捕らわれている。それは、最終的に正しかろうと誤っていようと、半ば自動的に正当化され強まっていく性格のものなのである。(4)

存在論的側面と認識論的側面のそれぞれに、そのつど言及し続けていくのはスマートでないし、人間の生きる自然史のなかで、両者が分離できるかのように扱っていくのは、正しくない。ところが、この二つの概念を一緒にカバーしてくれる便利な語が、残念ながら見当たらない。近いものとして「認知構造」cognitive structure あるいは「性格構造」character structure という語が浮かんでくるが、どちらも一番肝腎な点――人間とまわりの世界との関係にしみついた習慣的な思い（思考と行動の前提）こそが重要であり、しかもそれらの前提は、正しかったり誤っていたりするのだという点――を伝えてはくれない。[*2] そこで本論では、「エピステモロジー」という一つの語に、「認識の論理」と「存在の論理」の両方の意味を当てて済ませたいと思う。すなわち以下において「エピステモロジー」は、人的・事物的環境への適応と不適応を統御する前提のネットワークが持つ二つの面を、同時に含む。ジョージ・ケリーにならって言えば、人がみずからの経験をどう〝解釈する〟construe かを決定する諸規則、のことである。[*3]

本論では、西洋文化に特徴的な〝自己《セルフ》〟の観念を支える一群の諸前提を特に問題にする。同時に、その〝自己〟観念と絡む、いくつかの甚だしい西洋的誤謬に対し修正的にはたらく諸前提についても、考えていきたい。

■――サイバネティクスの認識論

驚くべきことに、今問うてきたような問題の答えの一部を、近年のわれわれは手にしている。過去二十五年ほどの間に、環境とは、有機体とは、そしてとりわけ精神《マインド》とはいかなる存在か、ということについての考察が飛躍的に進んだのだ。これはサイバネティクス、システム理論、情報理論とその関連諸学の進歩によるところである。

精神とは現象界に内在するのか、それとも超越的な存在かという、太古以来の大問題に対し、今われわれは、かなりの確信をもって、内在説を支持する答えを得ている。内在説の方が、超越説より、説明に必要な要素が少なくて済む――つまり、〈オッカムの剃刀〉によって超越説は退けられるのである。[*4]

積極的な根拠もある。いかなる事象および事物の集合の進行であっても、そこに十分に複雑な因果の回路と適切なエネルギーの系路があれば、精神的な特性を示すことができるのだ。すなわち、力や衝撃のような単なる物理的な諸因に突き動かされるだけではなく、比較する（差異に反応する）ことが可能になる。〝情報をプロセス〟しつつ自己修正的に動くことが可能になる――ホメオスタシス的に最適な方向へも、何らかの変数の最大化の方向へも。

情報の〝一ビット〟とは、一個の差異《ちがい》を生む差異《ちがい》(a difference which makes a difference)である。それらの差異が、回路《サーキット》内を次々と変換しながら伝わっていくもの、それが「観念《アイディア》」の基本形である。

しかしそれよりも直接的には、このような内的相互作用のシステムのある部分が、他の部分（その全体または一部）を一方的にコントロールするような関係を結ぶことはありえないという点が重要だろう。精神的特性は、寄り集まった全体に内在し、全包括的《ホリスティック》な性格を持つのである。

ごく単純な自己修正サーキットにも、このホリスティックな性格が現れる。蒸気機関には governor と呼ばれる調速器が付いているが、それがシステムの他の部分を一方的にgovern［統御］するわけではない。〝ガバナー〟とは、むしろ感覚器官か変換器《トランスデューサー》になぞらえるべきものだ。その実際のはたらきは、機関の現在の作動速度と理想の作動速度との差異（の変換形）を情報として受信し、その差異を変換して燃料供給装置やブレーキ機構へ伝えることなのである。つまり、ガバナーの動き自体が、システムの他の部分の動きによって——間接的にはガバナー自身の以前の動きによっても——統御されているのだ。

　このシステムの全体論的・精神的な性格をもっとも明確に示しているのが、最後に述べた事実だ。すなわち、ガバナーの動きが——否、巡回系路《サーキット》にあるどのパーツの動きも——以前の、それ自体の動きによって部分的に制御されるという点である。メッセージの本体は、次々と変換されながら回路をめぐる差異であり、これは必ず回路の全周をめぐる。それが回路の一点を出発して同じ点に戻るまでにある一定の時間がかかり、この時間が、システム全体の基本特性の一つになっている。ガバナーの動きは、直前の状況がもたらす直接の原因ばかりでなく、周回に要する時間分だけ現在から遡った時点での、それ自身の動きにも、部分的に拘束されるのだ。このことは、回路上の他のすべてのパーツの動きについても同じである。どんなに単純なサイバネティック回路でも、その動きの決定に、一種の記憶がはたらいている——と言ってもいいだろう。

システムがどの状態に収まるか（自己修正的な動きをとるか、波打つような動きを示すか、それともランナウェイに走るか）は、巡回する差異の全変換過程の総体と、システムの時間特性によって決定される。これらのファクターを、ガバナーはまったく「統御」することができない。人間社会の統御者としての〝ガバナー〟も、その点は同じだろう。彼もまた、システム全体をめぐる情報によって統御されている。システムの時間特性と、自分自身の過去の動きが及ぼした作用のフィードバックに合った動きを、彼もまたとらなくてはならない。

要するに、精神的特性を持つシステムで、部分が全体を一方的にコントロールすることはありえない。すなわち、システムの精神的諸特性は、特定の部分ではなく、システム全体に内在する。

この結論の持つ意味が、「コンピュータは思考するのか?」また「精神は脳の中にあるのか?」と問うときに明確になる。これらの問いに「イエス」と答えるのは、システムの精神的特性のうち、コンピュータまたは脳が、その内部に持つほんのいくつかの機構を取り上げた場合に限られる。コンピュータという機械は、いくつかの内的な可変項に関して自己修正的なふるまいをする。たとえば空気冷却装置がついているものでは、温度計が一種の感覚器となり、それが温度の差異に感応し、その差異を「オン・オフ」

の情報に変換してファンに送る。するとその情報が温度の差異に変換される。この因果関係のループができているとき、このシステムは、内部温度に関して精神的特性を持つことになる。しかし、インプットされる差異をアウトプットされる差異へ変換するというコンピュータ本来の仕事が、それ単独で、一つの「精神プロセス」であると考えるのは正しくない。われわれの目の前にあるこの機械は、われわれ自身とそのまわりの世界を含む大きな回路《サーキット》の一部――「弧」――として、回路の残りの部分から情報を仕入れ、それを変換して、ふたたび回路の残りの部分へ伝達しているにすぎないのである。「精神的特性を示す」と正しく言えるのは、この大きなシステム全体である。調和的にはたらく一つの大きなアンサンブル――試行錯誤の原理で動き、創造性を持つその全体――にこそ、精神は宿るのだ。

「人間の精神」についても、話は同じである。脳の一部をなす完結したサーキットを取り出して、そこに精神が内在すると言ってよい場合もあるし、「脳プラス身体」のシステム全体に、精神が内在すると見ることが適切な場合もある。さらには、もっと大きな「人間プラス環境」のシステムに、精神が内在すると見なくてはならない場合もある。

原則として、生物世界の事象に関して、そのメンタルな面を理解し説明するためには、系全体《システム》――その中でバイオロジカルな出来事が決定される諸々のサーキットの網の目全体——を見渡さなくてはならない。このメンタルなシステムは、閉じてはいるのだが、その範囲は必然的に、〝自己《セルフ》〟と(さまざまな意味で)呼びならわされているものと、境界を異にするのである。

きこりが、斧で木を切っている場面を考えよう。斧のそれぞれの一打ちは、前回斧が木につけた切り目によって制御されている。このプロセスの自己修正性(メンタルな特性)は、木―目―脳―筋―斧―打―木のシステム全体によってもたらされる。この全体こそが、内在的な精神の特性を持つのである。

正確には、次のように表記しなくてはならない。(木にある差異群)―(網膜に生じる差異群)―(脳内の差異群)―(筋内の差異群)―(斧の動きの差異群)―(木に生じる差異群)……。サーキットを巡り伝わっていくのは、差異の変換体の群れである。その差異の一つひとつが「観念」——情報のユニット——であるわけだ。

ところが西洋の人間は一般に、木が倒されるシークエンスを、このようには見ず、「自分が木を切った」と考える。それればかりか、〝自己〟という独立した行為者があって、それが独立した〝対象〟に、独立した〝目的〟を持った行為をなすのだと信じさえする。

「ビリヤード球Aが、ビリヤード球Bにぶつかって、Bをポケットに落とした」という言い方には、問題はない。人が斧で木を切り倒す出来事も、その出来事のシステムのすべてに、純粋なハード・サイエンスの記述を当てていくのであれば、(それが可能かどうかはともかく)それで構わない。しかし、われわれはふつう、この出来事の記述に人称名詞を登場させる。それとともに精神が持ち込まれる。しかもそれは、人の内部に囲い込まれたものとしての〝精神〟だ。一方で木は、ただのモノになる。いや、人までがしばしばモノのように捉えられる。自分は斧にはたらきかけ、斧は木にはたらきかけるという、二つの関係の言葉上の一致が、精神の物象化というナンセンスを生むのだろう。混乱のもとはおそらく、〝I hit the ball〟[わたしが球を撞いた]と〝The ball hit another ball〟[球が球に当たった]とが、同じ表現形式を持つところにあるのだろう。

「自己はどこにあるか」「その境界はどこか」と誰に尋ねても、一様に混乱した答えがきっと返ってくる。あるいは、杖に導かれて歩く視覚障害者を考えてもよい。その人の自己は、どこから始まるのか。杖の先か、柄と皮膚の境か、どこかその中間か。こんな問いは、土台ナンセンスである。この杖は、差異が変換されながら伝わっていく系路の一部分にすぎない。それを横切る境界線は、当人の動きを決定するシステム全体のサーキットを切断してしまうものだ。

人の感覚器官は情報の通路かつ変換器であり、この点は神経細胞の軸索も変わらない。システム理論の考え方からすると、軸索を伝わっていくものを〝インパルス〟[衝撃]と呼ぶのは、実は好ましくない。差異が形を変えながら伝わっていくと言う方が明らかに誤りが少ない。「神経インパルス」という言い方はハード・サイエンスの思考から導かれたもので、困るのは、この比喩に頼るうちに、「心的《サイキック》エネルギー」とかいう無意味な概念を信じてしまいそうになることだ。そうなると「ゼロ」の活動も情報を担うという、基本のポイントが見えなくなってくる。軸索の「停止」がその「動き」と異なるのは、「動き」が「停止」と異なるのとどこも違いはしないのに。「動き」によって情報が伝わるのではない。「動かない」も同様に情報を伝えるのだ。「動き」のメッセージが信頼されるためには「停止」のメッセージも同様に信頼されなくてはならない。

実は〝活動のメッセージ〟とか〝停止のメッセージ〟という言い方からして、正しくない。情報が差異の変換であるなら、一方のメッセージを「動―止」、もう一方を「止―動」と表記する方がより正しい。

悔い悩めるアルコール依存者についても同じ考察が当てはまる。「醒め」そのものを選択することなど、彼には原理上できないのだ。可能なのはせいぜい「醒―酔」を選ぶこと。この選択のセットは失われない。両極化された宇宙を生きることに変わりはない。

自己修正的に動きながら情報をプロセスしていく――〝思考〟し、〝行動〟し、〝決定〟していく――ユニット全体を、しっかり見すえることが肝腎である。このシステムの境界は、生物の身体的境界とも、また一般に〝自己〟とか〝意識〟とか呼びならわされているものとの境界とも、まったく一致しないのだ。「思考する系《シンキング・システム》」と、いわゆる〝自己〟とのあいだには、何重もの違いがあるのだということ。このことに気づくのは重要である。

1　〝自己〟は一般に超越的存在と見なされているが、「思考する系」はそうではない。

2　差異が変換されつつ伝播していく因果的伝達系路のネットワークに、諸々の観念《アイディア》が内在する。それらの観念は、すべてのケースで少なくともバイナリーなあり方をしている。それは〝衝撃《インパルス》〟ではなく、〝情報〟である。[*5]

3　このネットワークは、意識によって限定されるものでなく、その外側に伸びて、無意識の精神作用のすべてを——自律的な作用も抑圧による作用も、ニューロンの作用もホルモンの作用も——包括する。

4　さらにこのネットワークは、皮膚の外側に伸び、情報の外部系路のすべてを含む。情報の〝対象〟に内在して作用する差異も包合する。光と音の系路も、外界の事物や人間や、とりわけわれわれ自身の行為に内在する差異の変換形を伝えるものである限り、ネットワークの一部をなす。

われわれの文化を広く覆っている認識論の、基本的な――とはいえ、わたしの目には誤りに見える――教義の数々が、互いに支えあい、互いを補強しあっていることに目を向けなくてはならない。精神が超越的な存在であるという前提が崩れると、今度はすぐに、精神は身体に内在するという前提がはびこってしまう。思考のネットワークの大きな部分が身体の外側にあるとすれば、身体の作用から精神が生まれるという考えも正しくない。いわゆる「心身問題」とは、問いの設定自体に誤りがあって、それを問い始めるとパラドクスが避けられなくなる。精神が身体に内在すると仮定するなら、それは超越的なものとならざるを得ず、超越すると仮定しても内在せざるを得なくなって、無限ループに陥るのだ⑤。

さらに、無意識の諸過程を〝自己〟から切り離し、〝内なる他者《エイリアン》〟として扱うなら、そこには〝衝動〟や〝力《フォース》〟といった主観的色づけが生じる。そうなると、この擬似物理的なイメージが、意識的な〝自己〟にまで拡張され、〝自己〟とは、無意識の力に抗する存在であるかのように、ありもしない力によって成り立っているかのように思えてしまうわけだ。〝自己〟を意識と同一視する、広く流布した思い込みは、こうして、観念が〝力《フォース》〟であるとする思い込みに通じ、この誤謬がまた、軸索が〝衝撃《インパルス》〟を伝えるという言い方によって補強される。この混乱から抜け出すのは、なんとも大変そうである。

われわれとしてはまず、アルコール依存者がつくる概念の二極構造の検討から出発しよう。「オレはボトルと戦うぞ」という、認識論的に見てかなり不健康な決意がなされるとき、当人の頭のなかで、何と何との戦いが始まろうとしているのか。

■――依存者の〝プライド〟

すべてのアルコール依存者は、普遍的な意味で、哲学者である。というのも、人間のみならずすべての哺乳動物は高度に抽象的な原理に導かれているからであるが、その原理は意識されないか、意識されたとしても、その知覚と行動を導く原理が哲学的なものとは気づかれることがなく、誤った呼び名で呼ばれるのが常である。その原理に対する、ありふれた誤称の一つが「感覚《フィーリング》」という言葉だ⑥。

この誤称が生まれる背景には、意識の周縁にある精神作用をことごとく物象化し、身体のはたらきに帰してしまう、アングロサクソン人の認識論的傾向が見てとれる。たしかに、これらの原理が作動したり阻止されたりすると、ある種の感情や身体的反応が伴うことが多い。しかし、パスカルはいみじくも言う。「情感《ハート》には理性《リーズン》が感取できない独自の理《リーズン》がある」*6と。〈理《リーズン》〉に導かれているといっても、アルコール依存者の思考と行動が、理路整然としているという意味ではない。根底にある認識論が間違いだらけであるとき、そこから導かれる理論が、自己矛盾か、極度の視野の狭さに陥ることは避けられない。矛盾した公理群から、無矛盾的な公理体系が作られることはありえない。矛盾の上に統一された理論を築こうとすると、結果、精神分析学やキリスト教神学が示すように、理論が果てしなく複雑化してしまう。あるいは現代の行動主義心理学に見られるように、視野が信じがたいほど偏狭なものになってしまう。

アルコール依存者に深くしみついた「プライド」の原理の分析に入ろう。それは西洋文明を特徴づけるあの奇妙な二元的エピステモロジーから、どのように引き出されたものか。

「プライド」「依存」「宿命観」⑦など、生を導く原理の記述を試みるとき、それらを第二次学習の産物であると想定して、それらの原則が習得されるのにふさわしいコンテクストを問うていくと便利である。

1　ＡＡが「プライド」と呼んで諫める依存者の生活原理が、本人の過去の達成を元にしたコンテクストのなかにないことは明らかである。この〝プライド〟は、過去の誇るべき行いを意味対象としない。強調点は「オレはできたぞ」ではなく、「オレはできるぞ」にある。「オレにはできない」という命題を受け入れることができず、取りつかれたようにチャレンジを繰り返す姿がここにある。

2　依存症に病む――依存症の誹《そし》りを受ける――ようになって以後、この〝プライド〟は、「オレは素面でいられる」という命題に、集中的に駆り出される。しかし、これに成功することは、自己への〝チャレンジ〟そのものを失うことだ。ここでＡＡの言う「愚かな過信」が頭をもたげる。「大丈夫さ、一杯くらい……」と一歩踏み出しては泥酔に陥る。この事態を、酒を飲まずにいられたことで、酒を飲まずにいられることのコンテクスト組成が変化したという言い方で捉えることができる。ある時点で、「一杯のリスク」なしに彼のプライドは満足しなくなった。今や飲酒のリスクこそが、「オレはできる」を証明すべきチャレンジとなるのである。

3　ＡＡの作戦は、このコンテクスト構造の変化を全力を挙げて阻止することに向けられている。「一度アルコホーリックなら一生アルコホーリック」という教えがあれほど徹底しているのも、アルコールにチャレンジするなどという破滅的な思いの芽を摘みとるためである。「おまえの本性はすでに酒びたりなのだ」と諭すことで、AAはアルコール依存症を患者の自己の「内側」にしっかりとセットする。(そのやり方は、ユング派の分析医が、患者に自分の「心理型」を発見させ、その型に具わった強さ・弱さとともに生きることを学ばせるのとよく似ている。)これに対して「アルコホーリック的プライド」は、酒との交わりを、自己の「外側」にセットし、「自分」が「飲酒」に「抵抗」するという構図に収めてしまうのである。

4 依存者の〝プライド〟はリスクを引き受けることとリンクしている。言葉にしてみれば、「オレは、成功する確率が低く、失敗が破滅に通じるような危険なことに挑戦できる」となるだろうか。この生活原則は、明らかに、醒めの状態の継続には不向きである。成功の見込みが出てくると、「一杯」のリスクに挑戦せずにはいられないからだ。失敗を「運の悪さ」や「確率」の問題に帰すとき、人は失敗を自己の外側に締め出している。「たとえ失敗しても、その失敗の本体は自分ではない」――こう思うことで、依存者の〝プライド〟は出来事を外部へ追い出し、〝自己〟の概念を痩せ細らせていく。

5 賭け《リスク》にプライドを求め、それを生活原理とすることは、自己の破滅を求めることと変わらない。宇宙が自分に好意的かどうか、一度の賭けで知ろうとするのはよいだろう。しかしこの賭けを繰り返す――しかもその度に証明の条件を厳しくしていく――というのは、宇宙が自分を憎んでいることを証明するプロジェクトに乗り出すことだ。しかし一方で、ＡＡの文書につづられた依存症更生者の言葉を読むと、絶望の底で自殺を食い止めるものが、往々にして自尊の気持ちであることがうかがえる。苦闘にとどめを刺すものが、〝自己〟であってはならないのだ。(8)

■――プライドと対称性

アルコール依存者のいわゆるプライドは、実在または架空の「他者」の存在をつねに前提とする。したがって、それを生むコンテクストを十全に理解するためには、彼がこの「他者」と結ぶ(実在または架空の)関係を検討していかなくてはならない。その第一ステップとして、関係というものの総体を、「対称型」と「相補型」とに二分することから始めよう。(9) 関係をつくる「他者」が無意識の創造物であるとき、この区分けは必ずしも単純にはいかないが、分類の妥当性が失われるものでないことは、以下の論から明らかになると思う。

その前に、この関係の二分法について、本論を離れて、説明しておいた方がよいかと思う。分類の基準は、基本的に単純である。

二者関係において、AとBの行動が（AとBによって）同じものとして見られ、しかもAの行動の強まりがBを刺激してその「同じ行動」を強め、逆にまたBの行動がAの「同じ行動」を促進するようなかたちで二つが連係しているとき、それらの行動に関して両者の関係は「対称的」symmetrical であるという。

一方、たとえば見る行為と見せる行為とが互いにフィットするように、AとBの行動が同じでないが相互にフィットするものであり、しかもAの行動の強まりがBの行動の強まりを呼ぶようなかたちで両者が連係しているとき、それらの行動に関して両者の関係は「相補的」complementary であるという。

軍備競争、隣人同士の見栄張り、スポーツ競技、ボクシング・マッチ等々は、一般に見られる対称的な関係の数々である。支配—服従、サディズム—マゾヒズム、養育—依存、見る—見せる等々は、よくある相補的な関係の数々である。

高次の論理階型が絡む場合は、もっと複雑な考察が要求される。AB両者が、競って贈答品を贈り合うというケースでは、個々の相補的行動が、より大きな対称性のなかに枠づけられている。サイコセラピストが患者と何かしらの競合的ゲームを行うというのは、これと逆のケースであり、そこでは低次のレベル（ゲームのなか）での対称的行動が、高次のレベルでは、相補的な治療のパターン（養育—依存）に収まっている。

関係の両側にある人間が、その関係をそれぞれ異なった前提によって捉えているとき――たとえば、Bが「面倒見」のつもりでやっていることを、Aが「張り合い」のコンテクストにおいて見るようなとき――さまざまなダブルバインド状況が発生する。しかしそういう錯綜した関係パターンに、本論は立ち入らない。というのも、アルコール依存者にとっての架空の他者――〝プライド〟のために必要とされる相手――は、統合失調症患者に現れる「声」と違って、本人と複雑なゲームを執り行うことはない（とわたしには思われる）からである。

相補型の関係も、対称型の関係も、「分裂生成」schismogenesis と呼ぶところの累積的なプロセスを進行させやすい[10]。個人間の対抗意識も国家間の軍備競争も、対称型の張り合いは、しばしば「エスカレート」していくものだし、それ自体はノーマルな親子間の養育―依存関係も、異様な強まりを見せることがある。これら病的発展性を秘めた一方向的変化が現れる原因は、対称型のシステムにも相補型のシステムにも、冷却（修正）機能を欠いた、正のフィードバック機構が組み込まれている点にある。しかし二つの型が混交したシステムでは、分裂生成にブレーキがかかる。軍備競争のスピードは、両国の関係に、支配、依存、賞讃等の相補的テーマが入り込むことで必然的に鈍るし、またそれらのテーマが提示され拒絶されるとき、競争は煽られ、激化するものである。

対称的テーマと相補的テーマとは、このように互いを打ち消すはたらきを示すが、その理由は、両者が論理上の「逆」をなすことに求められるだろう。純粋に対称的な軍備競争で、国家Aは、国家Bの力を査定し、その値がより大きなものであるときに、軍備増強に駆り立てられる。Bの方が自国より弱いと見たときには、努力はゆるむ。ところが、Aがこの関係を相補的なものとして枠づけている場合には、これと完全に逆の現象が起こる。Bが弱いと見たときにこそ、Aはスパートし、一挙征服を画するのである。[11]

二つのパターン間の、この反立的性格は、単に論理的なものとばかりは言いきれない。精神分析理論には、性器の運動をモデルにした、〝リビドー的〟行動パターンという分類項があるが、そこに含まれるのは、「侵入」「包合」「除外」「受入」「保持」などなど、相補的なものばかりである。[12] 一方、「張り合い」や「競争」等は、〝自我〟ないしは〝防衛〟の項に分類される。

あるいは、「対称」と「相補」とを、なんらかのかたちで生理的にコード化した、中枢神経の対照的な状態が存在するという可能性も否定できない。というのも、生物界では、それまで分裂生成の上昇を続けていたプロセスが、クライマックスに行きあたり、そこを境に急激に逆転するという現象が、さまざまに見られるのである。対称型の関係のなかで強まっていった怒りが、一瞬にして、深い悲しみに変わることがある。尻尾を丸めて逃げまわっていた動物が、ぎりぎりまで追いつめられた途端に、死を賭けて猛然と対称的な攻撃に転じることがある。いじめっ子が、反撃を受けた途端に怖気づくことがある。対称的な闘争で劣勢にまわったオオカミが、突然「降参」のシグナルを出して、それ以上の攻撃を止めさせることがある。

特に興味深いのが、この最後の例だ。オオカミ同士の戦いが、もしも対称的な型の──つまりオオカミAが、Bの攻撃行動に刺激されて、より以上の攻撃行動へ向かう──ものだとすれば、Bが〝負の攻撃〟ともいうべきものを示したときには、瞬間的に相補的な(Bの弱さが攻撃行動への刺激となるような)心理状態に移行しない限り、Aは戦いを続けることができなくなってしまうだろう。こう考えれば十分であって、ある特定の「降伏」のシグナルが、どのようにして、ある特定の攻撃を「抑止」する効果を持つのかという論議は必要ないのではないだろうか。

コトバを持つ人間は、他者に打撃を与える行為に、すべて「攻撃」というラベルを貼ることができる。しかし前言語的な生を生きる哺乳動物にとって、相手の強さに対抗する〝攻撃〟と、弱さを突く〝攻撃〟とは、異質のものと見るべきだろう。ライオンの目から見れば、シマウマへの〝アタック〟と、別のライオンへの〝アタック〟とは別物だとの報告がある⑬。

以上の点を確認した上で、本論の問いに移る。――アルコール依存者のプライドは、対称的関係の支配するコンテクストに根ざすものなのか、それとも相補的関係が支配するコンテクストに根ざすものなのか？

まず指摘できるのは、西洋文化内のノーマルな飲酒習慣が、対称型に向かう強い傾きを持っているという点である。耽溺性の飲酒から離れて、二人の男が社交的に飲んでいる場面を想定すると、そこでは飲み干すグラスの数を一致させるという行動原理が文化的に定着しているのを見ることができる。この場合、相手はまだ実在者であり、その対称性――〝ライバル〟関係――も、友好的なものだ。

アルコールへの耽溺が始まるとともに、その人は自分の飲酒行為への抵抗心をつのらせていくが、どうしても抵抗しがたく感じるのは、友と盃を重ねるべきだとする、あの飲酒の社会的コンテクストである。ＡＡの文書は言う。「まわりの人間と同じように酒を楽しむことができるよう、われわれは、どれほどまでに努力したことか！」

事態の悪化につれて、依存者は、酒と一緒に自分の世界に閉じこもり、自分に向かってくるものすべてに対して、あらゆるかたちの反撃を示す傾向を強めていく。「飲むのは心が弱いから」と諭す妻や友人に対して、彼は対称のパターンに沿って反発し、自分の強さをボトルへの抵抗をもって証明しようとする。しかし、対称型の反応のつねとして、闘争に一時的な勝利を得たあとは、戦いの動機が弱まり、彼はまた酒びたりの自分に戻っていく。対称パターンのなかで、努力の継続は、対抗する相手がリアルなものであってはじめて可能なのだ。

こうして戦いの焦点は、次第に変化していく。新しい、より破滅的なタイプの対称的闘争の渦中へ、彼は巻き込まれていく。いまや彼は、自分がボトルになど殺されないことの証明をしなくてはならない。「頭《こうべ》は血にまみれるとも、うなだれることなく」、ここに至ってなお彼は「魂の指令官」たり続けるのである。それがどんな魂かということなど考えもせずに。

その間にも、妻や上司や友人たちとの関係は、悪化の一途をたどる。もとより彼は上司の権威的な態度(相補的関係の押しつけ)を嫌悪していたわけだが、それに加えて妻も、夫の人格的崩壊を前にして、彼に対する相補的な態度を強めていく。以前から支配的だった妻は、さらに強圧的に出るかもしれない。養育的な姿勢をさらに強めて、夫の世話に挺身する妻もいるだろうし、あるいはただひたすら、夫の酒乱を耐える妻もいるだろう。それらのどの態度も、彼にとっては、怒りや恥辱の思いを焚きつけるものでしかない。対称的関係のなかにしか生きられない彼の「プライド」が、相補的な役割の受諾を許さないのである。

このように、アルコール依存者は、現実の他者とも架空の〝他者〟とも、はっきりと対称的で、明瞭に分裂生成的な関係に走る。そうした、エスカレートする破滅的な関係への捕らわれを、宗教的回心をもって断ち切ろうというのがＡＡの救出作戦だが、それはどのような論理に沿って進んでいくのだろう。次に見るのは、ＡＡによって治癒された人々のエピステモロジーが劇的に変貌するようすである。激しく対称的な習慣または世界認識が、他者との、そして世の中全体(または神)との、ほとんど純粋に相補的な関係に導かれていくのだ。

■——プライドか、逆理の証明か

アルコール依存者は、性懲りもなく愚行を繰り返す人間のように見えるかもしれないが、愚かなのではない。その行動は、「愚か」という語が当てはまるには、少々層が深すぎるところで——すなわち、一次過程のコードに従った前言語的なレベルの精神プロセスによって——生まれてくるのである。

夢のなかでも、動物の相互作用でもそうだが、前言語的レベルでは、それ自身の否定を含む命題(「オレはオマエを噛まない」「オレはアイツを怖れない」)をストレートに得ることはできない。否定命題を獲得するには、まず「そうでない」とされる肯定形の命題を心に思い浮かべ、あるいは実演してみて、そのうえで、それが理に適わないことを示していくほかはない。二匹の哺乳動物が「オレはオマエを嚙まない」という意志伝達を行う方法は、試験的な戦闘を――「戦闘ごっこ」とも呼ばれる、一つの「戦闘でないもの」を――実際やってみることなのである。友好的な挨拶の多くが、〝戦闘〟的行為から進化してきたことの理由は、そこにある。[14]

　こう考えていくと、アルコール依存者の〝プライド〟の持つアイロニーが見えてくる。それは、自己をテストに駆り立て、〝自己制御〟などけっしてうまくいかない、馬鹿げた試みであることを帰謬法によって証明する、精神機構の現れと考えられるのだ。つまり彼の〝プライド〟は、「これではだめだ」(It won't work)という命題へ当人を導くことを、その隠れた(言語化できない)目的にしている。この命題は、単純否定を含むものだから、一次過程の内部で表現することはできない。まず実際に、ボトルを手にするところから始めるほかはない。彼は想像上の他者である「ボトル」と勇壮なる戦いを開始し、それがいつのまにか「友愛の接吻」になっていることを知るのである。

　〝自己制御〟の効力を試した当人が、必ず飲酒に戻っていくという事実は、この仮説を支えるものである。しかも彼が生きるのは、まわりの人が、寄ってたかって「もっとしっかりしろ、自分をコントロールしろ」という自己制御のエピステモロジーを押しつけてくる環境なのだ。だとしたら、その、自己制御なるものの無効性を示すアルコール依存者の行動は、「正しい」ということにならないだろうか。依存症に陥っていること自体、世間一般の認識論的誤謬を、身をもって、帰謬法的に、証明しているのである。

しかし、「帰謬法で証明する」という言い方には、テレオロジー［結果のために過程があるとする論法］の危険がある。“It won't work”という否定命題を一次過程のコードに込めることができないなら、一次過程の演算によって有機体を、それをやってもだめな行動のコースへ、どうやって導くことができるだろう？

精神医学では、実はこれと同じ形式を持つ問題が少なくないのだが、これらの問題をうまく処理できる思考モデルが、一つ考えられる。それは「ある環境のもとで生物に不快感が生じた場合、正のフィードバック回路が活性化されて、不快の発生に先立つ行動が増長される」というものである。この回路《サーキット》は、不快を生むシークエンスを、いわば表面に引き出してくる。そして、不快を与えている行動を特定する。ときには、そのシークエンスに質的変化が生じる閾値にまで、不快を増幅する。

この正のフィードバック・ループが、サイコセラピーの現場で獲得されることがある。セラピストが、あえて症状の増加する方向へ患者を押しやるという、「治療的ダブルバインド」と呼ばれるテクニックがそれだ。ＡＡのメンバーが、アルコール依存者をそそのかして、「制御された飲酒」を試みさせ、制御できないことを自分で悟らせるというのもその一例だが、これについては、後にあらためて論じることにしよう。

統合失調症患者の症状や幻覚が、夢と同じように、自己システムの修正をもたらす経験となることも珍しくない。その場合、発症後の経験全体が、自動的通過儀礼《セルフ・イニシエーション》[15]の性格を帯びるわけである。バーバラ・オブライエン自らが語る精神病のレポートは、この現象を鮮明に伝えてくれる。詳しくは別稿を参照されたい[16]。

不快を、ある一定の閾値に達するまで（その値が死の手前にあるという保証はないのだが）、ランナウェイ的に増幅させていく正のフィードバック回路を想定することは、伝統的な学習理論の枠を踏み越える。ただ、不快なものを自ら求めて繰り返し経験し、それを確証しようとするのは、人間の性向としてかなり一般的なものだ。フロイトが「死の本能」と呼んだものは、あるいは、それであったのかもしれない。

■――酔いの状態

以上、対称型のプライドがもたらす悪循環のサイクルについて見てきたわけだが、そこに描いた、ボトルと格闘する耽溺者の姿は、アルコール依存症という現象全体の片面にすぎない。そちらの側に安らぎはなく、また明らかに現実味もない。彼が打ち負かそうとしている〝他者〟は、完全な想像の産物か、あるいは、自分が依存し、愛してさえいるかもしれない誰かの、グロテスクなまでに歪められた姿である。この虚しく胸苦しい状態と並んで、もう一つ別の居場所が彼にはある。すなわち酔ってしまうこと、少なくとも「ちょっと一杯」やること。

こうして彼は相補型の、依存的関係に身を委ねることになる。対称的な格闘からのこの退却を、アルコール依存者は、しばしば一種の「毒づき」、またはヤケクソの一矢として見るようだ。ともかく「ちょっと一杯」口にした瞬間に、彼のエピステモロジーは一変する。そして不安と苛立ちとパニックとが、魔法のように、一瞬にして消え去るのである。「酔い」に入ると〝自己制御〟は弱まり、それ以上に、自分を他人と引き比べなくてはいられなかった、対称性への捕らわれが消えていく。酒の温かさを感じるにつれて、心理的な温かさを他人に感じる場合も多いだろう。酔って愚痴ろうと、怒りわめこうと、このとき彼は、ふたたびリアルな人間関係を取り戻しているのである。

「醒め」から「酔い」への移行とは、「対称」から「相補」への関係の型の移行だという考えを、臨床データで実証するのは難しい。患者の言葉にデータを求めても、それらはふつう、記憶の混乱と、アルコールの及ぼす心身への複雑な毒性作用によって歪められてしまっている。しかし、証拠はわれわれのまわりに、いくらでもありはしないか。酒が人間関係をなごませることは、昔から歌に歌われ、物語にも語られている。儀式では、ワインに与ることが、大昔から社会的な「和」を象徴する行為として続いてきている。そのことは宗教的な「コミュニオン」でも、世俗的ななごみの場《ゲミュートリッヒカイト》でも同じである。われわれが広く認めているように、アルコールによって、人は文字通り仲間の一員としての自分を見出し、その見方に基づいて行動する。これは、周囲との関係を相補のパターンに収めるというのと同じである。

■――底を打つ

「底を打つ」という現象に、ＡＡは非常に大きな価値を与えている。落ちるところまで落ちていない依存者は、救われる見込みが少ないとされる。ふたたび依存に陥る人間のことを、彼らはよく「まだどん底を知らない」と評する。

「どん底」をなめさせる経験には、いろいろなものがあるだろう。アルコール性譫妄症の発作、酩酊時の記憶の喪失、夫婦関係の破綻、失職、回復の見込みなしという診断。

どれも事態の転換に向けての引き金となりうる。ＡＡの言うところによれば、どんなかたちで「底」が来るかは、人によってまちまちである。そこまで行きつかないうちに死に至るケースも見られる[17]。

だが一度絶望の淵を覗いたくらいでは、何も変わらないのがふつうである。「どん底」でのパニックは、事態好転のきっかけを与えるにすぎず、それを引き起こすものではない。パニックに到達した者に、友人、親戚、そして医者までもが寄ってたかって薬を飲ませ、励ましを与えて、依存者をパニックから連れ出したらどうか。それは彼を、プライドの回復とアルコールへの依存に引き戻し、あとでもっと深くもっと悲惨な絶望に落ちるためのお膳立てをすることに他ならないだろう。「絶望のどん底」に落ちたときというのは、いわば変化の可能性が「満ちた」ときであり、患者にはたらきかけるのであれば、その点をおいて他はない。「底」と「底」にはさまれた、プライドの支配する時期にシステムをいじってみても、変革は望み薄である。

ＡＡの文書にある次の「テスト」の記述は、このパニックの性格を浮彫りにしている。

> わたしたちは他人を「アルコール依存症」だと宣言したりはしません。あなたが「依存症」かどうかは、自分でテストすることをお勧めします。バーに入って、自

分の飲み方をコントロールできるかどうか、テストしてごらんなさい。飲み出してから、あるところでいきなりグラスを置いて席を立つことができるかどうか。一度ではだめです。自分に正直に何度かテストを繰り返せば、答えはおのずと出ます。たとえ酷い結果になっても、ご自分の症状を正しく認識できるのであれば、危険を冒す価値はあるでしょう。[18]

これはいわば、滑りやすい道で、ドライバーに急ブレーキをかけさせるというのと同じである。ドライバーにしても、自分のコントロールの及ぶ範囲がきわめて限られていることを知るのに、そう何度もブレーキを踏む必要はあるまい。（飲み屋街のことをskid row〔スリップ横町〕と言うあの比喩は、思いのほか的を射たもののようだ。）

「底を打った」アルコール依存者のパニックは、自分がコントロールしていると思っていた乗物が、スリップして止まらないことを知った人間のパニックである。「ブレーキ」だと思っていたものを踏むと、逆にスピードを増すのを感じる。そのとき人は、〈自分プラス車〉という、どう見ても自分より大きなシステムの存在を、パニックとともに知るのである。

以上の点からうかがえるのは、アルコール依存者の「どん底」体験が、システム理論を、三つのレベルで例証するということだ。

1 アルコール依存者は、醒めた自己の居心地の悪さにはたらきかけて、〝自己抑制〟の認識論が破綻する閾値にまで高める。その時点で、彼は酒に向かう。なぜなら系全体《システム》の方が彼より大きいので、それに飲まれて当然だからである。

2 この酩酊を繰り返していくうちに、やがて彼は、より大きなシステムの存在を知る。そこで「どん底」のパニックが彼を襲う。

3 ここで友人やセラピストの「なだめ」が功を奏すると、依存者は、その先の不安定状態――周囲の援助への耽溺――に一時的な落ち着きを得るかもしれない。しかしそのシステムも、問題を解決するものでないことを、じきに彼は身をもって証明する。ふたたび、しかも以前より深い「底」に落ちるのだ。[依存者と酒とまわりの人間がつくる]この大きなシステムへの介入を計るときには、そのタイミングによって、結果がプラスにもマイナスにもなることに注意しなくてはならない。このことは他のすべてのサイバネティック・システムでも同じである。

4 最後に、「どん底」の体験とダブルバインドの体験との複雑な関係について触れておきたい。(19) ビル・Wは、一九三九年に医師ウィリアム・D・シルクワースから、君はもう治らないと宣告され、そこで「どん底」を味わったと書き記している。[20] この、AA誕生に至る第一歩となったとされる出来事について、ビル・Wはこう綴っている。「シルクワース先生は、どれほど頑固なアルコール依存症の自我にも刺さる道具を下さった。それは我々の病を描写する次の言葉である。――我々を飲酒に駆り立てる精神のオブセッションと、我々に狂気か死かを宣告する身体のアレルギー。[21]」自らを精神と身体の闘いの場と見るアルコホーリックの認識論に、これは的確なダブルバインドをもたらす言葉だ。これらの言葉によって、彼が繰り返し引き戻される矛盾と恐怖に対しては、深く無意識的な認識論の、意図せざる変化を待つ以外、抜け道がないだろう――霊的な訪れによって、受けた宣告が無効になるのを待ち望む以外に。

■――アルコホーリクス・アノニマスの神学

AAの神学に関し、特に目を引く点を列記しよう。

1 自己よりも大きな〈力《パワー》〉がある。サイバネティクスでは、この点から一歩進んで、通常〝自己〟と見なされているものが、試行錯誤の系全体の、ごく小さな一部にすぎず、思考し行動し決定するのは系全体《システム》であるとする。このシステムは、全時点での全決定に関与するあらゆる情報系路を包含する。〝自己〟なるものは、この広大な連動プロセスのごく一部を切りとってきて、偽りの物象化を施したものにすぎない。サイバネティクスではまた、複数の人間から成る集団——いかなるグループであれ——も、そのような思考と行動をおこなうシステムをなす、と考える。

2　システムの霊的な〈力〉が、一つの個人的存在として、それぞれの人間と親密に結ばれていると感じられている点。つまりそれは「各自がそれぞれに理解する神」となっている。

サイバネティクスの見地からすれば、自分を取り巻く事物と人々の全体《システム》に対する〝わたしの〟関係は、あなたを取り巻く同様の系との〝あなたの〟関係とは異なる。「〜の部分をなす」という関係は、必然的・論理的に相補的なものとなるが、どのような部分をなすかという意味においては、各人みな違っている。[22]二人以上を含むシステムでは、この違いがより重要になるだろう。システムまたは〝力〟と呼ばれるものが、各人の立ち位置によって必然的に違って見えるのだ。さらにこのようなシステム同士が出会う場合、双方がお互いをこの意味でのシステムと認めることになるだろう。わたしが散歩する森の「美しさ」は、それぞれの木を認知し、かつ森という〝システム全体〟を認知するところにある。他人と話しているときに起こる同様の美的認知は、さらに胸に迫る。

3　〈力〉との好ましい関係が、「どん底」まで落ち、そこで「降伏」する体験を通して得られるとする点。

4　〈力〉への抵抗を続けるものは、アルコール依存者に限らず、自らの上に災いを招き入れること。人間のテクノロジーが生態系そのものへの対抗力を増している今日、人間を環境から切り出して、両者を抗争関係に置く唯物論哲学が、急速に崩壊してきているのは、システム論的に見て当然のことである。全体に対する戦いでは、部分が勝利するたびに、破滅が招き入れられる。生存の単位は――倫理的にも進化の事実からしても――個々の生物やその「種」ではなく、より大きなシステム、すなわちそのなかで生物が生を得ている〈力〉なのだ。環境を滅ぼすものは、我が身を滅ぼすほかはない。

5　この〈力〉が〝善行〟に報いたり、〝罰〟を下したりするものでないこと。これは重要なポイントである。そういう意味での〝力〟を、システムは持たない。聖書はこのことを、「神を愛する者には、万事互いによき方向へはたらきあうであろう」という表現で述べている。「神を愛さない者」には、万事が互いに悪しき方向へはたらきあう。AのいうA〈力〉とは、一方が一方を支配する「ユニラテラル」なものとは異質のものだ。A組織を見ても、彼らは厳密に「民主的」な(これは彼ら自身の言葉である)形態をとっているし、彼らが神と仰ぐものでさえ、「システミックな決定」とも言えるものを超えた存在ではない。ＡＡの支援者と、援助を受ける患者との関係も、またＡＡ本部と地方支部との関係も、同型の秩序の下にある。

６　耽溺が、〈力〉と呼ばれる存在の顕《あらわ》れとして見られていること。これは「十二のステップ」の最初の二段階［三〇七頁］の組み合わせから導かれるところである。

７　各人とこの〈力〉の健全な関係が、相補的なものであること。アルコール依存者の〝プライド〟が、架空の他者と対称的な競合関係を結ぶのと、これは鮮やかなコントラストをなす。分裂生成パターンのなかにあって戦っているものが、分裂生成を打ち負かすことはできない。

８　各人が〈力〉と結ぶべき関係の質と内容とが、ＡＡの社会構造に反映されていること。〈力〉への信仰の深まりを記す「十二のステップ」を補遺する「十二の伝統」(23)に、このシステムの世俗的側面——組織維持のありよう——が描かれているが、それぞれの十二番目のステップの記述は重なりあっていて、他のアルコール依存者を援助し続けることを、魂を正しく保つための霊的行為として、メンバーに課す。それを行わない者は、更生の道を逆戻りすると戒められる。人間と共同体との関係が、人間と神との関係に重なるという意味で、このシステムは、全体としてデュルケーム的な宗教を体現していると言えそうだ。——「ＡＡはわれわれのうちの誰よりも、大きな力である。(24)」

要するに、各個人と〈力〉とは、前者が後者の「部分をなす」is part of と定義するのが最も適切であるような関係をなしている。

9　匿名性の原則。ＡＡ的な思考と信仰のなかで、メンバーが自分の名を隠すということは、単に過去の恥辱の隠蔽とかいうことを超えて、本質的な重要性を担う。実際、組織全体が成功し、社会的に高い評価を得ていくにつれ、ＡＡのメンバーであることを売り物にした、宣伝、政治、教育、その他の活動への誘惑が高まったそうである。創設者の一人ビル・Ｗ自身、最初のうちはそうした誘惑に駆られたこともあったと、匿名性の意義を論じる文書で明かしている[25]。世のスポットを浴びることが、自分たちの利己性を排除して生きなくてはならない人間の魂にとって非常に危険だということを、彼はいち早く察知したのだった。そのうえ、政治的、宗教的論争や、社会改革運動に巻き込まれることは、組織全体にとって命取りになりかねない。アルコール依存者の犯した過ちは、「今日、世界をその縫い目から引き裂きつつあるさまざまな力」と他なるものでないとしながらも、会の目的はただ一つ、「アルコール依存の苦しみにあって、それを必要としている人たちに、ＡＡのメッセージを届けること」にあり、世界の救済はＡＡの関知するところでないと、彼はうたったのである[26]。その文書は「名を隠すことこそ、われわれの知る最たる自己犠牲」であると結んでいる。また、「十二の伝統」の最後の項には、「会の原理のためには、自己を滅ぼすべきだとつねに思い出させてくれる匿名性こそは、われわれの伝統の霊的な礎石である」とある。

われわれとしてはこれに加えて、匿名的であることが「部分と全体」がなすシステミックな関係の奥深い表現になっていると言うことができる。システム理論家の中には、さらに踏み出した発言をする人もいる。システム理論では、常に理論的概念を物象化する誘惑が付いてまわるからだろう。アナトール・ホルトは、"Stamp out nouns"(名詞を追放せよ)というステッカーを車に貼ったらいいと(パラドクシカルに)述べている[27][*7]。

10 祈り。「部分と全体の関係性」を求めて祈るとき、その祈りはすでに叶えられている。ＡＡは、そういうきわめて単純なテクニックで、相補的関係の確証を図る。メンバーは、「謙虚さ」など、パーソナルな性格を授かるよう祈るのだが、そう祈ること自体、すでに謙虚な行為になっている。その祈りが本心からのものであるとき(それが難しいのだが)、神にしても、その願いを聞き入れないことはできまい。「各自がそれぞれに理解する神」なら、なおさらである。ここにある自己肯定のトートロジーは、それ自らの美を有する。「どん底」でのダブルバインドの苦しみを通過した心が必要とする癒しを与えるものだろう。

ＡＡにはまた、有名な「静穏の祈り」があるが、こちらは少々複雑である。――「神よ、変える術《すべ》なき物事には黙して従う静穏さを授けたまえ。変える術のある物事には立ち向かう勇気を授けたまえ。そして二つの違いを見分ける智慧を授けたまえ。」(28)

ダブルバインドの体験が、苦悩と絶望をもたらし、心の深いレベルにある認識論的な前提を打ち砕くものであるとするなら、その傷を癒し、新しいエピステモロジーを育んでいくためには、なんらかの意味でダブルバインドの逆をなす経験が必要だという論が立つ。ダブルバインドが行きつくところは「選択すべき道がない」という絶望であるが、「静穏の祈り」は、なによりも狂気の拘束から患者を解放するものになっているのだ。

これに関連して述べておきたいのは、かの偉大な統合失調症患者ジョン・パーシヴァルが、自分の聞く「声」の変化を記していることである。その「声」は、はじめのころ「矛盾した命令」(わたしの言う「ダブルバインド」)で彼を苦しめたが、回復期には非常にスッキリとした選択肢を与えるようになっていた(29)。

11　AAはしかし、一つの点で、自然界の精神システムである家族やレッドウッドの森林と大きく異なっている。それは、単一の目的を持っているという点だ。すなわち「アルコール依存症の苦しみにあって、それを必要としている人たちに、AAのメッセージを届ける」という目的が、最高度に達せられる状況を目指すわけで、この点ではAAも、ゼネラル・モーターズや西洋諸国家と変わらない、粗暴な目的追求組織だと言ってよい。これに対して生物的システムは、多目的であることを特徴とする。レッドウッドの森林に具わった諸変数のうち、システム全体が一つの変数の最大化に目的を絞りこんで作動し、他のすべての変数を単に補助的なものとして扱うなどということは起こりえない。それは、最大化ではなく、つねに変数を最適値に保つことを目指すのだ。それはいつも「足るを知る」。そこでは「過ぎたる」は「十分」に及ばない。(西洋的な観念に基づくシステム、とりわけ貨幣システムは、生き物が編み出したうちで、きわめて顕著な例外である。)

ただ、その「単一の目的」は外へ向かっており、より大きな世界との非競合的な関係を図るものである。AAが最大化しようとする変数は、相補的なものであり、それは支配ではなく、「奉仕」の性格を持つ。

■――相補的・対称的な諸前提の認識論的地位について

人間の相互作用で対称性と相補性とが複雑に組み合わされる点について見てきたが、そこから一つの疑問が起こる。この二つが、「エピステモロジー」の変化を伴うような深みにおいて獲得されることが、どうして可能なのか。文化と人間関係の自然史的側面を探る研究にとって、これは避けて通れない問題である。

これに答えるには、人間をテーマとする自然史的研究で、本当に「基底的」fundamentalなものは何か、ということをはっきりさせる必要がある。わたしにとって、この言葉は、二つの意味を持つものだ。

まず第一に、精神のより深いところに根差す、変化しにくい、いわば「ハード・プログラム」された諸前提を、わたしはより「基底的」であるとする。この意味で、アルコール依存者のプライドや自惚れは「基底的」である。

第二にわたしは、宇宙のより大きなシステム(ないしゲシュタルト)に触れる前提は「基底的」であるとする。この意味で、「草は青い」という前提は、「色の違いには意味がある(makes a difference)」という命題より「表面的」である。

ところが、前提の組み替えで何が起こるかを問題にするとき、これら二つの「基底」の定義は、かなり重なりあうことが見えてくる。精神の深みに沈んでいた前提の変化をある人が獲得する(こうむる)とき、その変化の影響は、その人の意味世界《ユニバース》全体に及ぶだろうことは間違いない。「エピステモロジーの変化」と呼ぶに値するのは、そういう変化だ。

しかし、どのような世界認識が〝正しく〟、どのような世界認識が〝誤っている〟と言えるのだろうか。アルコール依存者が、プライドを募らせる対称的関係性から、ＡＡ型の相補性へ移行したことで、その人のエピステモロジーが〝正された〟と言っていいのだろうか。相補的関係の方が、対称的関係より、つねに優れているのだろうか。

　ＡＡのメンバーにとっては、相補性の方が対称性よりつねに好ましいと言い切れるかもしれない。チェスやテニスの試合といった、どうということはない張り合い関係ですら、彼らにとってはリスクとなる。表面的《ささい》な出来事が、心の深みに居座っている対称的な行動の諸前提を発動させてしまうのだ。といって、チェスやテニスが、万人を認識論的な誤謬に陥れるとは言えない。

　倫理的、哲学的に重要なのは、心の、そして宇宙の一番広くて深いレベルの問題である。ＡＡが「自己より大きな〈力〉」というものを、われわれの生にとって意味のある最大のシステムとして据え直すとき、それとの関係が対称的で競合的なものだと、心のほとんど無意識的な深みで信じるとしたら、それは大きな誤りである。

■――仮説の成り立つ範囲

　最後に、本論の分析の限界と広がりについて記す。

1　すべてのアルコール依存者が、ここに述べた論理に従って動いているという主張はされていない。他の型に属する患者もきっといるだろう。われわれ以外の文化では、アルコールへの依存が、別のしくみで展開することは、ほぼ確実に予測される。

2　アルコホーリクス・アノニマスが規範とするものが、人間の生き方として唯一正しいものだとは主張されていない。また、彼らの神学が、サイバネティクスとシステム理論から導き出される唯一のものだという主張もされていない。

3　人間のやりとりが、すべて相補的なものであることが好ましいという主張もされていない。ここではただ、個人とそれを包むシステムとが、必然的に相補の関係をなすと指摘されているだけである。個人同士の関係は、常に複雑なものであることに価値がある(とわたしは考える)。

4　しかしながら、アルコールに耽溺していない世界が、システム理論とAAの方法から学びうることは多い。その点は本論の主張の一部である。もしわれわれがデカルト流の心身二元論に基づいて思考と行動を続けていくなら、われわれの生きる世界が、神対人間、エリート対大衆、選民対劣等民族、国家対国家、人間対環境というような対立の構図において捉えられてしまう状況が、今後も避けがたく続くだろう。そんな奇妙な世界観と高度なテクノロジーの両方を併せ持った種が、果たして生存を続けていくことができるかどうかは疑わしい。

——本稿〔原題 "The Cybernetics of "Self": A Theory of Alcoholism"〕の初出は、*Psychiatry*, Vol. 34, No. 1, pp. 1-18 (William Alanson White Psychiatric Foundation, 1971)。同誌の許可を得て再録する。

■——原注

（1） [Alcoholics Anonymous], *Alcoholics Anonymous Comes of Age*, New York, Harper, 1957, p. 279.

（2） AAでは、このフレーズが、意志の力でボトルの誘惑に抵抗しようとする者に対する軽蔑の意味で使われる。引用のソースは、ウィリアム・アーネスト・ヘンリー作の詩「インヴィクトゥス」（不屈の魂）で、この前に「頭《こうべ》は血にまみれるとも、うなだれることなく」という一節が来る。なお、ヘンリーは、肢体不自由者ではあったが、アルコール依存症ではなかったことをつけ加えておこう。肉体的な苦痛と不自由とを克服するのに意志の力を頼むのと、アルコールへの耽溺から意志の力で脱出しようとするのとは、まったく別のカテゴリーに属するようだ。

（3） [Alcoholics Anonymous], *Alcoholics Anonymous*, New York, Works Publishing, 1939. [訳文は https://aajapan.org/12steps/ より。]

（4） J. Ruesch and G. Bateson, *Communication: The Social Matrix of Psychiatry*, New York, Norton, 1951.［『コミュニケーション――精神医学の社会的マトリックス』（前掲）］

（5） R. G. Collingwood, *The Idea of Nature*, Oxford, Oxford Univ. Press, 1945.

（6） G. Bateson, "A Social Scientist Views the Emotions," *Expression of the Emotions in Man*, P. H. Knapp, ed., New York, International Universities Press, 1963.

（7） ここでは記述の便宜のために、形式的なコンテクスト構造を利用するだけであって、それぞれの行動原則が、それぞれに見合った形式構造を具えたコンテクストで、全面的ないし部分的に学習されたとの前提には必ずしも立っていない。それらの原則が遺伝的に得られた場合であっても、記述にあたっては、現実に形をとって現れるコンテクストの形式を描くことが、その最良の記述となりうると考えるのである。行動とコンテクストとはこのように、つねに有機的に絡んでいる。ある行動原則が、遺伝的に得られたものか、そのコンテクストにおいて学習されたものかを決定するのが困難――というかほとんど不可能であることの理由は、まさにこの、行動とコンテクストとの不可分性にある。「社会のプラニングと第二次学習の概念」［本巻所収］を参照のこと。

（8） *Alcoholics Anonymous*（前掲）所収の "Bill's Story" 参照。

（9） G. Bateson, *Naven*, Cambridge, Cambridge Univ. Press, 1936.

（10） 同書。

（11） G. Bateson, "The Pattern of an Armaments Race—Part I: An Anthropological

Approach," *Bulletin of the Atomic Scientists*, 1946, 2(5): 10–16 および L. F. Richardson, "Generalized Foreign Politics," *British Journal of Psychology*, Monograph Supplements, 1939.

(12) E. H. Erikson, "Configurations in Play—Clinical Notes," *Psychoanalytic Quarterly*, 1937, 6: 139–214.

(13) K. Z. Lorenz, *On Aggression*, New York, Harcourt, Brace & World, 1966.［『攻撃——悪の自然誌』日高敏隆・久保和彦訳、みすず書房、一九八五］

(14) G・ベイトソン「本能とは何か」［本書上巻所収］。

(15) B. O'Brien, *Operators and Things: The Inner Life of a Schizophrenic*, Cambridge, Mass., Arlington Books, 1958.

(16) G. Bateson, ed., *Perceval's Narrative*, Stanford, Calif., Stanford Univ. Press, 1961, Introduction.

(17) AAメンバーからの私信。

(18) *Alcoholics Anonymous*（前掲）、四三頁。

(19) G・ベイトソンほか「統合失調症の理論化に向けて」［本巻所収］。

(20) *Alcoholics Anonymous Comes of Age*（前掲）、vii頁。

(21) 同書、一三頁。

(22) 特定の人間だけがアルコールに耽溺するという事実の説明が、この統合のスタイルの多様性という点から得られるだろう。

(23) *Alcoholics Anonymous Comes of Age*(前掲)。

(24) 同書、二八八頁。

(25) 同書、二八六―二九四頁。

(26) 同書。

(27) Mary C. Bateson, ed., *Our Own Metaphor*, Wenner-Gren Foundation, Conference on the Effects of Conscious Purpose on Human Adaptation. [一九七二年刊行。現在は二〇〇五年にHampton Pressから出た版が入手しやすい。]

(28) これはＡＡオリジナルの文書ではない。誰の手になるかは不明である。文章も、若干のバリエーションがあって、この引用は*AA Comes of Age*(前掲、一九六頁)からのもの。わたしの好きなバージョンである。

(29) G. Bateson, *Perceval's Narrative*(前掲)。

■――訳注

＊1　原語は personality-in-the-world.(「周囲」と「自分」とが切り離されていない点に注意。)「統合失調症のグループ・ダイナミクス」(本巻所収)の議論からも明らかな通り、コミュニケーション・システムとして恒常的なパターンに収まった家族内で〝患者〟が身につけた(その範囲で正しい)周囲についての認識は、より大きな周囲との接触によって〝治療〟さ

れるべきものである。では、次元を一つ上げて、人間集団全体の認識論を考えるとどうなるか。それは「文化的特性」と呼ばれるわけだが、それが「誤っている」ことはあるのか。アルコール依存者の執着する〝自己〟が認識論的誤謬であるとして、今日の西洋文明を生きるほとんどの人間の認識論はどうなのか――この問いかけは、「エピステモロジーの病理」をはじめ、本書下巻の諸論考へ持ち越される。

＊2　ベイトソンの言う「エピステモロジー」とは、有機的存在(生物や人間や文化社会)のそれぞれの「知り方」または「知り型」であって、「認識論」という訳語の適用範囲を超えていることが分かる。それは意識される「イデオロギー」より深いレベルに設定される「認知構造」であり、その人や文化を特徴付ける「性格構造」だということが、このパラグラフからも明らかである。

＊3　ジョージ・ケリーは、ベイトソンと同じ時代を生き、戦後はオハイオ州立大学の心理学教室に長く在籍して、人格 personality の形成と維持についての認知論的研究における実証的な理論を打ち立てた。主著 *The Psychology of Personal Constructs*, 1955(邦訳『パーソナル・コンストラクトの心理学』全二巻、辻平治郎訳、北大路書房、二〇一六、二〇一八)。

＊4　「オッカムの剃刀」は、説明を組み立てるのに不要な仮定は剃り落とさなくてはならないとする原則。つまり、システムの外側に「魂」のような超越的存在を置く仮説は、精神の説明のために不要であるということ。ベイトソンによる、新しいシステム論的な「精神」の説明は、本稿後続部だけでなく、本書下巻所収の「エピステモロジーの病理」や「形式、実

体、差異」等で展開され、『精神と自然』第Ⅳ章で、その完成形を読むことができる。

＊5 「バイナリー」とは「二元的」「二進法的」の意味。情報は、差異の報せであり、差異をつくるには二者が必要だという意味で、情報はバイナリーな存在である。すなわち、単一の「コレ」によるインパクトではなく、「アレではないコレ」が情報の一ビットとなる。

＊6 本書中、何度か繰り返し引用されるパスカルの警句であるが、ベイトソンの階層的な精神観に合わせて理解するなら、リーズンは個別的・具体的な対象を扱い、より一般的・習慣的なもの――その意味で抽象レベルの高いもの――は「なんとなくこんな感じ」という漠然としたクラスにまとめられ、一括処理される。「好き／嫌い」の感覚も、「面白い／つまらない」の判別も、同様に〝ハートの演算〟に任される。前パラグラフで、「フィーリング」を、哺乳動物のマインドにも人間のマインドにも等しく具わった「哲学的諸原理」の誤称と呼ぶのはそういう意味であろう。

＊7 世界をモノ(とその名)の集まりとして見る認識論は、何に対しても名詞のラベルを貼っていく人間の言語にきわまるのだろうが、それならば、名詞追放のキャンペーンをすればいいのか。車にコトバ(単語の集まりとしてモノ化した言語)を貼り付ける方法でそれをやっても、事はパラドクシカルな様相を強めるだけだろう。

第三篇へのコメント

第三篇に収めた論文で、わたしは慣例に従って、行為や発話が、あるコンテクストの「なか」で起こるという語り方をしている。しかしこれではコンテクストというものが、それぞれの行為や発話とは独立して存在し、後者が前者に「依存」し、前者が後者を「決定」するという誤った印象を与えてしまい、数々の観念が一体となって、一つの小さなサブシステムとしての〝コンテクスト〟を作るという、観念のエコロジーに沿った見方をかき曇らせてしまうだろう。わたし自身、この不適当な見方に長らく引き回されていた。

これもまた、物理や化学の思考形態を無反省に転用したところに由来する、数多くの試行錯誤的な誤りの一例であり、是正されなくてはならない。

個々の発話や行為は、コンテクストと呼ばれる生態学的システムの成分なのであり、そのコンテクストの全体から、それを取り去った残りの部分のものが「作ったり」「生み出したり」したものではない。そのように捉えることが重要である。

第二篇へのコメントで、わたしはウマの進化の問題に触れたが、あのとき指摘したのと、これは同じ形式の誤りである。その進化プロセスは、一つの種としての「ウマ」が、草原での生活へ適応していく変化の集積ではない。それはむしろ、ウマたちと環境との関係の恒常性の持続という見地から、見ていくべきものである。生存を保持しながら進化の歩みを続けていくのは、ウマと草を包合する全体《エコロジー》なのだ。もちろん、この進化プロセス全体のなかで、関係の両端に位置する「草」も「ウマ」も、一つの時点から次の時点へ、適応的に変化していく。しかし、もしその適応プロセスだけですべてが語り尽くされるのだとしたら、システム全体が病理に陥ることがあるという事実が説明できない。病理が生じるのは、個々の種における適応の〝論理〟と、生態系の生存と進化の〝論理〟とが別物であるからなのだ。

ウォーレン・ブローディにならって、生物体レベルでの適応と生態系レベルでの進化とは「時の肌理《タイム・グレイン》」が異なる、と言ってもいいだろう。*1

「生存」とは、ある生きたシステムに関する記述項目が、その間じゅう「真」であり続けることを意味する。逆に、そのような生きたシステムについてなされる記述の真偽に変化が起こるとき、われわれは「進化」が起こったと言う。どのシステムのどの記述項目が「真」のまま留まり、どれが変化を蒙《こうむ》るのか——それを見定めることが肝腎である。

システムの恒常的持続が、それを構成するサブシステムの変化によって得られるところに、パラドクスと病理の発生する根があるのだ。

動物と草との関係の恒常的持続が、その関係で結ばれた両者の、互いの変化によって獲得されるとすると、両者のうちの一方が、他方のチェックを受けずに適応的変化を遂げるところでは、つねに関係の存続が危機にさらされることになる。この大きな視野に立って思考していくとき、「ダブルバインド」の仮説に対しても新たな概念枠が必要となるし、「統合失調《スキツォフレニア》」を考えるにも、学習のレベルやコンテクストについて見ていくにも、新しい枠組が必要とされる。

統合失調症も、第二次学習も、ダブルバインドも、もはや個人の心の問題であることをやめ、それらが、個々の生物の皮膚で区切られるのではない、大きな〝精神〟のシステムのなかを流れる観念のエコロジーの一部として捉えられるような——そういう思考領域が必要だということである。

■――訳注

＊1　ベイトソンの友人、ウォーレン・ブローディは家族療法の先駆的な研究者。生態学的で位相幾何学的なシステム論に関心を持っていた。十年に一コマのタイムラプス映像と、千年に一コマのタイムラプス映像とを比べてみれば「時の肌理」の違いは明らかだろう。前者の「肌理」で、種の適応を示す過程を捉えることができるとしても、生態系の進化を示す動画は別の「肌理」を必要とするはずだ。

ベイトソンの歩み(II)――訳者

『精神の生態学へ』中巻は、第三篇「関係性の形式と病理」をまるごと収めた。全部で九本の論文、報告、講演の発表時期は一九四一年からの三十年に及ぶが、その中核をなすのは、パロ・アルトで若手研究者と共同研究をしていた時代(一九五二―六二)からの五本のアウトプットで、「遊びと空想の理論」に始まり、ダブルバインド仮説を提示した「統合失調症の理論化に向けて」を経てスコープを広げていくベイトソンの巨視的なコミュニケーション理論は、精神医学界に少なからず衝撃を与え、その思想的インパクトは今日まで及んでいる。

本篇はまた、「学習とコミュニケーションの論理的カテゴリー」など、六十代半ばになって、自らの心理学・精神医学との関わりを理論的にまとめ上げた論考を含む。最後を飾るアルコール依存症の理論は、西洋で重視される〝自己〟という観念が認識論的に誤りであることを、依存症への転落とその回復のプロセスを分析しつつ評じるというものので、ベイトソンらしい文明評論も同時に堪能できる。

本巻を初めて読まれる読者の多くは、ダブルバインド理論、およびその背景をなす学習理論がどういうものか、関心を寄せているに違いない。ベイトソンの考えることは、たしかに易しくはないが、難解な用語体系があるわけでもない。彼は自然の観察者だ。専門的な用語を振り払って、後ずさりして、あれこれを見比べながら、大きな全体を捉えるようにする。われわれもそれに倣えばよい。常識とイメージ力を逞しくして後を追う。すると、あるとき、いくつもの点が同時にストンと腑に落ちてくる――そんな経験を持つ人が少なくない。

ここではベイトソンの歩みを追いながら、彼の思考の組み立てを、自然な(実際に彼が理解していった)順番で辿っていきたい。以下の手順で進んでいこう。

(1)「第二次学習」の概念を理解する。

(2)「原学習」と「第二次学習」の段差に類するギャップ(論理階型間の切り分け)が、コミュニケーションの宇宙全体に広がっているという認識を共有する。

(3)動物たちのコミュニケーションの進化について共感的に想像し、「メタ」なレベルが切り開かれるとはどういう出来事だったのかを考える。

(4)人間同士のコミュニケーションにおいて、メタメッセージが、それが整理すべきメッセージと逆理的《パラドクシカル》に結びついてしまうケースを想像する。ここまで進めば、ダブルバインド仮説はほぼ理解できたに等しい。

人類学と心理学のギャップ

英国流の社会人類学の指導を受けた若きベイトソンが、マーガレット・ミードとの共同研究をきっかけに、米国流の「文化とパーソナリティ学派」のアプローチを取り入れたことは上巻で触れた。バリ島で撮った写真の多くが、子供の躾《しつ》けに焦点を合わせている。子供たちのふるまいが文化的標準にセットされていく過程も、言うまでもなく「学習」である。本巻の最初を飾る「社会のプラニングと第二次学習の概念」で論じられるのが、文化人類学者が見つめる学習と心理学実験で観察される学習とのギャップである。ベイトソンの眼はその両方を同時に見つめ、一つの全体図に収めようとする。

一方に凝視の視線がある。これには「客観性」をもたらす利点がある。メタローグ「本能とは何か」(上巻所収)で、娘に「客観的」ということの意味を聞かれて父は「自分が見ようと決めたものを、しっかり目を凝らして見るということだ」と答えるが、その視線を徹底することで心理学の科学的客観性を担保しようとしたのが、ベイトソンと同年生まれのB・F・スキナーで、彼の考案したスキナー箱は、刺激・反応・強化の三点セットからなる「オペラント条件づけ」の考え方と共に、実験心理学をポピュラーなサイエンスにした。

スキナーの「学習」は、常に心理学者の制御の下にある。そこにあるのは一方的な権力行使の図柄だ。そんなモデルで「学習」という現象を捉えることができるのかと、ベイトソンはきっと憤っていた。ナチスの支配するドイツ社会で、大人たちの行動を見張るように言いつけられた子供は何を学ぶか。たしかに、押しつけられた行動を身につけはするだろう。しかし同時に、その経験から、周囲に対するある特定の態度を習得するのではないか。そしてそれはその子の性格に組み入れられるだろう。個々の行動と同時並行して、性格形成的な学習が進むだろう(一九頁)。

同様の現象が、心理学実験のラボでも起こっている、とベイトソンは切り出し、その証拠を、いじわるにも、新行動主義心理学の大家クラーク・ハルの書いた近著に求める。個々の刺激に対する個々の反応の獲得を超えて、被験者自身の変化(自動詞的な、「〜になる」と記される変化)も同時に起きているのではないか? 二六頁の図2に描かれた右肩上がりのグラフは、適応的な学習の結果として、「実験慣れした自分」になっていく自動詞的な過程を表しているではないか。

被験者が学習させられる「原学習」のレベルとは別のところで「第二次学習」が進んでいく。しかしこの第二次のレベルで何が習得されるのか、それを決めるものは何か、と問うなら、視線は「実験のコンテクスト」に向けられるだろう。パヴロフのイヌであれば、[ブザーの音↓一定時間↓肉粉]という出来事連鎖の繰り返しに対して次第に習慣化した反応を獲得する。スキナー箱のネズミであれば、[条件刺激↓求められる行動↓報酬]の三点セットからなるコンテクストになじんでいくだろう。「なじむ」とは、事象の流れを、ある一定のパターンで捉える「統覚」を習得することだ。「迷路に入れられたネズミ」は、餌にたどり着くまで試行錯誤を繰り返す積極性を身につけていくだろう。そのネズミの〝探究行動〟を殺《そ》ごうとして、鼻先をつっこむと電気ショックがくる装置を考案してみても、その〝探究〟が第二次学習された、そのネズミの〝個性〟であるなら、原学習の原理に従って消去するのは無理だろう。

米国が第二次大戦に引きずり込まれていく一九四一年のシンポジウムで口頭発表された「社会のプラニングと第二次学習の概念」は、文化人類学と心理学を股にかけての複眼的な思考が冴えわたる論である。学習という現象を前に、複数のレベルを切り分ける思考術は、じきに始まるメイシー・カンファレンスとの関わりを通して理論武装され、やがて精神医学の領域で、結果を生んでいくわけだ。

西海岸での再出発

ハーバード大学で講師契約が更新されなかったベイトソンを、一九四八年、スイス出身でカリフォルニア大学サンフランシスコ校、ラングリー・ポーター精神医学研究所に所属する診察医のジャーゲン・ルーシュが共同研究員に招いた。もとより患者を取り巻く社会環境の重要性を意識していたルーシュが、ヨーロッパとは前提の異なるアメリカ社会でのセラピーの実践を通して、コミュニケーションというものに理論的関心を深め、ベイトソンを頼りにしたのだろう。米欧を比較するには、文化人類学者の眼も必要だったに違いない。共同研究のなかでベイトソンは、フロイト派やユング派の分析医の談話を採集した。精神分析学の諸前提の極端な鷹揚さをつぶさに観察したことは、行動主義心理学の視野の狭さを実感したことに劣らぬ影響を、後のベイトソンの論述に与えたと思われる。

翌四九年からはパロ・アルトの退役軍人局病院に「民族学者」の肩書きで雇われ、最少のワークロードで研究に励むことのできる環境を得た。日常生活のマネージに困難を覚える相棒のためもあって、ルーシュは知り合いのベティ・サムナーという女性を研究秘書に雇い入れる。五一年、グレゴリーとベティは結婚。息子ジョンをもうける。同年からは、スタンフォード大学で客員として授業を持った。この年、ルーシュとの共著『コミュニケーション――精神医学の社会的マトリックス』刊行。

メイシー・カンファレンスとの関わりからベイトソンが吸い上げつつあったシステム論的発想の広がりは、この共著にもふんだんに記されている。とりわけ、直線的《リニアル》な制御を排除する因果関係の循環的《リカーシヴ》な回路《サーキット》の発想と、嘘つきのパラドクス――「私はいまウソをついている」――を解決するラッセルとホワイトヘッドの〈論理階型理論〉とは、以後のベイトソンの論述に、基本の型を宛てがうものとなる。同書第八章には、「メタコミュニケーション」という、ベイトソンの独創的概念が初登場している。

研究に弾みがつくのがこの時期だ。一九五二年一月、サンフランシスコの動物園でベイトソンは子ザルが遊ぶのを観察していた。「これは遊びだ」という高次レベルのシグナルは、どのように授受されているのだろう。カワウソが遊ぶ映像を収めたフィルムを入手できたベイトソンは、〈論理階型理論〉をそれに絡めて「コミュニケーションにおける抽象化のパラドクスの役割」と題する研究計画をまとめる。上巻「謝辞」にあるように、ロックフェラー財団の理事長チェスター・バーナードの計らいで、研究奨励金が支給された。

ここで「高次のレベル」と「低次のレベル」の隔絶《ギャップ》について概観しておこう。コミュニケーションの宇宙には、ラッセルの言う「論理階型」の違いに類似したギャップがそちこちに現れる。

高次のレベル	低次のレベル
クラス(集合)	メンバー(元)
メタメッセージ	単発のメッセージ
なりゆきのパターン	個々の行動
場・口調・文脈	発言内容(言葉)

「場」や「雰囲気」が変われば、同じ発話も同じしぐさも「意味」を変えることは誰でも知っている。なごみの場につきまとう表情の緩みや、口調の穏やかさなど、人間も無意識のうちにムード・サインを発していて、それがメタメッセージとなって、交わされる言葉を文脈づける。それは他の哺乳動物にしても同じだろう。個々の行動が「マジ」なものか「ウソッコ」なのかを峻別するメタメッセージが機能するからこそ、子ザルもカワウソも「闘い」とそっくりの「じゃれ合い」を演じることができるのだ。

その理屈は誰にも普通に分かる。特別なのは、自然の現象の細部に、論理学の鉄則を看取するベイトソンの観察眼である。そして普通の知性が区別することを「同じ」として結び合わせる類比の思考。この〝性癖〟については、上巻「民族の観察データから私は何を考えたか」で自ら語っていたけれども、論理学を自然史の世界に突き合わせるなかで、アナロジーはまた一段と広がった。彼自身が学習の実験に関して切り分けた二つのレベルも、「一般対個別」という論理階型の段差の現れに他ならない。

原学習	第二次学習
この箱の中を探る	探究的行動を取る
個々の刺激に対する反応を獲得する	この種の実験のコツをつかむ

高次レベルの項目と低次レベルの項目が隔絶していることは確かだし、それぞれの項目間のギャップが、みな類似した性格を持つことも間違いない。われわれ読者に要求されるのは、「似ている」から一歩進んで「同じだ」とする抽象の把握力だ。たとえば本巻(一七五—一七六頁)には、次のような記述が見られる。——「コンテクストとメッセージとの間、またメタメッセージとメッセージとの間には隔絶があり、その隔絶は、事物

とそれを表す語彙や記号との間に、またクラスのメンバーとクラスの名前との間にある隔絶と性格を同じくする。」同じ対照を示すリストがどんどん増える。

コード化されたもの	コード化以前
語彙・記号	事物
描いたマップ	描かれるテリトリー
知覚像	モノそれ自体

これだけに留まらない。生物進化の領域では、遺伝子によるデジタルな制御の下にあるレベルと、環境からのアナログ的な制御に任される体細胞的レベルの間に、やはり同じギャップが存在する。が、それについて述べるのは、後回しにしよう。

実験的研究集団

話を戻すと、「コミュニケーションにおける抽象化のパラドクスの役割」と題する二年間の共同研究が始まったのが一九五二年秋のこと。ベイトソンは、若くて優秀で、変わり者の研究者に声をかける。まずは、十六歳でコーネル大学に入学し、化学エンジニアの経歴を持つ秀才ながら、コロンビア大学での人類学研究では指導教員の批判を受け入れず、学位論文を提出しなかったという、ジョン・ウィークランド。地元からは、スタンフォードの大学院でポピュラーな映画を対象にファンタジーの研究を始め、ベイトソンの指導を求めてきたジェイ・ヘイリー。加えて、論理階型のもつれとユーモアの関係の研究に着手していた退役軍人局病院のインターンで、医学博士号を取得して間もないウィリアム・フライも参加した。

こうして、「パラドクス」を核に、「空想」と「無意識」と「言語」を論じ、じゃれ合う動物や、冗談で笑い合う人間を対象にしたコミュニケーション研究がスタートする。まるでベイトソンを座長とする前衛パフォーマー集団のようで、調査対象は、視覚障害者と盲導犬、腹話術師と人形へと広がり、さらには当代きっての催眠療法家ミルトン・H・エリクソンも巻き込むものとなった。英国出身の東洋思想の伝道家アラン・ワッツも親しげに訪れた。真に面白いことを考えている人たちを見分けて、次々とパロ・アルトに呼んでくるということが、ケンブリッジの知的上流階級に育った彼にはできたのだろう。注目すべきは、この段階で、統合失調症に焦点を合わせた研究が始まっていなかったことである。ヘイリーが「自分は火星から来たと信じている」という患者の話を聞いて、みんなでフィルムとテープを回したことはあったようだけれども。

部外者には、何をやっているか分からない、クレイジーな研究集団と映ったことだろう。そもそも「パラドクス」というテーマ自体、論理的整合性(≒まじめさ)を信奉する科学研究にとって鬼っ子であっただろう。その上、自然界のプロセスのそちこちにパラドクスの渦を見出そうとするような姿勢は、自然に対する科学者たちの信頼——整然とした法則の下で動くとするニュートン以来の信仰——に楯突くものでもあり、共感は得にくかったに違いない。

奨励金は更新されなかった。十分な成果がまとまらなかったことも事実である。共同研究の一期目の終わり近く(一九五四年三月)に口頭発表された「遊びと空想の理論」は、今読んでもその思考の濃さとバラエティに圧倒されそうになるが、ここで展開されているのは前提から論理的に導かれる演繹的な考察であり、類比的なアイディアの数々が蔓延《はびこ》っていくという性格のものである。観察データもあるとはいえ、例として後付けされた感じが否めない。おそらくベイトソンは、グループの研究の広がりを示す目的でこれを書いたのだろう。「遊んでいる動物のコミュニケーションにおいて、メッセージとメタメッセージの逆理的癒着が観察される」ことを出発点にして、どれだけの思考領域に切り込んでいけるのかを示すこと。その点に関して、論旨を追ってまとめておこう。該当する本文項目番号をカッコに入れて示す。

a　動物から人間へのコミュニケーションの進化。これを階型構造の生成という観点から思弁する(1—5)。この問題は後に「冗長性とコード化」(一九六八公刊、本書下巻)で論じられる。

b　「遊び」と同列にある(何らかの意味で「否定」の伝達を含む)コミュニケーション・フレーム——「威し」「演じ」「だまし」およびそれらの組み合わせ。人間集団の「儀礼」も併せて考察する(6—10)。

c　「遊び」の中では、現実に存在しないものが指示対象になり、そこにはすでに、「空想《ファンタジー》」が発生していること。空想の伝達について、商業映画を対象とした研究が可能であること(11—12)。

d　「遊び」が(覚醒の)論理を逸脱すること。それは一次過程(夢・空想)と二次過程(覚醒意識)をつなぐ中間的な枠組を提供し、そこでは論理学で禁じられる非推移的な関係が生じうること(13—16)。

e　コンテクストを括りとる「心理的フレーム」について、それが「これは遊びだ《ウソッコ》」に類するメタメッセージをいかに処理しているかを構造的に知ることが有用であること(17—20)。

f　遊びの分析から引き出されたパラドクスとフレーミングの議論が、サイコセラピーのプロセスを解明するための鍵となりうること(21―25)。

「遊びと空想の理論」という標題に偽りはない。だが遊びと空想について論究することが、まじめな現実にとって何の役に立つのか。その点が具体的な内容を伴って記されていない。支援の継続を求めて、ベイトソンがノーバート・ウィーナーに手紙を書いた。その訴えの中でダブルバインドの仮説が生まれたと、本書上巻の「謝辞」にある。実際、メイシー財団に提出した研究計画には次の文言が見える。「母親が幼い子供を、ある行為をしたことで罰し、かつその行為をすると罰せられると学んだことで罰する――すなわち、負の学習と負の第二次学習を撚り合わせることで子供の中にパラドクスを生じさせる――ことが続くと、そのような母親に対応する経験から精神病理の基盤が形成される。」(スラスキー&ランサム編、六七頁。本稿末尾参照)

データの裏付けはないのに、ベイトソンの頭の中では、すでに一つの理論が明確な表現をとっていたのである。研究題目の急変を聞かされ、ヘイリーもウィークランドも仰天しただろう。だが統合失調を抱える家族に焦点を合わせることで、ともかくも研究に切実な社会的関連性が生まれ、奨励金が確保されたのである。かくしてパロ・アルト・

グループの二期目の共同研究「統合失調的コミュニケーション研究のためのプロジェクト」が始まるわけだが、ここでウィリアム・フライが海軍入隊のため離脱。その穴を埋めたのが、同じく精神医学の学位を持つドン・D・ジャクソンである。彼はすでに病変の単位が家族であるとする「ファミリー・ホメオスタシス」の考えに行き着いており、その発表を聞いたベイトソンが仲間に誘ったのだった。

個人のトラウマ的経験に症状の原因を求める思考を排して、「家族」というサイバネティック・システムに目を向けること。その意義は、本巻に収められた「疫学の見地から見た統合失調」(一九五五年五月の講話)が、余すところなく語っている。そこで語られている統合失調者は、デイヴィッド・リプセットの評伝によれば三十五歳、元空軍の機械技師で、その母親とベイトソンとのやりとり(八三―八五頁)は、演繹的に引き出されたダブルバインド理論を図解するような実例である。一九五六年初頭には、グループ全体として、二十五の家庭を対象とするデータ収集が始まっていた。みなサンフランシスコ湾岸域の中流家庭で、両親が揃っていて子に発症が見られるケースだった。

統合失調症に捕まって

パロ・アルト・グループの活動を世に知らしめた共同論文「統合失調症の理論化に向

けて」(一九五六)を見てみよう。これは演繹的な構造を持ち、抽象論から具体的データへと論述が進んでいく。全体を大雑把に通覧すると、こんなふうになるだろうか。

a　コミュニケーションの現象に階型間の段差が確認されるケースの例示。
(1)交わされるメッセージが「遊び」「喩え」「神聖さ」等のコンテクストに属する場合、それを告げるメタメッセージが確認されること。
(2)ユーモアのおかしみの多くが、段差の圧縮によって生じること。
(3)不誠実な(欺いたり、歪曲したりする)メタメッセージの諸例。
(4)学習が、必然的に第二次学習を伴う現象であること。
(5)統合失調者が段差の崩れたメッセージを発していることを実証するデータ。
b　ダブルバインド——その構成要素と作用を示す。
c　家庭状況の記述——ダブルバインディングな母子関係において、もつれたメッセージの総体からメタレベルを抽出する学習が、それを行うたびに受ける苦痛によって阻害される、統合失調生成的な状況の概説。
d　実際の臨床データからの例証。
e　進捗状況の報告——aに挙げたコミュニケーションの諸モードについての解明を

目指しつつ、特に「催眠」について、将来の展望として語る。

f　治療的ダブルバインドについて、例を挙げて説明する。

この共同論文はまた、目的的でもある。統合失調症とは、率直に言って、当時も今も、原因も治療法も分かっていない。したがって症状も画定されていない。そのような精神疾患に対し、ベイトソンらはコミュニケーション理論から症状論と病因論を提示し、治療法のガイドラインすら示している。あえてこれを言うのは、いつものベイトソンらしくないからだ。目的のために組織された世の営みに加わるのを彼は苦手としており、思い切り抽象的な理論を振りかざすか、目前の事象観察に傾注するかのどちらかで、その中間にある社会的業務の重要性は意に介さない。そうはいっても、若手の研究人生がかかっているとなれば、本気を見せたのだろう。自身の所属も不安定な身で、駆け出しの研究者を雇い入れ、ともかく十年にわたって研究一筋の生活を可能にした点には恐れ入る。ただやはり、ダブルバインドの理論が学術社会に喚起した関心に十分応えたとは、どう見ても言いがたい。十年間の想像的《イマジナティヴ》な探究を統合するような、共著の出版には至らなかった。もっともジャクソン編で『統合失調の病因論』（一九六〇）という論集は出たし、ヘイリーの催眠療法研究も『サイコセラピーの戦略』（一九六三）という本にまとめられた。海軍から戻ってきたフライは『スイートな狂気』(一九六三)と題するユーモア研究の本を出版。ただ御大のベイトソンは、自分たちの探究を統合失調症の研究成果として公刊することに関心を示さなかった。パロ・アルト・グループの研究の記録を、終わりが近づいた一九六一年にヘイリーがまとめたときも、その出版をベイトソンが承知せず、「一理論の展開――研究プロジェクトの歴史」という文書は、七六年刊行の、スラスキー&ランサム編『ダブルバインド』に収められるまで日の目を見なかった。

一方でベイトソンは、昔日の統合失調症者が残した手記を再刊行する仕事をこなしている。イギリス史上唯一の暗殺された首相スペンサー・パーシヴァルの息子ジョン(一八〇三―七六)が、発症して収容された体験を、回復後に格調高い英文で綴った手記を編纂し、序文をつけて『パーシヴァルのナラティヴ』(一九六一)として出版した。

時代の揺動、新しい知の胎動

ベイトソンによる動物園のカワウソの観察は一九五二年春から二年にわたって、間欠的に続いたが、撮影にはしばしば、詩人でジャズ・プレイヤーで写真家のウェルドン・キーズが同行した。ジャーゲン・ルーシュが『ノンヴァーバル・コミュニケーション』(一九五六)という本を作ったとき、共著者として、そのヴィジュアル本の写真を担当したのがキーズである。人類学者が異民族のエートスを知ろうとするのと同様に、観察によって動物のマインドのしくみを知ろうとするエソロジーの学が、ようやく立ち上がりつつあった。流れを先導したオーストリア人コンラート・ローレンツはベイトソンと同世代。彼が一般に向けて書いた『ソロモンの指環』の英訳出版は一九五二年のことである。

動物のコミュニケーションから未開拓の思考領域を切り開こうとする「遊びと空想の理論」では、意識未満の暗がりの領域がさまざまに探索される。同様の探究を始めたのがハンガリー生まれの博識家マイケル・ポランニーで、その著書『個人的知識《パーソナル・ナレッジ》』の刊行は一九五八年。計画的で目的的な、対象を見つめる知性の水面下に、人知れず私たちの日常を組み上げている「暗黙知」の世界が広がっているというヴィジョンは、しかし受け入れられにくいものだった。英語圏に彼の考えが伝わっていくのは、一般書『暗黙知の次元』(一九六六)が流通してからになる。

〝意識を拡大する〟薬物に対する関心も広がりを見せていた。ベイトソン同様ウィリアム・ブレイクに心酔するケンブリッジの知識人オルダス・ハクスリーは南カリフォルニアに長く住み、メスカリンによる神秘の体験を『知覚の扉』(一九五四)に書き記した。ベイトソン自身も五〇年代に二度にわたってＬＳＤを体験したが、強い関心を示したようすはない。彼が神秘を感じるのは、夢の混濁よりむしろ、自然界の整序——結び合わせるパターン——だったのだろう。

夢、動物、意識の底辺への知的関心の増大は、大きな時代の流れでもあった。近代の合理精神が、その扱いに手を焼いた〝狂気〟にしても同じである。ミシェル・フーコーが、後に『狂気の歴史』(一九六一)として出版される博士論文の研究をしていたのは、ベイトソンらの共同プロジェクトが展開していたさなかのことだ。狂気を正しく見つめるには、〝理性〟を理性的に見る視座が必要になる。科学の営みを科学的に見つめるメタサイエンスの営みも同様だ。後者の成果が、トマス・クーンによる『科学革命の構造』(一九六二)となって出てきたのもこの時代のことである。

そうした知の動きと、解放を求める運動が短絡的に結びついたのが一九六〇年代の特徴である。『ひき裂かれた自己』(一九六〇)等の話題の書を通して、精神医学の営みにラディカルな問いを突きつけたイギリスのR・D・レインは、パロ・アルト・グループとも親交を築いて「家族」に潜む権力の問題を問うていく。後の著『結ぼれ《ノッツ》』(一九七〇)は、ダブルバインディングな文のオンパレードだ。軍隊でのダブルバインディングな命令をブラックユーモアにした『キャッチ＝22』(ジョーゼフ・ヘラー、一九六一)は、六〇年代のアメリカ小説のムードをよく伝える。精神病棟を管理する病院の抑圧体制をコケにする

『カッコーの巣の上で』(ケン・キージー、一九六二)も大人気を博した。キージーは西海岸のドラッグ文化の先導者となるが、彼が合衆国政府の実験台として最初のLSD体験をしたのは、ベイトソンのいた退役軍人局の、メンロ・パーク病棟でのことである。

心理学研究にも変化が来ていた。知覚と運動とが、相互に形成し合うものだという実験の成果を、ベイトソンと同年生まれのジェイムズ・J・ギブソンがまとめつつあったのである。内なる〝自己〟が〝外界〟を正しく(または誤って)知覚するという、永らく信じられてきた世界観を、ギブソンの『生態学的知覚システム』(一九六六)は揺るがしていく。一方、南米チリでは、生物学者のウンベルト・マトゥラーナとフランシスコ・ヴァレラが「オートポイエーシス」と称する生命システムについての新解釈を練り上げつつあった。二人の共著は、英語圏では『自己産出《オートポイエーシス》と認知《コグニション》』(一九八〇)というタイトルで出る。生命の内部では「つくる」や「なす」といった他動詞的発想がそもそも不適切であること、回路は自己に再帰して「なる」「ある」「である」という出来事しか起こらないことを、改めて諭してくれる理論である。科学の思考は、部分部分で変わりつつあった。とはいえ、狩猟民族として、SVOの直線的な思考を発達させた人間たちが、認識論の変化にそう簡単についてこられるはずもない。パロ・アルト時代のベイトソンに、まだ光は見えていなかった。

ダブルバインドを離れて

共同研究は一九六二年まで継続しており、下巻掲載の「グレゴリー・ベイトソン全書誌」を見れば分かる通り、こなすべきセミナー・講演・執筆等の仕事も少なくなかった。そのうち二つの講演が本巻に収められている。どちらも題名に「統合失調症」の語が見えるが、その病についてというより、病を語ることから離れて一段階抽象度の高いレベルを覗《うかが》う、と言った方が的確な内容だ。

「統合失調症のグループ・ダイナミクス」は、メッセージの意味はコンテクスト(その場の規約)次第でマジックのようにすり替わるという警告から始まる。この警告は、上巻のメタローグに書かれた「「ただの言葉」なんてものはない」(上巻六一頁)という命題とも響き合うし、娘が発する「みんな生きていないと(…)あんなにメチャメチャにはならない」(上巻九五頁)という言明とも重なる。これは認識論の問題である。端的に言って、生きた世界を語るのに、「個」を独立した単元と捉え、そこから説明を起こすのは正しいやり方ではない。この講話でも、メッセージの意味が豹変するという話が、数学、音楽、遺伝学に関わるさまざまな逸話に飛びながら、最初の十ページを占めている。「個」を分析しようとしても無理。一歩引いて全体を見る。思考を一段高いレベルに移してグループ全体の布置を捉えることで、かくも簡潔で整合的な統合の説明ができることを示す(本巻一四八—一五五頁)。そうしておいて講演者はいきなり数理の世界に抜けて、フォン・ノイマンの「ゲーム」の一例を語り出す。——「結託の無限ループ」の例を持ち出して、この関係を現実に生きることの苦痛に対し共感することを求める。何ともめまぐるしい、起承転結の見えにくい話だが、それで伝えるべきことを伝えてしまうところがベイトソンの知的包容力なのだろう。

「統合失調症の理論に要求される最低限のこと」は、さらに強気だ。ここでいう「最低限のこと」(minimal requirements)とは、理論が「具えるべき要件」かと思うとさにあらず、むしろ「果たすべき責務」を言っている。この理論を起ち上げた以上、問題を精神医学の領域に留めるわけにはいかない。われわれの理論は隣人たちの領域に最低限、どんな変化を迫るものであるのか——

と宣言してベイトソンは、二つの隣接領域に踏み込んでいく。一つは実験心理学。学習実験のコンテクストは論じられても、そのまた上位のコンテクストを論じなくては意味がないことを、ダブルバインド理論にまつわるデータが示しているからだ。もう一つは、遺伝学の領域。「個体が形質を獲得する」現象と「形質が遺伝的に継承される」現象との間にあるギャップも論理階型の問題であるが、過去の進化論においては二つのレベルの峻別がきちんと行われてこなかった。

この講演ですでに論じられている問題が、論文としてまとまるのは先のことだ。まず一九六三年に後者の議論が「進化における体細胞的変化の役割」として学術誌『イヴォルーション』に掲載(下巻所収。これは後に『精神と自然』の第Ⅵ章へと進化する)。一方の学習の階型論は、国立精神衛生協会(NIMH)の奨励金を得て一九六四年、論文「学習とコミュニケーションの論理的カテゴリー」が一応の完成を見るが、その後「学習Ⅲ」に関する考察が進み、本書に収める段階で加筆された。

学習論でも進化論でも共通しているのは、ベイトソンの記述の細やかさである。事態を単線的で平面的な理解へ落とし込もうとする言語に抗うようにして、観察される自然に、論理の方を合わせていく。パラドクスに陥るぎりぎりのところまで論理を撓《しな》らせる。まさに思考のアートを見せられる思いがする。認識論への傾斜が強まっていることも見逃せない。「メッセージの研究」に「出来事そのもの」「物そのもの」は入ってこないというくだり(一八一頁)は、十年後のコージブスキー記念講演「形式、実体、差異」(下巻所収)で整えられ、クレアトゥーラとプレローマの対照を基盤とするベイトソンの宇宙論(『精神と自然』岩波文庫、二二頁)へと展開していく。

それとともに、ベイトソンの科学に、道徳的なトーンが増してくることも注目点の一つだ。内容の詰まった一九五九年の講演の、「人間とは何か」と題する最後の節(二〇六頁―)では、生き物が経験の中で獲得(学習)する形質を捨象するダーウィンの進化理論を、モラルの面で問題視している。同様の責任回避の姿勢は、精神の疾患を脳と遺伝の問題に還元する習慣にも見られる。いずれもその責は唯物論にある。コミュニケーション論は、その逆を行くものでなくてはならない。「客観」は不可能だ。出来事が意味を持つとき、そこには必ず文脈(事の脈)があり、その中に観察者も巻き込まれることは自明である。事物を見固める科学から、コンテクストに目を見開いていく科学へと踏み上がることで、美やモラルや神聖さとの関連を失わない、生きた宇宙の記述と説明が可能になるのではないか――。

見つめる宇宙が広がる。そこで彼が何を始めたかといえば、タコの観察だった。かつて子ザルとカワウソの観察から、彼の研究人生に新たな展開が生まれたとするなら、哺乳動物でない、脊椎動物ですらないタコたちの伝達行動は、いかなるコミュニケーション研究へと導いてくれるのか？　リプセットの評伝によると、タコを飼い始めたのは一九五九年。水槽の設置場所に窮して、はじめは病院の遺体安置所に置いたが、やがて自宅に持ち込んだ。仲間からも理解されない新しい研究を、挺身的に手伝ってくれた旧知の女性がロイス・キャマックで、六一年、二人は入籍する。娘ノラが生まれたのは七年後、父グレゴリーは六十四歳に近づいていた。

ベイトソンの生涯を追っていくと「神秘」に引き寄せられていく動きが明らかである。出発点は、鳥の羽に異なった模様をもたらす原理の考察だった。そして派手やかなイアトムル族の性交換の儀式「ナヴェン」があり、バリ島ではまず「トランスとダンス」をフィルムに収めた。それはサイコセラピーにおける「催眠療法」の関心につながった。じゃれ合う動物を観察すれば、コミュニケーションの進化に思いを馳せる。そこに見られるのは科学にアートを求める前衛意識であり、それを満たしてくれたのが「タコ」だったともいえるのだろう。ともあれ一九六二年、十年の長きに及んだ若手との共同研究は解散。翌年ベイトソンは、ジョン・リリーのイルカ研究所の副ディレクターとして、カリブ海ヴァージン諸島の町セント・トーマスに向かう。その先の話は、下巻で続けることとしたい。

ベイトソンの学習の宇宙

「学習とコミュニケーションの論理的カテゴリー」は、異民族のふるまいや、心理学のラボの動物や、サイコセラピーの現場を渡り歩いてきたベイトソンが、観察してきた「変化」の諸現象を、形式論理学の枠内に整理する試みになっている。ラッセルのいう論理階型の段差を、コミュニケーションの自然の中にいくつ認めることができるのか。

まず、学ぶ主体が変化しない情報受信の段階がある。「暗雲の知覚が雨の近いことを動物に報せる」ケースを考えてみると、この「報され」は、学びの一種ではあっても、個別的・瞬間的であり、動物の行動に変化をもたらすものではない(すでに暗雲の意味づけは過去に学習されている)ので「ゼロ学習」と呼ばれる。これに対し「学習I」は「複数の暗雲のクラス」に対する反応の獲得(習慣づけ)であり、実験心理学が問題にする学習は、おしなべてこのレベルにある。

学習IIを説明するのに、スキナー箱の原理である「刺激—反応—強化」の三項を脱構築するところが痛快だ。この三項から「反応」を抜けば——つまりベルを鳴らして一定時間したら無反応な動物にも餌を与えるなら——被験者はベルの音に反応して垂涎するというタイプの学習をするだろう。スキナーのいう随伴性 contingency は、被験者からすれば、自分が関われない「なりゆきのパターン」となる。これこそ、ベイトソンのいう「実験のコンテクスト」に他ならない。

だがコンテクストというものは、実験心理学の視線が注がれる単純なレベルを超えて、多重に積み重なり、見定めがたく広がっていくものだ。読者もまた、操作と制御のマインドを離れ、コンテクストの茫漠とした広がりに目を向けなくてはならない。だがその知的負荷にこそ、ベイトソンを読むことの刺激がある。二七二頁からの数ページに、人間関係の場における学習Ⅱの絡みについての説明が、a、b、c三項目にわたって書かれている。この部分は、何度でも噛みしめながら読むことができる。読むたびに新しい発見がある。性格はいかにして形成されるか。経験の流れの中で諸々の出来事はいかに「読まれて」いくのか。「探究」など、Ⅱのレベルにある行動は、なぜ意固地なほどに強まっていくのか。

「自分」とは何か。それはコミュニケーションの宇宙において、周囲との相互作用に意味づけられながら、いかに形成され固められていくのか。「自分が崩れる」とはどういうことか?　パヴロフの神経症誘発実験に対し、ベイトソンは、ざっとこのように説明する。「(if)問題解決→(then)強化」のコンテクストに適応して「がんばる自分」を演じ、それによって実験主との重要な(生存に関わる)関係を維持しようとするイヌは、「実験の進行に伴ってコンテクストが変化する(知らぬ間に解決不能の状況になっている)」というメタコンテクストの出現によって、ダブルバインドに苦しむことになる(二七〇―二七二頁、『精神と自然』二二一―二二七頁)。この苦境から逃れるには、コンテクストの変化について学ぶレベルの学習(Ⅲ)を必要とする。がんばる自分を相対化する知恵の獲得、といってもいい。

「ダブルバインド、一九六九」で紹介される雌イルカは、これをやってのけた。彼女はオペラント条件づけに適応し、どの行動が強化されるかを学んでいた。しかし「なりゆきのパターン」をつくる三項のうち、自分の示すべき反応が「さっきの行動」から「それ以外の行動」にすり替わってしまっていた。「特定の指示に従う」から「不特定な何かを選ぶ」へと強化の対象が移行していた。そのギャップを飛び越えられないと、調教師との関係までもマズイことになる……。

リリーの研究所を去ってやってきたハワイの海洋研究所で、このエピソードについて知ったベイトソンは、同じ状況を設定して実験データをとった。さまざまな人間関係のしがらみも吹っ切れた六十五歳の彼が「ダブルバインド、一九六九」で説明するのは、大きくステップバックして得られるパターンである。「トランス＝コンテクスチュアル(通文脈的)・シンドローム」という概念が導入され、ダブルバインドの苦痛も、ユーモアのおかしみも、詩や芸術の創造性も、大きく見て同じ原因(複数レベルのコンテクストが絡んでメッセージを多義化する状況)に由来することが記されている。

「学習Ⅱ」が「自己」の性格を固めていくものであるとすると、性格の改変を伴うセラピーや修行は、Ⅲのレベルの学習を伴うという理屈になる。〝身に染みついた〟諸前提を引き出して問い直し、変革を迫る。もしも学習Ⅱの過程を調節するツマミのようなものが考えられるとしたら、それを回す過程の獲得は「学習Ⅲ」である。

この過程を、実例に沿って検討したのが、「〝自己〟なるもののサイバネティクス」(一九七一)だ。そこではアルコールへの耽溺現象の論理と、依存者の〝自己〟の改変をもたらすアルコホーリクス・アノニマス(AA)の作用の論理が、「解明」とはいえないまでも、綿密に論究されている。依存症からの回復過程において、どんな「学び」が起こるのか、コミュニケーションの諸学を究めた複合的な視線が見つめる。

治療前の状況はこうだ。(1)「アルコールなんかにオレは負けない」と息巻く、プライドの高い〝オレ〟がいて、そのような〝オレ〟への耽溺がある。(2)その〝オレ〟とは、本人を作る全過程のうち「覚醒時の意識」に限られ、それ(醒めた自分)が、残りの世界(酩酊時の、無意識の自分を含む)と、対立して向かい合う構図がある。

これに対しAAは、次の戦略で対応している。(1)依存者の〝オレ〟を叩く――匿名性を徹底し、依存者のプライドが音を上げるまで、阿呆な失敗を繰り返させる。オマエの本質が無力な依存者であることを納得させる。(2)その上で、対称的な張り合い関係に代わる、部分と全体がなすシステミックな関係に依存者を導き、〝自分〟が聖なる〈力〉の一部として感じられるよう計らう。

ここで興味深いのは、アルコール依存者の自己のふるまいが、悪しき科学主義をその一部とする、西洋近代文明に耽溺した人間たちの、プライドに満ちた〝自己〟のカリカチュアのように読めるという点だ。また、部分が全体との間につくるシステミックな関係が、病理に対する健康なあり方として提示されているところも要チェックのポイントだ。これが、ベイトソンの中で完成しつつあったエコロジカルな認識論の現れであることは、下巻に収める第五篇・第六篇の諸論考が明らかにするだろう。

だが本巻も、同じモラルの問題を扱い、同じ戒めの視線によって貫かれていたことに賢明な読者は気づいているに違いない。「社会のプラニング……」にしても、科学的知見を手段とした制御の幻想に学者みずからが陥ることに警鐘を鳴らしているし、パロ・アルト・グループの研究も常に、統合失調症という「病」、ないしそれを病む「患者」が、治療者の一方的制御のもとに置かれることのないような計らいに満ちていた。物象科学をひな形として発展してきた学術のディスコースは、大幅な変身を遂げない限り、生きた世界の柔らかな出来事に対して十分な対応性を持ち得ないと、繰り返されていた。

下巻では、その「生きた世界」のうち、生物学、進化論、動物記号学、そして環境生態学――およびそれらの問題をまともに考えるための、より健康な認識論が模索される。

――下巻に続く

研究の総括、および評伝

一九七六　カーロス・E・スラスキー&ドナルド・C・ランサム編 *Double Bind: The Foundation of the Communicational Approach to the Family*, New York, Grune & Stratton.

一九七八　ミルトン・M・バージャー編 *Beyond the Double Bind: Communication and Family Systems, Theories, and Techniques with Schizophrenics*, New York, Brunner/Mazel.

一九八〇　デイヴィッド・リプセット *Gregory Bateson: The Legacy of a Scientist*, Hoboken NJ, Prentice Hall.

二〇一二　ティツィアーノ・ポッサマイ *Where Thought Hesitates: Gregory Bateson and the Double Bind*, Milan, Italy, Mimesis International.

パロ・アルト・グループによる単行本

一九六〇　ドン・D・ジャクソン編 *The Etiology of Schizophrenia*, New York, Basic Books.

一九六一　グレゴリー・ベイトソン編 *Perceval's Narrative: A Patient's Account of His Psychosis, 1830–1832*, Stanford, Calif., Stanford Univ. Press.

一九六三　ウィリアム・F・フライ *Sweet Madness: A Study of Humor*, Palo Alto, Pacific Books.

一九六三　ジェイ・ヘイリー *Strategies of Psychotherapy*, New York, Grune & Stratton.

一九六七　ポール・ワツラウィック、ジャネット・B・バヴェラス、ドン・D・ジャクソン *Pragmatics of Human Communication: A Study of Interactional Patterns, Pathologies and Paradoxes*, New York, Norton.

一九六七　ジェイ・ヘイリー&リン・ホフマン *Techniques of Family Therapy*, New York, Basic Books.

一九六八　ドン・D・ジャクソン編 *Human Communication: Vol. 1 Communication, Family and Marriage; Vol. 2 Therapy, Communication and Change*, Palo Alto, Science and Behavior Books.

一九七三　ジェイ・ヘイリー *Uncommon Therapy: The Psychiatric Techniques of Milton H. Erickson, M. D.*, New York, Norton.

一九七四　ポール・ワツラウィック、ジョン・ウィークランド、リチャード・フィッシュ *Change: Principles of Problem Formation and Problem Resolution*, New York, Norton.

関連図書（知的時代背景を物語る書に限定し、精神療法等の専門書からは選ばなかった。）

一九四九　コンラート・ローレンツ *Er redete mit dem Vieh, den Vögeln und den Fischen*, Wien, Verlag Dr. G. Borotha-Schoeler (*King Solomon's Ring: New Light on Animal Ways*, 1952). 日高敏隆訳『ソロモンの指環——動物行動学入門』ハヤカワ文庫ＮＦ、一九九八。

一九五〇　ノーバート・ウィーナー *The Human Use of Human Beings: Cybernetics and Society*, Boston, Houghton Mifflin. 鎮目恭夫・池原止戈夫訳『人間機械論 第2版——人間の人間

的な利用』みすず書房、一九七九。

一九五四　オルダス・ハクスリー *The Doors of Perception*, New York, Harper & Row. 河村錠一郎訳『知覚の扉』平凡社ライブラリー、一九九五。

一九五五　ハーバート・マルクーゼ *Eros and Civilization*, Boston, Beacon Press. 南博訳『エロス的文明』紀伊國屋書店、一九五八。

一九六〇　R・D・レイン *The Divided Self: An Existential Study in Sanity and Madness*, London, Tavistock Publications. 阪本健二・志貴春彦・笠原嘉訳『ひき裂かれた自己――分裂病と分裂病質の実存的研究』みすず書房、一九七一。

一九六一　ミシェル・フーコー *Folie et déraison: histoire de la folie à l'âge classique*, Paris, Plon (*Madness and Civilization: A History of Insanity in the Age of Reason*, 1964). 田村俶訳『狂気の歴史――古典主義時代における』新潮社、一九七五。

一九六一　トマス・サース *The Myth of Mental Illness: Foundations of a Theory of Personal Conduct*, New York, Harper & Row.

一九六一　アラン・ワッツ *Psychotherapy East and West*, New York, Pantheon Books. 滝野功訳『心理療法　東と西――道《タオ》の遊び』誠信書房、一九八五。

一九六一　ジョン・ケージ *Silence: Lectures and Writings*, Middletown, CT, Wesleyan Univ. Press. 柿沼敏江訳『サイレンス』水声社、一九九六。

一九六一　ジョーゼフ・ヘラー *Catch-22*, New York, Simon & Schuster. 飛田茂雄訳『キャッチ＝22』ハヤカワepi文庫（全二巻）、二〇一六。

一九六二　クロード・レヴィ＝ストロース *La Pensée sauvage*, Paris, Plon (*The Savage Mind*, 1966/*Wild Thought*, 2021). 大橋保夫訳『野生の思考』みすず書房、一九七六。

一九六二　ケン・キージー *One Flew Over the Cuckoo's Nest*, New York, Viking Press. 岩元巌訳『郭公の巣』冨山房、一九七四(『カッコーの巣の上で』に改題)。

一九六二　トマス・S・クーン *The Structure of Scientific Revolutions*, Chicago, Univ. of Chicago Press. 中山茂訳『科学革命の構造』みすず書房、一九七一。新版、青木薫訳、二〇二三。

一九六六　マイケル・ポランニー *The Tacit Dimension*, New York, Doubleday & Company. 高橋勇夫訳『暗黙知の次元』ちくま学芸文庫、二〇〇三。

一九六六　ジェイムズ・J・ギブソン *The Senses Considered as Perceptual Systems*, Boston, Houghton Mifflin. 佐々木正人・古山宣洋・三嶋博之監訳『生態学的知覚システム——感性をとらえなおす』東京大学出版会、二〇一一。

一九六七　ジョン・C・リリー *The Mind of the Dolphin: A Nonhuman Intelligence*, New York, Doubleday & Company.

一九六八　ジェイムズ・ワトソン *The Double Helix: A Personal Account of the Discovery of the Structure of DNA*, New York, Atheneum Books. 江上不二夫・中村桂子訳『二重らせん——DNAの構造を発見した科学者の記録』講談社ブルーバックス、二〇一二。

一九六八　デイヴィッド・クーパー編 *The Dialectics of Liberation*, Harmondsworth, Penguin Books. 由良君美ほか訳『解放の弁証法』せりか書房、一九六九。

一九七〇　R・D・レイン *Knots*, London, Tavistock Publications. 村上光彦訳『結ぼれ』みすず

書房、一九七三。

一九七二　ウンベルト・マトゥラーナ&フランシスコ・ヴァレラ *De máquinas y seres vivos: una teoría sobre la organización biológica*, Editorial Universitaria (*Autopoiesis and Cognition: The Realization of the Living*, 1980). 河本英夫訳『オートポイエーシス――生命システムとはなにか』国文社、一九九一。

精神《せいしん》の生態学《せいたいがく》へ（中）〔全3冊〕
グレゴリー・ベイトソン著

2023年6月15日　第1刷発行

訳　者　佐藤良明《さとうよしあき》

発行者　坂本政謙

発行所　株式会社 岩波書店
〒101-8002 東京都千代田区一ツ橋 2-5-5

案内 03-5210-4000　営業部 03-5210-4111
文庫編集部 03-5210-4051
https://www.iwanami.co.jp/

印刷・三陽社　カバー・精興社　製本・中永製本

ISBN 978-4-00-386030-4　　Printed in Japan

読書子に寄す

——岩波文庫発刊に際して——

岩波茂雄

真理は万人によって求められることを自ら欲し、芸術は万人によって愛されることを自ら望む。かつては民を愚昧ならしめるために学芸が最も狭き堂宇に閉鎖されたことがあった。今や知識と美とを特権階級の独占より奪い返すことはつねに進取的なる民衆の切実なる要求である。岩波文庫はこの要求に応じそれに励まされて生まれた。それは生命ある不朽の書を少数者の書斎と研究室とより解放して街頭にくまなく立たしめ民衆に伍せしめるであろう。近時大量生産予約出版の流行を見る。その広告宣伝の狂態はしばらくおくも、後代にのこすと誇称する全集がその編集に万全の用意をなしたるか。千古の典籍の翻訳企図に敬虔の態度を欠かざりしか。さらに分売を許さず読者を繋縛して数十冊を強うるがごとき、はたしてその揚言する学芸解放のゆえんなりや。吾人は天下の名士の声に和してこれを推挙するに躊躇するものである。このときにあたって、岩波書店は自己の責務のいよいよ重大なるを思い、従来の方針の徹底を期するため、すでに十数年以前より志して来た計画を慎重審議この際断然実行することにした。吾人は範をかのレクラム文庫にとり、古今東西にわたって文芸・哲学・社会科学・自然科学等種類のいかんを問わず、いやしくも万人の必読すべき真に古典的価値ある書をきわめて簡易なる形式において逐次刊行し、あらゆる人間に須要なる生活向上の資料、生活批判の原理を提供せんと欲する。この文庫は予約出版の方法を排したるがゆえに、読者は自己の欲する時に自己の欲する書物を各個に自由に選択することができる。携帯に便にして価格の低きを最主とするがゆえに、外観を顧みざるも内容に至っては厳選最も力を尽くし、従来の岩波出版物の特色をますます発揮せしめようとする。この計画たるや世間の一時の投機的なるものと異なり、永遠の事業として吾人は微力を傾倒し、あらゆる犠牲を忍んで今後永久に継続発展せしめ、もって文庫の使命を遺憾なく果たさしめることを期する。芸術を愛し知識を求むる士の自ら進んでこの挙に参加し、希望と忠言とを寄せられることは吾人の熱望するところである。その性質上経済的には最も困難多きこの事業にあえて当たらんとする吾人の志を諒として、その達成のため世の読書子とのうるわしき共同を期待する。

昭和二年七月